Entlang der Küste

In Katalonien nennt man sie *seitons*, in der Provence heißen sie *anchois* und in Ligurien *acciughe*. Seit 4000 Jahren ist die Sardelle eine der wichtigsten Zutaten der mediterranen Küche.

Entlang der Küste

Die Küche des Mittelmeeres

Italien, Frankreich & Spanien

Lucio Galletto
& David Dale

SIEVEKING
VERLAG

Inhalt

Einführung von David 9

Ursprünge & Essentials 13

Saucen & Dips 27

Snacks & Vorspeisen 67

Salate 121

Pasta & Reis 145

Brot & Pizza 171

Suppen & Eintöpfe 193

Einfache Genüsse 219

Desserts & Gebäck 247

Auf den Spuren der Griechen, der Römer – und der Autoren 276

Nachwort von Lucio 279

Register 282

Danksagung 287

Die Autoren

LUCIO GALLETTO

Lucio Galletto wurde im Nordwesten Italiens, an der Grenze zwischen Ligurien und der Toskana, geboren. Seine Familie hat im Fischerdorf Bocca di Magra ein Restaurant betrieben. Dort jobbte er während seines Architekturstudiums als Kellner, bis er sich in eine australische Rucksacktouristin verliebte und ihr nach Sydney folgte. In den vergangenen 30 Jahren wurde sein Restaurant *Lucio's*, in dem auch die Kunst in wechselnden Ausstellungen zelebriert wird, vielfach ausgezeichnet. 2008 erhielt er für »die Verdienste, die er sich als Gastronom und Autor um die Gemeinschaft und die Förderung der Kunst erworben hat« die Medal of the Order of Australia. Zu seinen Veröffentlichungen zählen unter anderem *The Art of Traditional Italian* sowie, mit David Dale als Koautor, *Pasta – eine Kunst* und *Soffritto – A Delicious Ligurian Memoir*.

DAVID DALE

David Dale ist Schriftsteller und Medienschaffender. Er arbeitet vorwiegend zu den Themen Reisen, Kochen, Popkultur und Anthropologie. Der studierte Psychologe gelangte irgendwann zu der Erkenntnis, es würde der psychischen Gesundheit wenig schaden, wenn er zum Journalismus wechselte. Er hat bisher als Reporter, Feuilletonist, Auslandskorrespondent und Herausgeber für die größten australischen Medienunternehmen gearbeitet und 14 Bücher veröffentlicht, unter anderem: *Anatolia: Adventures in Turkish Cooking, The 100 Things Everyone Needs to Know about Italy, Essential Places: A book about ideas and where they started, The Little Book of Australia* und *The Obsessive Traveller: Or why I don't steal towels from great hotels any more*. Darüber hinaus lehrt er Journalistik an der University of Technology in Sydney.

COLLIOURE (OKZITANIEN): In den Gassen nahe beim Strand reiht sich ein kleines Lebensmittelgeschäft an das andere.

Einführung von David

Als ich Lucio Galletto dieses Projekt vorschlug, überlegte er einige Sekunden und sagte dann: »Ja, das müsste in Ordnung gehen. Paella ist ja auch nichts anderes als gebratener Risotto, oder?«

Er scherzte natürlich, wie er es gern tut. Er hätte genauso gut sagen können: »*Bouillabaisse* ist nichts anderes als eine *Zuppa di pesce* mit einem Toast obendrauf« oder »*Ratatouille* ist nichts anderes als eine *Samfaina*, die nicht lang genug gekocht wurde«. Ich zögerte nicht lang, ihm meine Sicht der Dinge kundzutun, dass nämlich die verschiedenen Landesküchen im westlichen Mittelmeerraum eigentlich die Zweige ein und desselben Olivenbaums sind, der vor 2600 Jahren von den Griechen gepflanzt und von Römern und Arabern gedüngt wurde, und dass es sich lohnen würde, einmal in einem Buch der Frage nachzugehen, wie diese Küchen zusammenhängen. Lucios Aufgabe sollte darin bestehen, eine Auswahl von Rezepten, die wir in Katalonien, in der Provence und in Ligurien kennenlernen würden, zusammenzustellen, während ich die Geschichten dazu liefern und die Gerichte testen wollte.

Den Anstoß zu diesem Buch gab mir vor etwa 30 Jahren die Lektüre eines Werkes mit dem Titel *The Food of France* des amerikanischen Schriftstellers Waverley Root, eines ausgewiesenen Experten auf dem Gebiet der Esskultur. Root vertrat darin die Auffassung, die Nationalgrenzen innerhalb des modernen Europas seien widersinnig, denn sie zwängten Völker, die grundverschieden sind, in künstliche Allianzen und rissen einstmals in sich geschlossene Kulturen auseinander. Logischer erschien es ihm, Europa anhand der jeweils bevorzugten Zutat in ein Reich der Butter, ein Reich des Specks und ein Reich des Olivenöls einzuteilen. Dem Reich der Butter wären der größte Teil Frankreichs, Belgien, die Schweiz und die Niederlande zuzuordnen, dem Reich des Specks der größte Teil Deutschlands, Skandinavien, die Staaten des ehemaligen Jugoslawiens und ein kleiner Teil Nordostitaliens. Das Reich des Olivenöls schließlich würde Südfrankreich, den größten Teil Spaniens und Italiens sowie Griechenland umfassen.

Seitdem ich die regionale Einteilung Europas mit Roots Augen sehe, führten mich meine Reisen und kulinarischen Vorlieben vorwiegend in das Reich des Olivenöls. Dabei wurde mir bewusst, dass die Bürger des spanischen Valencia mehr mit denen des französischen Collioure gemeinsam haben als mit den Bürgern Madrids und die Bewohner der italienischen Cinque Terre mehr mit den Bewohnern Nizzas als mit den Römern. Selbst die Menschen in Marseille, nach denen die französische Nationalhymne benannt ist, haben mehr mit den Katalanen und den Ligurern gemein als mit den Parisern.

Nähere Bekanntschaft mit dem Reich des Olivenöls machte ich erstmals im Jahr 2001, als ich im Osten Liguriens für ein Buch (mit dem Titel *Soffritto*) über die Gegend recherchierte, in der Lucio aufgewachsen war. Dort, wo der Fluss Magra ins Meer mündet, hatten sein Vater und sein Onkel 1950 eine Hütte am Strand errichtet, in der sie den Einheimischen *Zuppa di pesce* servierten. Lucio wurde zwischen den Tischen der *Capannina Ciccio*, wie das Lokal der Familie heißt, groß. Mit 23 Jahren verliebte er sich in eine australische Rucksacktouristin und übersiedelte nach Sydney, wo er heute eines der meistausgezeichneten Restaurants Australiens betreibt. Die *Capannina Ciccio* wird jetzt von seinem Cousin Mario geführt. Einige Autominuten davon entfernt befindet sich die Ausgrabungsstätte der antiken römischen Siedlung Luni.

Bei der Erkundung des Amphitheaters machten Lucio und ich die Bekanntschaft der Fremdenführerin Sara. Von ihr erfuhren wir, dass sich dort vor 2000 Jahren eine Marmorstadt befand, die so prächtig war, dass die einfallenden Barbaren glaubten, sie seien in Rom. Luni lag damals in einer tiefen Bucht, die der Geograf Strabon im Jahr 10 v. Chr. als »einen Ort« beschrieb, »der sich geradezu als Flottenstützpunkt für ein Volk anbot, das schon seit so langer Zeit einen so großen Teil des Meeres beherrschte«. Damit waren die Römer gemeint. Sara erklärte uns, sie verabscheue die Römer für das, was sie »ihrem Volk« – dem Stamm der Ligurer – angetan haben, das einer »ethnischen Säuberung« zum Opfer fiel. Sie berichtete uns, von diesem Flottenstützpunkt aus hätten die Römer Spanien erobert, und die Spanier, die bis dahin friedlich mit den Griechen zusammengelebt hatten und die entlang der spanischen Küste eine Reihe von Handelszentren errichtet hatten, hätten vermutlich das gleiche Schicksal erlitten.

Gut 15 Jahre später, am Ende meiner Recherchen für dieses Buch, stand ich an der Stelle, an der die Römer von Luni aus gelandet waren – am Strand von Tarragona im Herzen Kataloniens. Heute ist die Stadt nicht nur für die Ruinen aus der Römerzeit berühmt, sondern auch für ihre *Paella* und ihre *Fideua,* deren wichtigste Zutaten – der Reis und die getrocknete Pasta – die Araber mitbrachten.

Dieses Buch ist also eine kulinarische Entdeckungsreise durch das Reich des Olivenöls, das seine Existenz ein paar abenteuerlustigen Griechen, der Entschlossenheit der Gründer des Römischen Reiches und der Erfindungsgabe arabischer Kaufleute verdankt. Zugleich zeigt es aber auch, dass es nicht selten die kleinen, wirklich wichtigen Dinge des Lebens sind, die einander scheinbar fremde Kulturen miteinander verbinden können.

– David Dale

CASSIS (PROVENCE):
Das Fischerdorf ist ein beliebtes Wochenend-Ausflugsziel der Bewohner von Marseille.

RECCO (LIGURIEN):
Die Spezialität der Stadt – eine mit Käse gefüllte Focaccia – muss großzügig mit Olivenöl beträufelt werden, bevor sie im Holzofen gebacken wird.

Erstes Kapitel

ORIGINI ED ESSENZIALI / ORIGINES ET DETAILS / ORIGENS I FONAMENTS

Ursprünge & Essentials

CAMOGLI (LIGURIEN):
Der Fischfang ist bis heute die wichtigste Einkunftsquelle der Stadt.

Wie alles begann

Bevor wir uns auf diese Reise begeben, sollten Sie noch zweieinhalb altgriechische Wörter lernen: kakavi, kakavia *und* emporion.

Ein *kakavi* war ein dreibeiniger Kochtopf, den man auf ein kleines Feuer stellte. Später wurde daraus das Wort *kakavia*, das eine Fischsuppe bezeichnet. Aus der griechischen *kakavia* sollten dann die italienische *Zuppa di pesce*, die spanische *Sarsuela* und die französische *Bouillabaisse* werden.

Das dritte Wort ist *emporion*. So bezeichnete man die Handelszentren, die die griechischen Seeleute entlang der Küste des heutigen Kataloniens, in der Provence und in Ligurien errichtet hatten, um dort Töpfe an die erstaunten Einheimischen zu verkaufen. Auch das Olivenöl, die Fischsuppe und die Zivilisation traten von dort aus ihren Siegeszug durch den gesamten Mittelmeerraum an.

Nun kann unsere Reise beginnen. Versetzen Sie sich 2700 Jahre zurück ins Ägäische Meer zwischen dem heutigen Griechenland und der heutigen Türkei. Der Trojanische Krieg war vorüber, und die Griechen überlegten, wie sie ihre Wirtschaft in Schwung bringen könnten. Für die Früchte ihrer Olivenbäume hatten sie eine Vielzahl an Verwendungsmöglichkeiten gefunden. Aus dem daraus gewonnenen Öl stellten sie Arzneien, Parfüm, Schmiermittel, Lampenöl oder Salatsaucen her, und es diente ihnen zum Kochen. Nun fragten sie sich, ob auch die anderen Mittelmeervölker daran interessiert sein könnten, diese Produkte zu kaufen.

Und so stachen sie mit ihren Galeeren in See, um den Bewohnern Nordostspaniens, Südfrankreichs und Nordwestitaliens ihre Töpfe, Olivenbaumsämlinge und Safran zu verkaufen. Und das Rezept für ihre Fischsuppe lieferten sie gleich mit dazu.

Die Innereien der Fische sammelten sie in Fässern, würzten sie mit reichlich Salz und machten daraus *garum*, eine Sauce, die sich bei den Römern, die 300 Jahre später dort landeten, größter Beliebtheit erfreute.

Die Römer bewunderten die Griechen und wollten mit ihnen Handel treiben. Zu diesem Zweck errichteten sie Städte in der Nähe der Emporien und halfen ihnen, den dort ansässigen Stamm der Ligurer zu unterwerfen.

Die Griechen waren hocherfreut, dass die Römer für sie ein Straßennetz durch das ganze Land bauten, das es ihnen ermöglichte, ihren Herrschaftsbereich bis nach Spanien auszudehnen.

Die Römer ihrerseits legten überall in ihrem Herrschaftsbereich Olivenhaine an und bereicherten die Küche der Einheimischen mit den von ihnen bevorzugten Zutaten – Schinken, Feigen, Kichererbsen, Linsen, Thymian, Rosmarin, Dicke Bohnen, Äpfel und Birnen. Bis 49 n. Chr. herrschte zwischen Griechen und Römern ein friedliches Miteinander. Dann allerdings begingen die Griechen den Fehler, sich in dem Bürgerkrieg, der das ganze Römische Reich ergriffen hatte, auf die Seite des

Feldherrn Pompeius zu schlagen, der sich im Feldzug gegen einen Emporkömmling namens Julius Caesar befand. Pompeius verlor diesen Krieg, und die Griechen hatten das Nachsehen, denn ihre Emporien gehörten fortan zu Caesars Reich.

400 Jahre später, als das Römische Reich seinem Niedergang entgegenging, wurde die Küste von Norden her von plündernden und brandschatzenden Wikingern, Westgoten, Vandalen, Hunnen und anderen Barbaren heimgesucht. Sie alle drückten der heimischen Küche ihren Stempel auf. Auf sie folgten, von Süden her, die Araber, die Zutaten wie Reis, getrocknete Pasta, Auberginen, Orangen, Zucker und verschiedene Nüsse mitbrachten.

Der Nordwesten Spaniens sollte über 50 Jahre von den Arabern beherrscht werden, bis diese vom Süden her von christlichen Kriegern zurückgedrängt wurden, die sich schließlich im Kampf um die Vorherrschaft in den Gebieten, denen sie später die Namen Katalonien, Provence und Ligurien gaben, gegenseitig bekriegten.

Und damit wären wir in der Gegenwart angelangt, in einer Zeit, in der man Teilen der Küste werbewirksame Namen wie Costa Daurada (goldene Küste), Costa Brava (wilde Küste), Côte Vermeille (leuchtend rote Küste), Côte d'Azur (blaue Küste), Riviera di Ponente (Küste der untergehenden Sonne) und Riviera di Levante (Küste der aufgehenden Sonne) gab.

All diese Küsten verbindet nicht nur eine gemeinsame Geschichte, sondern auch die Vorliebe für eine bestimmte Zutat: das Olivenöl.

Bei den Recherchen für dieses Buch wollten wir nach Gemeinsamkeiten suchen. Diese zu finden war nicht schwer. Das ist auch der Grund dafür, dass so viele Rezepte zwei oder sogar drei verschiedene Namen haben. Einige dieser Namen mögen Ihnen ungewöhnlich erscheinen. Das liegt daran, dass wir uns zumeist an das katalanische und nicht an das kastilische Spanisch gehalten haben (daher auch *Patates braves* statt *Patatas bravas*). Gelegentlich werden Sie anstelle der französischen und italienischen Namen auch die provenzalischen und ligurischen Dialektnamen finden (z.B. *Pissaladiera* anstelle von *Pissaladière*).

Aber wir wollen hier nicht vorgreifen. Schließlich möchten wir ja auch Ihre Neugier wecken, und wir möchten, dass Sie, bevor Sie sich in das Kochabenteuer stürzen, die kleinen Geschichten lesen, die wir den Rezepten vorangestellt haben und die Ihnen einen Eindruck von dem jeweiligen Ort vermitteln sollen.

Wir würden uns wünschen, dass auch Sie dorthin reisen und sich auf unsere Spuren begeben. Deshalb haben wir am Ende dieses Buches einige unserer Stationen aufgelistet. Dort finden Sie auch den einen oder anderen Tipp, der Ihnen helfen wird, die besten Restaurants zwischen dem römischen Amphitheater an der Magra im Osten Liguriens und dem römischen Amphitheater, das sich über dem Strand von Tarragona im Süden Kataloniens erhebt, zu finden.

LUNI (LIGURIEN): In dem römischen Amphitheater fanden 7000 Zuschauer Platz.

ail fane
Provence
7.40 € le kilo

LLOM BACALLA
30 00 KILO.
EUROS
LLOM BACALLA
40 00
BACALLA
8 90
14 90

Die beliebtesten Zutaten

ARTISCHOCKEN zu kaufen mag man für Geldverschwendung halten, muss man doch mehr als die Hälfte einer frischen Artischocke wegwerfen. Aber wir finden, dass sich die Investition dennoch lohnt. Entfernen Sie den größten Teil der Hüllblätter und schneiden Sie die obere Hälfte der verbleibenden Blätter ab. Anschließend das Heu mit einem Löffel herausschaben. Eine große Schüssel mit Wasser füllen, den Saft von ½ Zitrone hinzufügen und die Artischockenböden sofort in das Zitronenwasser legen, damit sie sich nicht verfärben.

Auf einen edlen Wein sollten Sie zu einem Artischockengericht verzichten, denn die Artischocken neutralisieren den Weingeschmack in Ihrem Mund.

AUBERGINEN waren vermutlich ursprünglich in Indien beheimatet und gelangten vor mindestens 1000 Jahren dank der Araber in den Mittelmeerraum. Sehr beliebt sind sie vor allem in der katalanischen und der provenzalischen Küche (eine *Samfaina* bzw. eine *Ratatouille* ohne Auberginen wäre undenkbar, Seite 74). Wir bevorzugen die langen, schmalen Früchte, die auch als »japanische Auberginen« angeboten werden. Auberginen haben eine längere Garzeit als ihre Verwandten, die Zucchini, und müssen deshalb gleich nach der Zwiebel in die Pfanne oder den Topf.

BACCALÀ (Klippfisch) wurde von den Wikingern im Mittelmeerraum verbreitet. Der Name ist vermutlich vom lateinischen *baculum* – Spazierstock – abgeleitet. Denn der norwegische Stockfisch (diese ungesalzene, luftgetrocknete Variante heißt im Italienischen *stoccafisso*) wurde in Stangenform verkauft. Damit der Fisch seinen salzigen Geschmack verliert, muss er vor der Zubereitung 48 Stunden gewässert werden, das Wasser muss drei- bis viermal am Tag gewechselt werden. Anschließend frisches Wasser in einem Topf zum Kochen bringen, die Herdplatte danach ausschalten und den Fisch 10 Minuten darin ziehen lassen, damit er weich wird und Sie ihn enthäuten und entgräten können. Seien Sie darauf gefasst, dass er nach dem Kochen nicht gerade appetitanregend riecht.

In der Provence serviert man die Baccalà vermengt mit zerdrückten Kartoffeln als *Brandade de Morue*. In Ligurien pochiert man sie 15 Minuten zusammen mit 1 Lorbeerblatt und serviert sie mit einem *Pesto* aus Petersilie, Kapern, Knoblauch, Pinienkernen und Olivenöl auf frisch geröstetem Brot als Vorspeise.

BASILIKUM gibt es in vielen verschiedenen Varietäten. Wir verwenden hier ausschließlich die in Europa heimische Variante mit den abgerundeten, leuchtend grünen Blättern. Für ein *Pesto alla genovese* (Seite 30) verwendet man am besten nur die kleinsten Blätter. Wenn Sie nur große Blätter haben, die Blattrippen heraustrennen, damit das *Pesto* nicht bitter wird. Wollen Sie Suppen oder Eintöpfe damit verfeinern, die Blätter immer erst nach dem Kochen hinzufügen, sonst verlieren sie ihr Aroma.

BOHNEN gibt es in allen möglichen Formen, Größen und Farben. Im Mittelmeerraum sind es vor allem drei Sorten, die sich besonderer Beliebtheit erfreuen: die Dicken Bohnen, Cannellini-Bohnen und die Butter- oder Limabohnen (in Italien auch *Bianchi di Spagna* – Weiße aus Spanien – genannt). Dicke Bohnen schmecken besonders gut im Frühjahr. Die zarten, jungen Bohnenkerne isst man dann – nur mit etwas Olivenöl, Salz und Pfeffer – gern roh. Cannellini- und Limabohnen serviert man, in einer

Tomatensauce gegart, in Katalonien mit *Botifarra amb mongetes,* einer groben Schweinswurst. Vorzüglich schmecken sie auch mit Thunfisch, roter Zwiebel und Olivenöl als Salat zubereitet.

Bohnen aus der Dose sind häufig weich und schleimig. Greifen Sie deshalb lieber zu frischen oder getrockneten Bohnenkernen. Getrocknete Bohnen über Nacht einweichen und anschließend 30 Minuten in frischem Wasser mit 1 Lorbeerblatt, etwas Möhre und Stangensellerie kochen.

BROT ist in diesem Buch meist eine selbst gebackene *Focaccia* (Seite 174), in Scheiben geschnittenes und geröstetes Baguette (für die kleinen Croûtons, die auf der Fischsuppe schwimmen) oder geröstete italienische Ciabatta (entweder lecker als *Crostini* belegt oder, für den *Pa amb tomaquet* auf Seite 70, mit Knoblauch und Tomate eingerieben). Zum Andicken von Saucen können Sie die Krume jedes x-beliebigen Brotes nehmen, vorausgesetzt, es sind keine abgepackten Scheiben aus dem Supermarkt.

BRÜHEN spielen in der ligurischen Küche eine eher untergeordnete Rolle, während sie in der französischen und katalanischen Küche unverzichtbar sind. Selbstverständlich steht es Ihnen frei, Ihre Brühen fertig zu kaufen, mit dem Geschmack einer selbst gemachten Hühner- oder Fischbrühe kann allerdings kein Fertigprodukt konkurrieren.

Für eine Hühnerbrühe reichlich Hühnerknochen mit 3 Lorbeerblättern und je 1 grob gehackten Möhre, Zwiebel, Sellerie- und Lauchstange in einem großen Topf mit Wasser zum Kochen bringen und 1 Stunde bei geöffnetem Topf köcheln lassen. Anschließend den Deckel auflegen und die Brühe 2 Stunden weiterköcheln lassen. Die Brühe danach abschäumen und durch ein feines Sieb abseihen. Im Kühlschrank ist sie 1 Woche, in der Gefriertruhe bis zu 6 Monate haltbar.

Für eine Fischbrühe reichlich Fischköpfe und Gräten (etwa die Abfälle, die bei der Zubereitung der *Bouillabaisse* auf Seite 196 f. anfallen) gründlich waschen, bei mittlerer Hitze etwa 5 Minuten in Olivenöl anbraten und dabei gut andrücken, um die Flüssigkeit herauszupressen. Mit ¼ Tasse Weißwein ablöschen, dann den Alkohol 3 Minuten verdunsten lassen. Je 1 grob gehackte Möhre, Zwiebel, Sellerie- und Lauchstange hinzufügen und den Topf mit Wasser füllen. Die Brühe mindestens 30 Minuten köcheln lassen und danach durch ein feines Sieb abseihen. Im Kühlschrank ist sie 3 Tage, in der Gefriertruhe bis zu 6 Monate haltbar.

CHILI- UND PAPRIKASCHOTEN gelangten im 16. Jahrhundert aus Amerika nach Europa, wo sie sich zunächst in Spanien verbreiteten. In Ligurien konnten sie sich bis heute nicht so recht durchsetzen. Zum Enthäuten rösten Sie die Schoten zunächst (auf dem Holzkohlegrill, unter dem Backofengrill oder über der Flamme des Gasherds), bis die Schale schwarz wird und Blasen wirft. Die Schoten danach etwas abkühlen lassen. Die Schalen lassen sich dann mühelos abziehen. Enthäutete und in Streifen geschnittene rote, grüne und gelbe Paprikaschoten, die auf einer Platte angerichtet und mit Anchovis belegt werden, sind eine beliebte Vorspeise in Südfrankreich. Rot, Grün und Gelb sind die Landesfarben dieses Teils der Mittelmeerküste.

FEIGEN wurden vor etwa 8000 Jahren erstmals in Ostanatolien (dem kurdischen Teil der heutigen Türkei) kultiviert und erfreuten sich bei Griechen und Römern großer Beliebtheit. Im Frühherbst genießt man sie am besten mit spanischem Schinken oder italienischem Prosciutto.

FISCH UND MEERESFRÜCHTE werden Sie in diesem Buch reichlich finden. Die Griechen pflegten große, schöne Fische im Ganzen zu backen. Die kleinen, unansehnlichen wurden in Stücke geschnitten und für Fischsuppen verwendet. Fische mit festem Fleisch ließ man stets einige Minuten länger garen als solche mit zartem Fleisch – eine Tradition, an der man bis heute an der Mittelmeerküste festhält. Die Ligurer haben eine Vorliebe für Miesmuscheln, die sie gern in ihre Fischsuppen geben. In Marseille hingegen ist man der Überzeugung, dass Schalentiere in einer *Bouillabaisse* (Seite 196 f.) nichts zu suchen haben. Wie immer Sie es mit den Muscheln halten wollen, eines sollten Sie niemals tun: die Kochflüssigkeit wegschütten. Denn daraus lässt sich eine vorzügliche Brühe herstellen.

KAPERN sind eine Zutat, die wir den Griechen verdanken. Wir verwenden stets die kleinen italienischen Kapern, sie sollten lediglich eingesalzen und nicht in Essig eingelegt sein. Das Salz vor der Verwendung abspülen.

KICHERERBSEN gelangten mit den Römern nach Spanien und fanden, häufig als Weizenersatz, im gesamten Mittelmeerraum Verbreitung. Gegen Konserven ist zwar nichts einzuwenden, wir bevorzugen jedoch getrocknete Kichererbsen. Diese müssen über Nacht eingeweicht und danach mit 1 Lorbeerblatt, ein wenig Möhre und Stangensellerie etwa 1 Stunde in frischem Wasser gekocht werden. Die Pfannkuchen auf Seite 189, die in Nizza *Socca* und in Genua *Farinata* heißen, werden aus Kichererbsenmehl hergestellt. Da das indische Mehl dafür weniger gut geeignet ist, nehmen Sie am besten die europäische Version.

KNOBLAUCH ist das in diesem Buch am häufigsten verwendete Gewürz. Damit er beim Braten nicht bitter wird, den geschälten und gehackten Knoblauch in lauwarmes Olivenöl geben und langsam 2 Minuten erhitzen, bis er eine goldgelbe Farbe angenommen hat. Die Pfanne dann sofort vom Herd nehmen oder die weiteren Zutaten hinzufügen.

KRÄUTER wie Rosmarin, Thymian und Oregano verwendet man, wie es auch die Römer getan hätten, am besten frisch, und zwar nur die Blätter. Ist Petersilie im Rezept angegeben, ist damit immer glatte Petersilie gemeint. Meist wird sie fein gehackt und unmittelbar vor dem Servieren über das Gericht gestreut.

In getrockneter Form verwenden wir nur Kräuter der Provence, eine Kräutermischung, die in den 1970er-Jahren weltweit in Mode kam und die man leicht selbst herstellen kann. Dazu je 1 Esslöffel getrocknete Kräuter (Thymian, Basilikum, Majoran und Rosmarin) mit je ½ Esslöffel Fenchelsamen und getrocknetem Oregano mischen. Damit die Mischung ihr volles Aroma entfaltet, können Sie diese vor der Verwendung noch im Mörser zerstoßen.

In der Provence fügt man beim Kochen gelegentlich noch ein *Bouquet garni* hinzu, ein Kräutersträußchen aus frischen und getrockneten Kräutern, die mit Küchengarn zusammengebunden oder in ein Stück Gaze eingebunden werden. Ein *Bouquet garni* besteht in der Regel aus Thymian, Rosmarin und Lorbeerblättern.

MANDELN sind eine wichtige Zutat der katalanischen Küche – ein Vermächtnis der Römer und Araber. In der Provence und in Ligurien werden sie dagegen eher selten zum Kochen verwendet. Spanien ist nach den Vereinigten Staaten und Australien der drittgrößte Erzeuger der Welt und kann mit Fug und Recht für sich in Anspruch nehmen, dass seine Mandeln die besten sind. Dies gilt insbesondere für die Sorte Marcona, die südlich von Tarragona angebaut wird. In diesem Buch sind in der Regel blanchierte Mandeln angegeben. Es handelt sich dabei um nichts anderes als um enthäutete Mandeln. Zum Enthäuten die ganzen Nüsse 1 Minute in kochendem Wasser blanchieren, anschließend mit kaltem Wasser abschrecken und die Häutchen mit den Fingern abrubbeln. Damit sie ihr volles Aroma entfalten, die Mandeln trocknen und 3 Minuten im 200 °C heißen

Backofen rösten. Genauso verfahren Sie mit Walnuss- und Haselnusskernen.

MANGOLD (englisch *silverbeet*, französisch *blette*, italienisch *bietole*) ist eine alte Gemüsesorte, die meist wie Spinat zubereitet wird.

OLIVEN, das sind in der Provence und in Ligurien vor allem die kleinen schwarzen Früchte, die man auch als Niçoise- bzw. Taggiasca-Oliven bezeichnet. Zum Entsteinen die Spitze der Olive abschneiden, die Frucht auf einer Seite aufschneiden und den Kern mit einem spitzen Messer herauslösen.

OLIVENÖL bedeutet in diesem Buch IMMER Olivenöl extra vergine, das gilt für gekochte Speisen wie für Dressings. Kaufen Sie sich am besten einen ganzen Kanister davon. Zum Frittieren verwenden wir ein preiswerteres Pflanzenöl, zum Beispiel Sonnenblumen- oder Rapsöl.

PAPRIKAPULVER wird aus getrockneten Paprikaschoten hergestellt. Das im Spanischen *pimentón* genannte Gewürz ist eine wichtige Zutat der *Paella*. In unseren Rezepten verwenden wir vorwiegend geräuchertes oder edelsüßes Paprikapulver.

PASTA kann man ganz einfach selbst frisch herstellen. Sie muss dann nur ein paar Minuten gekocht werden. Fertig gekaufte getrocknete Pasta hat eine längere Garzeit (mindestens 8 Minuten). Getrocknete Fideus-Pasta, wie man sie in Katalonien bevorzugt, ist außerhalb Spaniens nur schwer zu bekommen. Nehmen Sie stattdessen Spaghettini oder Vermicelli und brechen diese in Stücke.

REIS, den man für eine *Paella* verwenden will, sollte kurze, runde Körner haben. Am besten eignet sich Calasparra-Reis. Nicht geeignet ist Arborio-Reis, denn er hat längere Körner und soll den Gerichten, insbesondere dem *Risotto*, eine cremige Konsistenz verleihen, die bei einer *Paella* nicht erwünscht ist.

SAFRAN galt bei den Griechen als Relaxans. Soll es der Legende nach doch Aphrodite gewesen sein, die die *Kakavia* (Fischsuppe mit Safran) erfand, um ihren Gatten Hephaistos in den Schlaf zu versetzen, während sie ein Schäferstündchen mit Ares hatte. Kaufen Sie Safranfäden und rösten Sie diese etwa 30 Sekunden bei starker Hitze in einer trockenen Pfanne, damit sie ihr Aroma voll entfalten können. Fügen Sie Safran immer erst am Ende der Kochzeit hinzu.

SARDELLEN ODER ANCHOVIS findet man überall an der Mittelmeerküste, am besten sind sie im französischen Collioure, in den Cinque Terre in Ligurien und an der Costa Brava in Katalonien. Es waren die Griechen, die als Erste auf die Idee kamen, Sardellen durch Einsalzen haltbar zu machen. Zerdrückt man diese daraufhin, schmecken sie fast so wie *garum*, die Fischsauce, die auch von den Griechen erfunden wurde.

Weiße Anchovis (die man in Feinkostgeschäften bekommt) unterscheiden sich von braunen (die in Gläsern und Dosen in Supermärkten angeboten werden) darin, dass Erstere in Essig mariniert wurden, während Letztere eingesalzen und anschließend mit Öl bedeckt werden. Weiße Anchovis verwendet man meist für *Tapas*, weil sie appetitlicher aussehen. Die braunen können auch hervorragend schmecken.

Ein gutes Dosenprodukt erkennt man daran, dass die Fische nicht voller Gräten sind, nicht salzig schmecken und in Olivenöl extra vergine eingelegt sind. Preiswerte Anchovis können Sie verfeinern: Die Anchovis abtropfen lassen, in eine Schüssel geben und mindestens 30 Minuten in einer Marinade aus Olivenöl, 1 fein gehackten Knoblauchzehe, 1 Spritzer Zitronensaft, ½ Teelöffel Weißweinessig und 1 Esslöffel fein gehackter Petersilie (oder Basilikum, wenn Sie einen intensiveren Geschmack bevorzugen) ziehen lassen. Servieren Sie die Anchovis anschließend auf geröstetem Brot.

GAMBERO ROSSO
Altissimi Piaceri.
Strolghino

MARSEILLE (PROVENCE): Überzeugen Sie sich auf einem Markt stets von der Frische der Produkte.

TOMATEN sollte man vor dem Kochen enthäuten und die Samen entfernen. Es sieht einfach appetitlicher aus, wenn im fertigen Gericht keine Schalen herumschwimmen, und durch die Kerne bekommt es unter Umständen eine bittere Note. Die Tomate am Stielansatz kreuzweise einritzen, etwa 1 Minute in kochendes Wasser legen und danach in Eiswasser abschrecken. Die Schale lässt sich dann ganz leicht abziehen. In einigen Rezepten wird verlangt, die Tomaten zu reiben. Dazu die Tomate halbieren und über einer Scheibe Brot auf der Küchenreibe reiben. Passen Sie dabei aber auf, dass kein Blut fließt ...

WEIN pflegte man im antiken Griechenland und im alten Rom mit Honig und Wasser zu mischen. Heute wäre das ein Sakrileg. Vor dem Essen serviert man am besten einen Cava, den berühmten Schaumwein aus Katalonien. Zu provenzalischen Fischgerichten passt ein Roséwein, zu ligurischen Fischgerichten ein Vermentino. Zu herzhaften katalanischen Gerichten empfiehlt sich ein Rotwein aus den Rebsorten Monastrell und Tempranillo, die zuerst in der Nähe von Tarragona von den Römern angebaut wurden. Zum Dessert würden wir Ihnen einen Muscat de Rivesaltes oder einen Banyuls aus der Nähe von Collioure empfehlen.

ZWIEBELN brauchen beim Anschwitzen sehr viel länger als Knoblauch, bis sie die richtige Süße entfalten. Deshalb müssen sie immer zuerst in die Pfanne oder den Topf gegeben und dort mindestens 5 Minuten bei mittlerer Hitze angeschwitzt werden. Erst dann nach und nach die restlichen Zutaten dazugeben. Zum Kochen eignen sich am besten die braunen Gemüsezwiebeln, roh in Salaten schmecken am besten rote Zwiebeln.

EIN HINWEIS ZU DEN MENGENANGABEN

Die meisten der hier vorgestellten Rezepte wurden vor vielen Hundert, wenn nicht gar Tausend Jahren entwickelt, zu einer Zeit also, als den Menschen lediglich ihre Hände, Augen und Nasen als Messinstrumente zur Verfügung standen. Wir haben uns zwar um präzise Mengenangaben bemüht, an die man sich jedoch nicht sklavisch halten muss. Es steht Ihnen also frei, mit den Rezepten zu experimentieren oder sie Ihrem Geschmack entsprechend abzuwandeln. Es wird schließlich niemandem schaden, wenn Sie 1 Handvoll Basilikum, einen Schuss Olivenöl oder eine Prise Pfeffer mehr oder weniger verwenden. Beim Knoblauch kann man eigentlich gar nicht zu viel des Guten tun. Etwas zurückhaltender sind wir dagegen beim Chili. Auch beim Safran sollte man nicht aus dem Vollen schöpfen, und das nicht nur aus Kostengründen. Es sei denn, Sie möchten es den alten Griechen gleichtun.

KÜCHENAUSSTATTUNG Wenn Sie regelmäßig selbst kochen, verfügen Sie vermutlich bereits über die Töpfe, Pfannen, Schüsseln, Messer, Kochlöffel, Küchenbretter und Backformen, die Sie für die Rezepte benötigen. Wer Wert auf Authentizität legt, könnte noch in eine Paellapfanne, ein Pizzablech, Keramiktöpfe und einen großen Mörser investieren. Mit einem Elektromixer und ein paar Pfannen mit schwerem Boden sind Sie ebenfalls bestens gerüstet.

Zum Entsteinen von Oliven sehr zu empfehlen ist ein Kirschentkerner, und um Ihren Desserts den letzten Schliff zu geben, sollte ein Spritzbeutel nicht fehlen.

Unverzichtbar sind auch ein paar große Servierplatten und -schüsseln, die Sie mitten auf den Tisch stellen. Schließlich wollen Sie die Gerichte, die Sie hier kennenlernen, ja mit vielen Freunden teilen.

GENUA (LIGURIEN): Wer keine Zeit hat, seine Saucen selbst zu machen, kann sie in einer der vielen *salumerie* kaufen, die man in der Stadt findet.

Zweites Kapitel

SALSE / SAUCES / SALSES

Saucen & Dips

CINQUE TERRE (LIGURIEN): Seit Jahrhunderten überziehen Rebstöcke die Klippen. Heute bringen die Weinbauern die Kiepen mit den Trauben jedoch nicht mehr mit Eseln hinunter, sondern mit einer Einschienenbahn.

Zurück zum Mahlstein

Das ligurische Wort pesto, *das provenzalische* pistou *und das katalanische* pisto *sind alle vom lateinischen Verb* pestare – *zermalmen, zerstoßen – abgeleitet.*

Und *Pestos* – die Sie hoffentlich stilgerecht im Mörser und nicht im Mixer herstellen – finden Sie in diesem Kapitel zuhauf.

Das Wort *pesto* tauchte erstmals im Zusammenhang mit einer Sauce namens *moretum* in einer Gedichtsammlung mit dem Titel *Appendix Vergiliana* auf, die im 1. Jahrhundert in Rom von Hand zu Hand gereicht wurde. Das Rezept beginnt damit, dass ein Bauer namens Symilus eine Paste zum Bestreichen seines Brotes zubereitet. Dafür nimmt er 4 Knoblauchzehen sowie etwas Petersilie, Rucola, Sellerie und Koriandergrün. Den Knoblauch gibt er in einen Mörser:

»Er streut Salzkörnchen darüber und Käse. Alsdann fügt er die Kräuter hinzu und zerstößt den stark riechenden Knoblauch mit dem Stößel. Dann zerreibt er alles im Gemisch der Säfte. Kreisend bewegt sich seine Hand, bis die Zutaten allmählich ihre ursprüngliche Form verlieren und aus vielen Farben eine wird – nicht richtig grün noch weiß wie der Käse, dessen Farbe sich durch die vielen Kräuter verändert. Der Geruch steigt dem Mann in die Nase.«

Wir hoffen, Sie machen es wie Symilus und lassen sich von Ihrem Mörser in die Zeit zurückversetzen, als es nur einer kleinen körperlichen Anstrengung bedurfte, um aus einzelnen Zutaten etwas Neues zu machen. Sie sollen die angenehme Wärme in den Schultern spüren und das Kribbeln in der Nase, das Symilus jeden Tag genoss, bevor er sich den Magen füllte.

Was man in diesem Rezept vergeblich sucht, ist Olivenöl. Das mag daran liegen, dass es für jeden römischen Leser eine Selbstverständlichkeit war. Schließlich war es – sei es nun als Parfüm, als Lampenöl oder Arznei, aber natürlich auch zum Glätten ihrer Saucen – aus dem Alltag von Griechen und Römern nicht wegzudenken.

Dieses Buch will die Gemeinsamkeiten dreier großer Esskulturen – der katalanischen, der ligurischen und der provenzalischen – aufzeigen. Hatten die Menschen dort ihre *Pestos* aber erst einmal angerührt oder ihre *Salsas* gekocht, machten sie ganz unterschiedlichen Gebrauch davon.

Während man sie in Ligurien gern mit Pasta serviert, rührt man sie in Katalonien in Eintöpfe und *Paellas*, um ihnen mehr Geschmack zu verleihen. Und in der Provence serviert man sie gern mit Brot als Dip.

All diese Verwendungsweisen werden Sie in diesem Kapitel finden – und mehr noch: Wir werden Ihnen zeigen, wie sich die Spezialitäten der einzelnen Regionen untereinander kombinieren lassen.

Denken Sie dabei aber immer daran: Selbst wenn man mit dem Mixer sehr gute Resultate erzielen mag, sollten Sie sich dennoch die Zeit nehmen und sich die Mühe machen, mit einem Mörser zu arbeiten.

Pesto alla genovese

GENUA

Für 4 Personen, mit Pasta

In der Gegend um Genua pflegen *Pesto*-Liebhaber die sieben wichtigsten Zutaten ihrer Lieblingssauce »die sieben Zwerge« zu nennen (das Schneewittchen ist dann vermutlich die Pasta, mit der sie serviert wird). Die Zwerge, das sind Basilikum (kleine Blätter, keine Stiele), Salz, frischer Knoblauch, kleine Pinienkerne (roh und niemals geröstet), Olivenöl (extra vergine, möglichst aus Ligurien), Pecorino (aus Schafsmilch, möglichst aus Sardinien) und Parmesan (nach Möglichkeit zwei Jahre gereift). Die Angaben zu den Knoblauch- und Käsemengen, aber auch zum Reifegrad der Käse sind oft recht unterschiedlich.

Wir haben uns hier für die an der Riviera di Levante östlich von Genua gebräuchliche Variante entschieden, die uns am ausgewogensten erscheint.

Gelegentlich wird empfohlen, die Basilikumblätter vorher zu blanchieren, damit sie eine schöne grüne Farbe bekommen. Das halten wir für überflüssig, denn dafür sorgt schon das Salz. Andere Autoren raten dazu, die Pinienkerne vorher zu rösten. Auf diese Weise bekommen Sie aber eine grobe und keine glatte Paste.

Das *Pesto* ist eine rohe Sauce und sollte deshalb keinesfalls erhitzt werden. Damit es sein Aroma entfaltet, genügt es, wenn es durch die heiße Pasta erwärmt wird. Wenn Sie das *Pesto* mit den Nudeln mischen, den Topf unbedingt von der Herdplatte nehmen.

Die hier angegebenen Mengen sind für 4 Personen berechnet. Wenn Sie gleich mehr zubereiten, verdoppeln Sie die Mengen einfach. Mit Olivenöl bedeckt, kann die Sauce in einem gut verschlossenen Schraubglas im Kühlschrank bis zu 1 Monat aufbewahrt werden.

- 90 g kleine Basilikumblätter (etwa 50 Stück)
- 1 Knoblauchzehe
- 1 Prise Meersalz
- 1 EL italienische Pinienkerne
- 2 EL frisch geriebener Parmesan
- 1 EL frisch geriebener milder Pecorino
- etwa 60 ml Olivenöl

Die Basilikumblätter waschen und mit Küchenpapier trocken tupfen. Dabei darauf achten, dass die Blätter nicht zerdrückt oder zerrissen werden. Sie verfärben sich sonst schwarz, und das Pesto schmeckt bitter. Den Knoblauch mit dem Salz im Mörser zerreiben.

Die Basilikumblätter dazugeben und alles mit kreisenden Bewegungen zermahlen. Das geht leichter, wenn Sie noch etwas Salz hinzufügen. Sobald das Basilikum »seine grüne Seele ausgeströmt hat«, wie man in Ligurien zu sagen pflegt, die Pinienkerne hinzufügen und 1 Minute zerreiben. Zum Schluss den Käse und so viel Olivenöl unterrühren, dass eine Paste entsteht. Diese in eine Schüssel füllen und das restliche Öl einrühren.

Wenn Sie das *Pesto* im Mixer herstellen wollen, sämtliche Zutaten hineinfüllen und langsam – damit das Basilikum nicht heiß wird – verrühren.

Trofie al pesto

CAMOGLI
Für 4 Personen

Pesto kombinieren wir am liebsten mit einem vegetarischen Gericht, das aus Pasta, Kartoffeln und grünen Bohnen besteht. Die bevorzugte Pasta in der Gegend um Genua sind Trenette, eine Art flache Spaghetti. Da sie außerhalb Liguriens unter Umständen nur schwer zu bekommen sind, kann man stattdessen auch Linguine nehmen. Oder Sie nehmen selbst gemachte Trofie. Für diese kleine, gedrehte Pastaform muss der Teig zunächst zwischen den Handflächen gerollt werden. Das Kneten des Teigs und das anschließende Rollen ist eine gute Übung für die Armmuskulatur.

Wenn Sie die Trofie selbst machen:
400 g Mehl
1 Prise Salz

1 große festkochende Kartoffel
300 g grüne Bohnen
400 g Linguine oder Trofie

200 g Pesto alla genovese (Seite 30)
frisch geriebener Parmesan zum Servieren

Für die Trofie das Mehl in eine Schüssel füllen, mit etwas Salz bestreuen und 4 Esslöffel Wasser hinzufügen. Das Mehl mit dem Wasser zu einem Teig verrühren. Den Teig gut durchkneten, bis er glatt und fest ist. Ist er zu trocken, noch etwas Wasser hinzufügen. Den Teig anschließend 30 Minuten ruhen lassen.

Kleine Stücke von dem Teig abnehmen, zwischen den Handflächen rollen und die Röllchen zu Spiralen drehen. Das bedarf einer gewissen Übung, aber wenn Ihre Trofie nicht ganz so perfekt aussehen, macht das gar nichts. Hauptsache, sie schmecken. Die fertigen Trofie auf einem mit Mehl bestäubten Geschirrtuch zum Trocknen auslegen und das *Pesto* zubereiten.

Die Kartoffel schälen und in 1 cm große Würfel schneiden. Die Enden der Bohnen abschneiden und die Bohnen der Länge nach halbieren (am schnellsten geht das mit einem Bohnenschneider).

Einen großen Topf mit Wasser füllen, das Wasser zum Kochen bringen, leicht salzen und die Kartoffelwürfel 3 Minuten darin kochen. Die Linguine (falls Sie keine Trofie nehmen) und die Bohnen dazugeben und, je nachdem wie bissfest die Pasta sein soll, 8–10 Minuten kochen lassen.

Wenn Sie selbst gemachte Trofie verwenden, die Kartoffel 5 Minuten kochen, danach die Bohnen dazugeben und das Ganze weitere 3 Minuten kochen lassen. Zum Schluss die Trofie in den Topf geben und alles nochmals 3 Minuten kochen lassen (getrocknete Trofie, die man im Handel fertig kaufen kann, haben eine längere Garzeit, die Kochzeit muss dann entsprechend angepasst werden).

Einen großen Klecks *Pesto* in eine große Servierschüssel geben und mit etwas Kochflüssigkeit verdünnen. Die Pasta, die Bohnen und die Kartoffel abgießen und vorsichtig mit dem *Pesto* mischen. Das restliche *Pesto* darüber verteilen und das Ganze nochmals durchmischen. Mit dem Parmesan bestreuen und servieren.

Das weltbeste Basilikum

Ein recht ungewöhnliches Experiment hat man 2014 durchgeführt: Am selben Tag und zur selben Zeit wurden im gesamten Mittelmeerraum von Spanien bis nach Israel (und sogar in Holland) Basilikumsamen ausgesät. Einige Wochen später wurden die Blätter in einem Labor in Genua analysiert. Am besten schnitt, so das Consorzio del pesto genovese, das Basilikum aus der Gegend der westlich von Genua gelegenen Küstenstadt Varazze ab. Kein anderes Basilikum auf der Welt sei so süß und so reich an ätherischen Ölen.

Nun, was sollte man auch anderes sagen. Schließlich kämpfen die Basilikumzüchter im Westen Liguriens darum, dass das aus *ihren* Blättern hergestellte *Pesto* unter Markenschutz gestellt wird. Das Basilikum aus der Gegend um Prà ist zwar bereits durch die Herkunftsbezeichnung Denominazione d'Origine Protetta geschützt, man sucht aber noch nach einem wirksameren Schutz.

Daraus könnte man nun folgern, dass es sich beim *Pesto alla genovese* um ein altes Rezept handelt. Auch den Genuesern gefällt die Vorstellung, dass ihr berühmtester Seefahrer, Christoph Kolumbus, auf seiner Reise in die Neue Welt Spaghetti und Basilikumpflanzen dabeihatte und sich seine Mannschaft mit *Pasta con pesto* stärkte. Tatsächlich findet sich das erste bekannte Rezept jedoch in einem 1863 erschienenen Buch mit dem Titel *La Cuciniera Genovese*, und so richtig setzte der *Pesto*-Hype sogar erst in den 1970er-Jahren ein.

Pesto wird in nahezu jedem Genueser Restaurant angeboten. Wir empfehlen das *Il Genovese*, dessen Inhaber, Roberto Panizza, die Associazione Culturale dei Palatafini mitbegründet hat, die alle zwei Jahre einen *Pesto*-Wettbewerb veranstaltet, bei dem nur mit dem Mörser gearbeitet werden darf.

Ganz besonders empfehlen würden wir Ihnen jedoch die Trofie mit *Pesto* im Restaurant *Pasta Fresca Fiorella* im wenige Kilometer östlich von Genua gelegenen Camogli. »Camogli« bedeutet so viel wie »Haus der Frauen«, eine Anspielung auf die Ehefrauen, die allein zu Hause zurückblieben, wenn die Fischer wochenlang auf See waren. Die Häuser an der Küste sind in leuchtenden Farben gestrichen, so können die Fischer ihre Häuser selbst weit draußen auf dem Meer erkennen. Geht man ein paar Straßen landeinwärts, kann man wahre Meisterwerke der Trompe-l'œil-Kunst bestaunen – Häuser, auf deren Fassaden täuschend echte Balkone, Giebel, Fensterläden, Wäscheleinen, ja sogar auf Fensterbrettern liegende Katzen gemalt sind.

PRÀ (LIGURIEN):
Auf den Basilikumplantagen gedeiht das »Königskraut« für das beste *Pesto* der Welt.

Pistou

NIZZA
Ergibt etwa 100 g

***Pistou*, damit meint man in Nizza oft die *Soupe au pistou*, eine Gemüsesuppe, die mit Basilikum aromatisiert wird und die man hier besonders gern im Sommer isst.**

Wir reden hier allerdings von der klassischen provenzalischen Sauce aus Knoblauch, Basilikum und Olivenöl, die dem *Pesto alla genovese* (Seite 30), das bei ihrer Erfindung Pate gestanden hat, sehr ähnlich ist. Da sie keine Pinienkerne und keinen Käse enthält, ist sie jedoch sehr viel leichter. Heute wird der *Pistou* gelegentlich auch mit geriebenem Hartkäse, z. B. einem Gruyère, angedickt.

3 Knoblauchzehen
Meersalz
60 kleine, sehr frische Basilikumblätter
80 ml Olivenöl
1 EL geriebener Gruyère (nach Belieben)

Die Knoblauchzehen mit 3 Prisen Meersalz im Mörser zerreiben. Das Basilikum dazugeben und mit kreisenden Bewegungen zermahlen, bis eine glatte Paste entstanden ist. Zum Schluss das Olivenöl tropfenweise einrühren.

Die Paste in eine Schüssel füllen. Ist sie zu dick, noch etwas Olivenöl hinzufügen. Wenn Sie Käse mögen, ganz zum Schluss den Gruyère unterrühren.

Pistou genießt man am besten frisch. Mit Olivenöl bedeckt, kann er jedoch in einem luftdicht verschlossenen Schraubglas bis zu 3 Tage im Kühlschrank aufbewahrt werden.

Serviervorschläge: Ganz vorzüglich schmeckt der *Pistou* in einem Omelett. Dazu 4 Eier mit 1 Esslöffel Wasser in eine große Schüssel geben und mit dem Schneebesen schaumig schlagen. Den *Pistou* unterschlagen und mit etwas Salz und reichlich Pfeffer würzen. 3 Esslöffel Olivenöl mit 1 Teelöffel Butter bei mittlerer Hitze in einer großen beschichteten Pfanne erhitzen. Sobald die Butter zu schäumen beginnt, die Eiermischung hineingießen und die Pfanne schwenken, damit sie sich gleichmäßig verteilt. Parmesan darüberreiben, den Deckel auflegen und das Omelett 4 Minuten backen. Die Pfanne danach vom Herd nehmen und das Omelett mithilfe eines Pfannenwenders zusammenrollen. Auf ein Küchenbrett gleiten lassen, in Scheiben schneiden und mit einem Tomatensalat mit Basilikum oder einem grünen Salat servieren. Das Omelett eignet sich vorzüglich als Vorspeise oder als Bestandteil einer *Tapas*-Platte.

Hauptsächlich ist der *Pistou* jedoch eine wichtige Zutat der *Soupe au pistou*. Gelegentlich wird diese sommerliche Gemüsesuppe noch mit Cannellini- oder Borlotti-Bohnen angereichert, das macht sie unseres Erachtens aber zu schwer. Deshalb verwenden wir nur gehackte Zwiebeln, Möhren, Stangensellerie (mit Grün), Zucchini, Kartoffeln, Erbsen, grüne Bohnen und Tomaten und lassen das Gemüse 15 Minuten köcheln. Nach Belieben kann man dann noch Ditalini, kleine, röhrenförmige Suppennudeln, dazugeben und die Suppe noch 8 Minuten weiterkochen lassen. Die fertige Suppe auf Suppenschalen verteilen und mit einem Klecks *Pistou* garnieren.

Im 19. und frühen 20. Jahrhundert servierte man diese Suppe den Seeleuten, wenn sie nach wochenlanger Seefahrt, auf der sie keinerlei frisches Gemüse zu sich nehmen konnten, im Hafen von Genua einliefen. Kleine schwimmende Osterien, die sogenannten *catrai*, fuhren dann hinter den Schiffen her und verteilten Blechschüsseln mit einer mit *Pesto* verfeinerten *Minestrone* an die Mannschaft. Die Suppe, die nur ein paar Lire kostete, sollte sie vor Skorbut schützen.

EMPÚRIES (KATALONIEN): Zwischen den Ruinen des ersten Emporiums, das die Griechen an der spanischen Küste errichteten, findet man noch heute die Fässer, in denen sie die Fischsauce herstellten, die sich später bei den Römern großer Beliebtheit erfreute.

Salsa verde

CARRARA
Für 4 Personen, als Dressing

Vermutlich waren es römische Legionäre, die diese *Salsa* um das Jahr 100 v. Chr. aus der Türkei nach Italien brachten. Bekannt ist sie vor allem als Bestandteil des berühmten norditalienischen *Bollito misto* (einem Fleischtopf, der verschiedene gekochte Fleischsorten wie Rindfleisch, Huhn, Würste und Zunge enthält). In Ligurien bestreicht man damit aber auch gern *Crostini* oder serviert sie zu festfleischigem Fisch, etwa gegrilltem Thunfisch.

Ausnahmsweise müssen Sie hier einmal nicht unbedingt zum Mörser greifen, sondern dürfen den Mixer für sich arbeiten lassen.

- 2 Handvoll glatte Petersilienblätter
- 2 EL italienische Pinienkerne
- 5 Anchovisfilets in Öl (kaufen Sie unbedingt ein wirklich gutes Produkt)
- 1 Knoblauchzehe
- 20 g eingesalzene Kapern, abgespült und trocken getupft
- 80 ml Olivenöl, plus etwas mehr zum Beträufeln
- 45 ml Weißweinessig
- Meersalz

Die Petersilie mit den Pinienkernen und den Anchovis kurz im Mixer pürieren. Den Knoblauch unterrühren, die Kapern, das Olivenöl und den Essig hinzufügen und alles zu einer groben Paste verrühren.

Wenn Sie mit dem Mörser arbeiten, die Petersilie grob hacken und beiseitestellen. Die Pinienkerne mit den Anchovis, dem Knoblauch und den Kapern zerstoßen. Die Petersilie dazugeben und die Zutaten mit kreisenden Bewegungen zermahlen. Tropfenweise das Olivenöl hinzufügen und dabei laufend weiterrühren. Zum Schluss den Essig dazugeben und alles sorgfältig verrühren.

Die *Salsa* in eine Schüssel füllen, abschmecken und gegebenenfalls noch etwas Salz hinzufügen. Mit Olivenöl bedecken, damit sie sich nicht verfärbt, und beiseitestellen. Im Kühlschrank ist die *Salsa* 1 Woche haltbar.

Serviervorschläge: Reichen Sie die *Salsa verde* zu *Cappon magro* (Seite 128 f.), gebratenem oder gekochtem Fleisch sowie Thunfisch- oder Schwertfischsteaks.

Caviare d'aubergines *(Auberginenkaviar)*

NIZZA
Für 4 Personen, als Dip oder Pastasauce

Das katalanische Wort *alberginia* und das provenzalische Wort *aubergine* sind ohne Zweifel vom arabischen *al-badinjan* abgeleitet. Das lässt vermuten, dass dieses asiatische Fruchtgemüse vor etwa 1000 Jahren von den Arabern im Mittelmeerraum eingeführt wurde. Der italienische Name *melanzana,* der möglicherweise vom griechischen Wort für »schwarz« abgeleitet ist, könnte allerdings darauf hindeuten, dass die Griechen dabei ebenfalls eine Rolle spielten. Möglich wäre aber auch, dass *melanzana* vom lateinischen *mela insana* (ungesunder Apfel) abgeleitet ist. Erstmals erwähnt wurde die Aubergine in einem chinesischen Text zur Landwirtschaft aus dem Jahr 544 n. Chr.

Wer auch immer sie in den Mittelmeerraum brachte, die Aubergine ist schon seit Jahrhunderten Bestandteil der mediterranen Küche. Hier haben wir ihr ein leicht rauchiges Aroma verliehen und sie mit anderen klassischen mediterranen Zutaten zu einem wunderbar cremigen Püree verrührt. Die Bezeichnung »Kaviar« rührt von den kleinen schwarzen Punkten her, von denen es durchsetzt ist.

2 große Auberginen
4 Knoblauchzehen
Meersalz und frisch gemahlener schwarzer Pfeffer
2 kleine frische Oreganostängel, die Blätter abgezupft und gehackt
2 EL Olivenöl
60 g schwarze Oliven, entkernt
60 g eingesalzene Kapern, abgespült und trocken getupft
3 Anchovisfilets
5 Basilikumblätter

Den Backofen auf 180 °C vorheizen. Die Auberginen der Länge nach halbieren und die Schnittflächen mit 1 ebenfalls halbierten Knoblauchzehe einreiben. Mit Salz und Pfeffer würzen, mit dem Oregano bestreuen und mit 1 Esslöffel Olivenöl beträufeln.

Die Auberginenhälften mit der Schnittfläche nach oben in eine leicht mit Öl eingefettete Auflaufform schichten, mit Alufolie abdecken und etwa 1 Stunde in den Backofen schieben, bis das Fruchtfleisch sehr weich ist.

Die Auberginen etwas abkühlen lassen und das Fruchtfleisch mit einem Löffel aus den Schalen lösen. Das Fruchtfleisch mit den restlichen geschälten und zerdrückten Knoblauchzehen, den Oliven, Kapern, Anchovis, dem Basilikum sowie dem restlichen Olivenöl im Mixer einige Sekunden zu einem nicht zu glatten Püree verrühren.

In einem verschlossenen Schraubglas ist der Auberginenkaviar im Kühlschrank bis zu 1 Woche haltbar.

Serviervorschläge: Wenn Sie *Crostini* damit bestreichen wollen, das Brot mit Käse (Mozzarella, Scamorza, Pecorino) belegen und einige Minuten überbacken, bis der Käse etwas geschmolzen ist. Die *Crostini* dann großzügig mit dem Auberginenkaviar bestreichen und mit ein paar Basilikumblättchen garnieren. Der Auberginenkaviar eignet sich auch gut als Dip für einen *Pinzimonio* (Seite 56).

Wollen Sie ihn als Pastasauce verwenden, die Pasta al dente kochen und danach abgießen. Dabei Kochwasser auffangen und den Auberginenkaviar damit verdünnen. Die Nudeln mit der Sauce, etwas Olivenöl, Parmesan und Basilikumblättern mischen und servieren.

Beurre Montpellier

MONTPELLIER
Für 4 Personen

Gewiss, wir sagten eingangs, im Mittelpunkt dieses Buches werde das Olivenöl stehen und die Frage, wie es drei Regionen miteinander verbindet – und nun kommen wir Ihnen mit Butter. Und ja, Montpellier liegt auch nicht direkt an der Küste, sondern 20 Kilometer landeinwärts, und man könnte sich deshalb fragen, ob sie in einem Buch mit dem Titel »Entlang der Küste« nicht fehl am Platz ist. Aber diese Spezialität ist so gut, dass sie hier einfach nicht fehlen darf. Hinzu kommt, dass die Stadt von den saftigsten Weiden ganz Frankreichs umgeben ist. Außerdem wird diese provenzalische Kräuterbutter traditionell zu kalten Fischgerichten gereicht – womit wir wieder am Meer wären.

100 g gemischte frische Kräuter (nur die Blätter), z. B. Brunnenkresse, glatte Petersilie, Kerbel und Estragon
300 g junger Spinat
9 Anchovisfilets in Öl (kaufen Sie nur ein wirklich gutes Produkt), gehackt
2 Knoblauchzehen, fein gehackt
1 EL eingesalzene Kapern, abgespült und trocken getupft
60 g Cornichons, fein gehackt
2 rohe Eigelb
3 hart gekochte Eigelb
Meersalz und frisch gemahlener schwarzer Pfeffer
500 g weiche Butter
45–75 ml Olivenöl

Eine Schüssel mit Eiswasser und einigen Eiswürfeln bereitstellen. Die Kräuter und den Spinat 30 Sekunden in kochendem Wasser blanchieren, abgießen und sofort im Eiswasser abschrecken, um den Kochvorgang zu stoppen. Anschließend erneut abgießen, auf Küchenpapier legen und die Flüssigkeit vorsichtig herauspressen.

Die Kräuter und den Spinat mit Anchovis, Knoblauch, Kapern, Cornichons und den Eigelben in einen großen Mörser füllen, mit etwas Salz und reichlich Pfeffer würzen und das Ganze zu einer Paste zerreiben. Die Butter dazugeben und sorgfältig unterrühren. Die Mischung anschließend durch ein feines Sieb in eine Schüssel streichen und das Olivenöl mit einem Holzkochlöffel unterziehen.

Oder die Kräuter und den Spinat mit Anchovis, Knoblauch, Kapern und Cornichons in die Küchenmaschine füllen, mit etwas Salz und reichlich Pfeffer würzen und das Ganze zu einer glatten Paste verrühren. Die Eigelbe, die Butter und zum Schluss das Olivenöl unterrühren.

Diese Mischung zu 5 cm langen Rollen formen, in Frischhaltefolie verpacken und in den Kühlschrank legen. Die Butter vor dem Servieren einfach in Scheiben schneiden. Wenn etwas übrig bleibt, können Sie den Rest auch für später einfrieren.

Serviervorschläge: Der französische Meisterkoch Georges Auguste Escoffier schrieb 1907: »Die einzige Butter, die man zu kaltem Lachs servieren darf, ist die *Montpellier-Butter.*« Sehr gut passt sie aber auch zu hart gekochten Eiern und kaltem Kalbs-, Rinder- oder Schweinebraten. Und sie schmeckt fantastisch auf Sandwiches oder geröstetem und mit einem Anchovisfilet garniertem Brot.

Romesco-Sauce

TARRAGONA
Für 4 Personen,
als Dip oder Dressing

Die Bewohner von Tarragona sind so stolz auf ihre römischen Wurzeln, dass sie nach ihnen sogar ihre Lieblingssauce benannt haben, deren Zutaten den Römern allerdings vermutlich noch nicht bekannt waren. In Europa kennt man Tomaten und Paprikaschoten erst seit dem 16. Jahrhundert.

Wie bei den meisten populären Gerichten gibt es auch bei der *Romesco-Sauce* eine Vielzahl unterschiedlicher Zubereitungsarten. In einem stimmen jedoch alle Rezepte überein: Die Anzahl der Mandeln muss immer doppelt so groß sein wie die der Haselnüsse und die Menge des Olivenöls immer doppelt so viel wie die des Essigs.

Getrocknete Nyora-Chilis, wie man sie in Katalonien verwendet, sind bei uns nur schwer zu bekommen. Deshalb ersetzen wir sie durch geröstete rote Paprikaschoten und scharfe Chilischoten – das Ergebnis ist wirklich hervorragend.

- 2 große Tomaten, gewaschen und abgetrocknet
- 4 Knoblauchzehen
- 2 rote Paprikaschoten, geviertelt und die Samen entfernt
- 120 g Mandeln, blanchiert
- 60 g Haselnusskerne, geschält
- 2 Scheiben Ciabatta
- 200 ml Olivenöl
- Meersalz und frisch gemahlener schwarzer Pfeffer
- 100 ml Rotweinessig
- 1 TL geräuchertes Paprikapulver oder Chilipulver

Den Backofengrill auf höchster Stufe vorheizen. Die Tomaten und die Knoblauchzehen auf einem Backblech verteilen, die geviertelten Paprikaschoten mit der Schnittfläche nach oben auf das Blech legen und das Gemüse 15–20 Minuten grillen, bis die Schalen der Paprikaschoten schwarz sind. Die Schalen anschließend abziehen und die Knoblauchzehen aus den Schalen herausdrücken. Die Tomaten enthäuten und die Samen entfernen.

Inzwischen den Backofen auf 160 °C vorheizen. Die Mandeln und Nüsse auf ein Backblech streuen, 8 Minuten im Backofen rösten und danach grob hacken.

Die Ciabatta in einer Pfanne in etwas Olivenöl goldbraun rösten. Die Scheiben entrinden, in Stücke schneiden und auf Küchenpapier abtropfen lassen.

Den Knoblauch mit etwas Salz im Mörser zerreiben. Das Gemüse, das Brot, die Mandeln und Nüsse sowie etwas Olivenöl dazugeben und alles zu einer glatten Paste zermahlen.

Diese Mischung in eine Schüssel füllen und so viel Olivenöl unterrühren, dass eine homogene Sauce entsteht. Zum Schluss den Essig und – wenn Sie es scharf mögen – das Paprika- oder Chilipulver unterrühren.

Die Sauce vor dem Servieren einige Stunden im Kühlschrank durchziehen lassen. In einem luftdicht verschlossenen Behälter ist sie bis zu 5 Tage haltbar.

Serviervorschläge: Ursprünglich servierte man die *Romesco-Sauce* zu Fisch und Meeresfrüchten (weshalb sie gelegentlich noch mit Minze oder Fenchelgrün angereichert wird), sie passt aber auch hervorragend zu Geflügel, Lamm, Rindfleisch und Gemüse. Ganz besonders lecker schmeckt sie mit gegrillten Garnelen.

Traditionell wird sie mit *calçots*, einer katalanischen Zwiebelsorte, serviert, die einer dicken Lauchzwiebel ähnelt und auf dem Holzkohlegrill gegrillt wird. Außerhalb Spaniens werden Sie diese Zwiebeln kaum finden. Ersatzweise eignen sich auch dünne Lauchstangen oder dicke Lauchzwiebeln. Nach dem Grillen werden die Zwiebeln in Zeitungspapier gewickelt, um sie warm zu halten. Wenn sich alle Gäste am Tisch eingefunden haben, schält man die äußeren Blätter ab und tunkt die Zwiebeln in die Sauce.

Monaco non si
Germania in lutto dopo
LA FIAMMA
TRAVEL AGENCY
ETIHAD
AIRWAYS

BARCELONA (KATALONIEN): Noch heute serviert man im *Can Culleretes,* dem ältesten Restaurant Kataloniens und dem zweitältesten ganz Spaniens, beliebte Klassiker aus dem 19. Jahrhundert.

BARCELONA (KATALONIEN): Die gotische Kathedrale aus dem 14. Jahrhundert ist der heiligen Eulalia geweiht, die nach zahlreichen Foltern im Jahr 303 n. Chr. den Märtyrertod starb.

Rouille Nummer 1

MARSEILLE
Ergibt etwa 400 g

Cayennepfeffer und Safran verleihen dieser Sauce ihre rostrote Farbe. Die Grundlage bildet eine selbst gemachte Mayonnaise, die mit Knoblauch, Chili und Fischbrühe angereichert wird und nach Belieben mit Tomaten, Kartoffeln, Semmelbröseln, gerösteten Paprikaschoten, Safran und sogar Fischleber verfeinert werden kann.

Manche Varianten sind sehr aufwendig. Schließlich soll die Sauce den Geschmack von Fischsuppen nicht überdecken. Deshalb stellen wir Ihnen hier zwei Versionen vor.

100 g Baguette, in Scheiben geschnitten und entrindet
60 ml Bouillon (Seite 196)
3 Knoblauchzehen
Meersalz und frisch gemahlener weißer Pfeffer
2 Eigelb
185 ml Olivenöl
1 TL Cayennepfeffer
1 gehäufte Msp. Safranfäden
Saft von ½ Zitrone (nach Belieben)

Das Baguette 5 Minuten in der Bouillon einweichen, anschließend sehr gut ausdrücken (es muss danach richtig trocken sein) und die Flüssigkeit aufbewahren.

Den Knoblauch mit 1 Prise Salz im Mörser 2 Minuten zu einer weichen Paste zerreiben. Das Brot dazugeben und mit der Knoblauchpaste zu einer homogenen Masse vermengen. Diese Mischung in eine Schüssel füllen, die Eigelbe und 1 Esslöffel Olivenöl hinzufügen, mit Salz und Pfeffer würzen und alles gut mit dem Schneebesen oder einem Holzkochlöffel verrühren.

Nach und nach so viel Olivenöl unterrühren, bis die Mischung die Konsistenz einer Mayonnaise hat. Zum Schluss den Cayennepfeffer, den Safran und 1 Teelöffel Bouillon unterrühren. Die *Rouille* noch einmal abschmecken und nach Belieben mit dem Zitronensaft verdünnen. In einem luftdicht verschlossenen Behälter kann die Sauce bis zu 3 Tage im Kühlschrank aufbewahrt werden.

Rouille Nummer 2

MARSEILLE
Ergibt etwa 300 g

Diese viel einfachere und schnellere Variante eignet sich gut für eine *Bouillabaisse*.

100 g Baguette, in Scheiben geschnitten und entrindet
60 ml Bouillon (Seite 196)
3 Knoblauchzehen
2 scharfe rote Chilischoten
70 ml Olivenöl
1 Msp. Safranfäden
Meersalz und frisch gemahlener weißer Pfeffer

Das Brot in der Bouillon einweichen und danach ausdrücken (es sollte noch etwas feucht sein). Den Knoblauch mit den Chilischoten im Mörser zu einer Paste zerreiben.

Das Brot hinzufügen und unter fortwährendem Rühren langsam das Olivenöl einlaufen lassen, bis die *Rouille* die Konsistenz eines cremigen Senfs hat. Den Safran einrühren und mit etwas Salz und Pfeffer würzen. Zugedeckt hält sich die *Rouille* im Kühlschrank bis zu 1 Woche.

Serviervorschläge: Traditionell serviert man die *Rouille* auf Croûtons oder zu Fischsuppen. Sie passt aber auch sehr gut zu kaltem Fisch und Krustentieren und eignet sich sogar als Salatdressing oder Pastasauce.

Sofregit

BARCELONA
Ergibt etwa 250 g

Der Name *Sofregit* ist, wie das italienische Wort *soffritto*, vom Verb *sofregir* – leicht anbraten oder langsam bei geringer Hitze braten – abgeleitet. Das *Sofregit* zählt zu den fünf Grundsaucen der katalanischen Küche, ist aber, wie der *Soffritto*, keine Sauce im eigentlichen Sinn, sondern eher eine Saucenbasis, die auch für Suppen und Eintöpfe verwendet werden kann.

Die Hauptzutaten sind frische Tomaten, Zwiebeln und Olivenöl. Die Kunst besteht darin, zunächst die Zwiebeln und dann die Tomaten perfekt zu karamellisieren.

Alles andere geht dann wie üblich. Bei den Kochzeiten hat jeder Küchenchef seine eigenen Präferenzen. Manche lassen die Sauce eine ganze Stunde oder länger kochen, andere halten eine halbe Stunde für ausreichend. Wir haben uns für den Mittelweg entschieden. Wichtig ist nur, dass die Sauce bei geringer Hitze gekocht wird, damit der Geschmack des Gemüses erhalten bleibt.

Der italienische *Soffritto* enthält etwas mehr Zutaten, z. B. Möhren, Stangensellerie und Kräuter wie Rosmarin, Basilikum und Thymian, wird jedoch ebenso als Grundlage für Saucen, Suppen und Eintöpfe verwendet. Und jeder Koch bzw. jede Köchin hat seine/ihre eigene Version.

60 ml Olivenöl
1 Zwiebel, in feine Ringe geschnitten
1 Prise Meersalz
2 Knoblauchzehen, gehackt
200 g reife Tomaten, enthäutet, die Samen entfernt und gehackt

Das Olivenöl in einem Topf bei mittlerer Hitze erwärmen und die Zwiebel mit etwas Salz etwa 15 Minuten unter häufigem Rühren darin anschwitzen. Den Knoblauch dazugeben und 2 Minuten anschwitzen.

Die Tomaten in den Topf geben, gut umrühren, die Wärmezufuhr verringern und die Tomaten 20 Minuten bei geringer Hitze köcheln lassen. Dabei regelmäßig umrühren. Die fertige Sauce kann beispielsweise als Grundlage für eine *Provenzalische Sauce* (Seite 52) verwendet werden.

Zugedeckt ist das *Sofregit* im Kühlschrank bis zu 1 Woche haltbar.

SOCCA / FARINATA
Rezept Seite 189

AÏOLI / ALLIOLI / AGLIATA
Rezept Seite 53

PROVENZALISCHE SAUCE
Rezept Seite 52

PISTOU
Rezept Seite 36

TAPENADE
Rezept Seite 65

Provenzalische Sauce

NIZZA

Ergibt etwa 300 g

Wie bei vielen anderen katalanischen, provenzalischen und ligurischen Gerichten findet man auch bei dieser Sauce eine Vielzahl an Varianten. Mal wird sie mit Paprikaschoten zubereitet, mal ohne. Mal mit Oliven, Anchovis oder Kapern, und auch bei den Kräutern kann die Auswahl variieren. Es gibt sogar Rezepte mit Auberginen und Zucchini. Für uns ist dies die beste *Provenzalische Sauce* (als Basis haben wir hier allerdings ein spanisches *Sofregit* verwendet).

- 25 g Butter
- 1 EL Olivenöl
- 1 rote Paprikaschote, in feine Streifen geschnitten
- 5 frische Eiertomaten, enthäutet, die Samen entfernt und in Würfel geschnitten
- 250 g *Sofregit* (Seite 49)
- 1 TL Kapern
- 2–3 kleine, frische Thymian-, Rosmarin- oder Oreganostängel, die Blätter abgezupft
- 1 Handvoll schwarze Oliven, entkernt und in Ringe geschnitten
- Meersalz und frisch gemahlener schwarzer Pfeffer

Die Butter mit dem Öl in einen Topf geben und bei mittlerer Hitze zerlassen. Die Paprikaschote 5 Minuten darin anschwitzen. Die Tomaten dazugeben und 5 Minuten anbraten.

Das *Sofregit*, die Kapern, die Kräuter und die Oliven unterrühren und die Wärmezufuhr verringern. Mit Salz und Pfeffer würzen und das Ganze 20 Minuten bei geringer Hitze köcheln lassen. Dabei regelmäßig umrühren.

Die Sauce sofort verwenden oder in einem luftdicht verschlossenen Behälter im Kühlschrank aufbewahren. Sie ist so maximal 5 Tage haltbar.

Serviervorschläge: Zucchini in Scheiben schneiden und diese in der Pfanne auf beiden Seiten 3 Minuten braten. Die Sauce auf einer Platte verstreichen, die gebratenen Zucchinischeiben darauf verteilen und in der Pfanne gebratene Wittling- oder Petersfischfilets darauf anrichten. Vorzüglich schmeckt die Sauce auch mit Pasta oder als Dip zu geröstetem Brot.

Aïoli / Allioli / Agliata

PROVENCE / KATALONIEN / LIGURIEN
Für 4 Personen, als Dip oder Dressing

Wenn Sie glauben, eine *Aïoli* sei nur eine Mayonnaise, in die man seine Chips dippt, sollten Sie sich ein Beispiel an dem provenzalischen Dichter Frédéric Mistral nehmen. Als er 1904 mit dem Nobelpreis für Literatur ausgezeichnet wurde, gründete er mit dem Preisgeld zu Ehren seiner Lieblingssauce eine Zeitschrift, der er den Namen *L'Aioli* gab. Denn sie erfüllt, wie er es formulierte, »den Körper mit Wärme und die Seele mit Begeisterung [...] und vereint in sich die Wärme, die Kraft und die Heiterkeit der provenzalischen Sonne. Und sie hat noch einen weiteren Vorzug: Sie verscheucht die Fliegen.«

***Aïoli* wird traditionell an Weihnachten (mit Schnecken) und an Ostern (mit Klippfisch) serviert.**

Die katalanische *Allioli* und die ligurische *Agliata* sind nur ein blasser Abklatsch des provenzalischen *Aïoli,* das mit Eigelb, Zitrone und oft auch Senf zubereitet wird.

6 Knoblauchzehen
2 Prisen Meersalz
1 Eigelb
1 EL Zitronensaft
185 ml Olivenöl
1 TL milder Senf (nach Belieben)

Die Knoblauchzehen mit dem Salz im Mörser zu einer Paste zerreiben. Das Eigelb und den Zitronensaft hinzufügen und alles mit dem Stößel zu einer homogenen Masse verrühren.

Unter ständigem Rühren das Öl langsam in einem feinen Strahl einlaufen lassen. Das Öl wirklich langsam hinzufügen, sonst gerinnt die *Aïoli*. Sobald die Mischung die Konsistenz einer dicken, glatten und cremigen Mayonnaise annimmt, den Senf einrühren.

Sollten Sie keinen Mörser besitzen, können Sie mit einer Keramik- oder Edelstahlschüssel und einem Schneebesen ein ähnlich gutes Ergebnis erzielen. Den Knoblauch dann zunächst auf einem Holzbrett hacken und danach mit der flachen Klinge eines großen Messers zu einer Paste zermahlen. Mit Salz, Eigelb und Zitronensaft in die Schüssel geben und alles kräftig mit dem Schneebesen verrühren. Unter ständigem Rühren langsam das Öl in einem feinen Strahl einlaufen lassen.

Die *Aïoli* sofort servieren oder in eine kleine Schüssel füllen, mit Frischhaltefolie abdecken und in den Kühlschrank stellen. Sie ist so einige Wochen haltbar.

Variationen: Die katalanische *Allioli* enthält kein Eigelb und keinen Senf und muss mindestens 20 Minuten im Mörser verrührt werden, damit sie schön glatt und cremig wird. In der ligurischen *Agliata* wird der Zitronensaft durch Weißweinessig und das Eigelb durch 1 Handvoll Weißbrotkrumen oder zerdrückte Kartoffel ersetzt.

Serviervorschläge: Für eine *Aïoli monstre,* eine »Riesen-Aïoli«, gekochtes Gemüse (für gewöhnlich Möhren, Kartoffeln, Artischocken und grüne Bohnen) und pochierten weißfleischigen Fisch oder Baccalà mit der Sauce überziehen.

In Katalonien und Ligurien serviert man sie auch zu gegrilltem oder gekochtem Fisch und zu Meeresfrüchten, grünen Oliven oder gekochten Kartoffeln. Ja, man streicht sie sogar auf geröstetes Brot.

Oder probieren Sie einmal *Fegato alla genovese* (Kalbsleber auf Genueser Art). Dazu die Leber in dünne Scheiben schneiden und in einer beschichteten Pfanne in etwas Olivenöl braten. Einen Klecks *Agliata* auf den Teller geben und die Leberscheiben hineintunken.

Crema di noci *(Walnusssauce)*

CAMOGLI

Für 4 Personen, mit Pasta

Das Rezept für diese ligurische Walnusssauce, eine Weiterentwicklung des antiken römischen *moretum,* tauchte erstmals im Mittelalter auf. Die Römer mischten Kräuter mit Ricotta, Knoblauch und Olivenöl und bestrichen damit ihr Brot. Bei uns ist das Brot – neben Walnuss- und Pinienkernen – Bestandteil der Sauce, die vorzüglich zu jeder Art von Pasta schmeckt. In Ligurien genießt man sie besonders gern mit Pansotti (kleinen Bäuchen), runden, mit Spinat gefüllten Ravioli.

250 g Walnusskerne
2 dünne Scheiben Ciabatta, entrindet
60 ml Milch
2 EL italienische Pinienkerne
1 Knoblauchzehe
75 g Ricotta
45 ml Olivenöl
Meersalz
1 EL fein gehackte Majoranblätter

Die Walnusskerne 30 Sekunden in kochendem Wasser blanchieren, abgießen und in Eiswasser abschrecken. Erneut abgießen, auf ein Geschirrtuch geben und die Häutchen abrubbeln.

Die Walnusskerne anschließend in kleinen Portionen in den Mörser geben und zerstoßen.

Die Ciabatta etwa 5 Minuten in der Milch einweichen, anschließend gut ausdrücken, zu den Nüssen in den Mörser geben und das Ganze 1 Minute zerreiben. Die Pinienkerne und den Knoblauch hinzufügen und alles zu einer homogenen Paste zermahlen.

Diese Mischung in eine Schüssel füllen und den Ricotta mit einem Holzkochlöffel sorgfältig unterrühren. Das Olivenöl, einige Prisen Salz und den Majoran dazugeben und die Zutaten gut verrühren.

Die Sauce sofort verwenden oder mit einer dünnen Schicht Olivenöl bedeckt im Kühlschrank aufbewahren. Sie ist so bis zu 1 Woche haltbar.

Serviervorschläge: Servieren Sie die Sauce zu Pansotti (Ravioli mit Spinatfüllung) oder rühren Sie sie wie eine *Picada* in eine Gemüsesuppe.

Beurre d'anchois *(Sardellenbutter)*

NIZZA
Für 4 Personen

Eigentlich ist dies ein ligurischer Klassiker, der bis nach Nizza vorgedrungen und heute fester Bestandteil der provenzalischen Küche ist. Deshalb haben wir uns hier auch für den provenzalischen Namen entschieden. Und selbst dieses einfache Rezept findet man in den unterschiedlichsten Varianten: mit Knoblauch, mit Kapern, mit Kräutern und Ei, mal kalt und mal warm.

20 Anchovisfilets in Öl (kaufen Sie nur ein wirklich gutes Produkt)
250 g zimmerwarme Butter
Saft von 1 Zitrone
frisch gemahlener schwarzer Pfeffer

Die Anchovis abtropfen lassen, klein schneiden und im Mörser zerreiben. Mit etwas Butter und dem größten Teil des Zitronensafts zu einer leichten, weichen Paste vermengen.

Diese Paste mit der restlichen Butter in eine Schüssel geben, mit Pfeffer bestreuen und zu einer homogenen Masse verrühren. Die Butter noch einmal abschmecken und gegebenenfalls noch etwas Pfeffer oder Zitronensaft hinzufügen.

Zu einer Rolle formen, in Frischhaltefolie verpacken und im Kühlschrank aufbewahren. Sie ist so bis zu 2 Wochen haltbar.

Die Butter vor dem Servieren in Scheiben schneiden.

Serviervorschläge: Geröstetes Brot mit der Butter bestreichen und mit Rührei belegen. 1 Scheibe Sardellenbutter auf einem gegrillten Steak oder gegrilltem Fisch zerlaufen lassen. Oder Spaghetti in der Butter schwenken. Dazu 1 Scheibe Brot in kleine Würfel schneiden und diese in 1 Esslöffel Sardellenbutter rösten. 2 weitere Esslöffel Sardellenbutter zerlassen und die abgetropften Nudeln darin schwenken. In einer Schüssel anrichten, mit den Croûtons bestreuen und servieren.

Acciugata con pinzimonio
(Kalte Sardellensauce mit rohem Gemüse)

VARAZZE
Für 4 Personen, als Dip

Diese kalte Sardellensauce serviert man in Ligurien im Sommer gern als Dip mit *Pinzimonio,* d. h. mit rohem oder gekochtem Gemüse. Die warme winterliche Variante finden Sie auf Seite 57.

15 Anchovisfilets in Öl (kaufen Sie nur ein wirklich gutes Produkt)
2 Knoblauchzehen
60 ml Olivenöl
1 EL Weißweinessig
frisch gemahlener schwarzer Pfeffer

Die Anchovis mit dem Knoblauch im Mörser zu einer glatten Paste zerreiben. Das Olivenöl langsam einrühren. Zum Schluss den Essig und etwas Pfeffer hinzufügen und alles gut verrühren.

Die *Acciugata* in eine Schüssel füllen und mit *Crostini,* hart gekochten Eiern, Tomatenscheiben und rohem Gemüse der Saison auf einer Platte anrichten, sodass sich jeder Gast nehmen kann, was er möchte, und es in die Sauce dippen kann.

Im Kühlschrank ist die Sauce bis zu 1 Woche haltbar.

Anchoyade / Bagna cauda

GENUA UND NIZZA

Für etwa 10 Personen

In ein warmes Bad, so die wörtliche Übersetzung von *Bagna cauda,* wird das Gemüse hier getaucht. Die *Anchoyade* stammt ursprünglich aus dem Piemont, das früher einmal zu Ligurien gehörte. Möglicherweise hat ein Anchovishändler aus der Provence die Sauce dort kennengelernt und das Rezept mit nach Hause gebracht, wo man es noch mit Butter verfeinert und als Dip zu rohem und gekochtem Gemüse serviert hat.

Die *Bagna cauda* ist nicht nur ein Gericht, sondern auch ein Symbol der Gastlichkeit und der Freude. Genießt man sie doch, vor allem während der Weinlese, gern im Kreis von Freunden oder mit der Familie. Die Sauce steht dabei in der Mitte des Tisches auf einem Rechaud, dem sogenannten *fujot.* Ein gutes Glas Rosé darf dabei natürlich nicht fehlen.

8 Knoblauchzehen
200 g Butter
300 ml Olivenöl
16 Anchovisfilets in Öl (kaufen Sie nur ein wirklich gutes Produkt)

Den Knoblauch in hauchdünne Scheiben schneiden und diese 1 Stunde in einer Schüssel mit kaltem Wasser ruhen lassen.

Anschließend abgießen, mit Küchenpapier trocken tupfen und mit der Butter und der Hälfte des Olivenöls in einen feuerfesten Keramiktopf geben. Das Ganze 20 Minuten bei sehr geringer Hitze köcheln lassen. Dabei regelmäßig mit einem Holzkochlöffel umrühren und darauf achten, dass der Knoblauch keine Farbe annimmt. Er soll sehr weich, aber nicht gebraten werden.

Den Knoblauch am Ende der Kochzeit mit dem Kochlöffel zu einer glatten, weichen Creme zerdrücken. Die Anchovis und das restliche Öl einrühren und die Sauce etwa 10 Minuten kochen lassen, bis die Anchovis vollständig zerfallen sind und eine aromatische hellbraune Creme entstanden ist.

Die Sauce sofort sehr heiß servieren. Wird sie als *Bagna cauda* serviert, füllt man sie am besten in einen Keramik-Fonduetopf und hält sie auf einem Rechaud warm.

Serviervorschläge: Den Topf mit der Sauce in die Mitte des Tisches stellen und rundherum Platten mit rohem und gekochtem Gemüse wie Kopfsalat, Chicorée, Stangensellerie, Salatgurke, Fenchel, Radieschen, Pilzen, Möhren, Zucchini, Kirschtomaten, Paprikaschoten, gekochten oder rohen Artischocken (zum Rohessen eignen sich am besten die kleinen violetten Artischocken), Artischockenherzen, Kartoffeln, Spargel, gebackenen Zwiebeln, Frühlingszwiebeln anrichten und dazu Grissini reichen.

Wenn etwas von der *Bagna cauda* übrig bleibt, verwenden die Bauern im Piemont die Reste gern für ein Rührei. Man kann damit aber auch gebratene oder gebackene Polenta bestreichen.

PINZIMONIO
Rezept Seite 56

BAGNA CAUDA
Rezept Seite 57

Picada

BARCELONA
Ergibt etwa 200 g

Die *Picada* ist eigentlich keine Sauce im herkömmlichen Sinn, sondern vielmehr eine Würzsauce, die man am Ende der Kochzeit unter die Speisen rührt, um ihnen mehr Geschmack und Konsistenz zu verleihen. Entstanden sein dürfte die Sauce, die damals noch aus Knoblauch, Petersilie, Brot, Safran und Nüssen bestand, im 14. Jahrhundert. Später wurden die Zutaten noch um Tomaten ergänzt. Wir bevorzugen allerdings die ursprüngliche Version.

Wie alle mediterranen *Pestos* schmeckt die *Picada* zwar am besten, wenn man sie im Mörser zubereitet, es ist aber auch nichts dagegen einzuwenden, wenn Sie nur die Knoblauchpaste im Mörser herstellen und den Rest mit dem Mixer erledigen. Denn die Paste sollte zum Schluss so glatt sein, dass sich, abgesehen von den geschmacklichen, keinerlei Spuren der Nüsse mehr darin finden.

4 Knoblauchzehen, fein gehackt
Meersalz und frisch gemahlener schwarzer Pfeffer
12 blanchierte Mandeln, geröstet
12 blanchierte Haselnusskerne, geröstet
1 Scheibe Ciabatta, geröstet
1 gehäufte Msp. Safranfäden
2 EL fein gehackte glatte Petersilie
3 EL Olivenöl

Den Knoblauch in einem großen Mörser mit 1 Prise Salz zerreiben. Die Mandeln und die Nüsse, das Brot und den Safran dazugeben und alles zu einer dicken Paste verarbeiten. Zum Schluss die Petersilie und das Olivenöl unterrühren.

Die *Picada* eignet sich auch zum Einfrieren und ist in der Gefriertruhe bis zu 6 Monate haltbar.

Serviervorschläge: Schmorgerichte unmittelbar vor dem Servieren mit 1 Klecks *Picada* verfeinern. Sehr gut schmeckt es auch, wenn man die Sauce unter eine *Paella* rührt.

Xató

TARRAGONA
Für 4 Personen,
als Salatdressing

Gleich zwei Orte – die beiden zwischen Tarragona und Barcelona gelegenen Küstenstädte Sitges und Vilanova i la Geltrú – reklamieren für sich, Erfinder dieser Sauce gewesen zu sein. An der sogenannten »*Xató*-Straße« gibt es darüber hinaus jedoch noch sechs weitere Städte, von denen jede ein eigenes Rezept dieser Sauce und des Klippfischsalats hat, der damit für gewöhnlich angemacht wird.

Wir wollen Ihnen hier die Version vorstellen, die alljährlich im Januar beim Karneval in Vilanova serviert wird, was natürlich nicht heißt, dass wir parteiisch wären.

Im Unterschied zur *Romesco-Sauce* enthält der klassische *Xató* keine Paprikaschoten, keine Haselnüsse, keine Tomaten und kein Brot. Wir haben allerdings auch schon Rezepte gesehen, in denen all diese Zutaten verwendet wurden. Es steht Ihnen also frei, die Sauce ganz nach Ihrem Geschmack abzuwandeln.

4 Knoblauchzehen
12 blanchierte Mandeln, geröstet
Meersalz und frisch gemahlener schwarzer Pfeffer
2 scharfe rote Chilischoten, der Länge nach halbiert und die Samen entfernt
125 ml Olivenöl
60 ml Weißweinessig

Den Knoblauch mit den Mandeln und 1 Prise Salz im Mörser 2 Minuten zerreiben. Die Chilischoten hinzufügen und alles zu einer glatten Paste verarbeiten. Nach und nach das Olivenöl und den Essig unterrühren und die Sauce gegebenenfalls noch einmal mit Salz und Pfeffer abschmecken.

Wenn Sie mit dem Mixer arbeiten, alle Zutaten auf einmal hineingeben und so lang verrühren, bis die Mandeln zu einer feinen Paste reduziert sind.

Die Sauce sofort verwenden oder – maximal 1 Woche – im Kühlschrank aufbewahren.

Serviervorschläge: Traditionell verwendet man den *Xató* als Dressing für eine *Xatonada* (Seite 137), man kann sie aber auch über eine *Frittata* träufeln oder Brathähnchen damit würzen (das Hähnchen vor dem Braten mit dem Dressing einreiben).

LES CALANQUES (PROVENCE):
An den Stränden der von Kalksteinklippen umschlossenen »Fjorde« tummeln sich im Sommer die Bewohner von Marseille.

Sausson

CASSIS
Für 4 Personen

Eine ungewöhnliche Geschmackskombination und eine wunderbar pikante Frische zeichnen dieses alte provenzalische Rezept aus, das ursprünglich eine Fenchelsuppe mit Mandeln war, die die Bäuerinnen ihren Männern als morgendlichen Imbiss aufs Feld zu bringen pflegten. Heute ist daraus ein Dip geworden, mit dem man *Crostini* oder geröstetes und mit Knoblauch eingeriebenes Baguette bestreicht, die man als Vorspeise oder als Fingerfood zu Cocktails serviert.

- 1 mittelgroße Fenchelknolle mit Grün
- 200 g blanchierte Mandeln
- 60 ml Olivenöl
- 8 Anchovisfilets in Öl (kaufen Sie nur ein wirklich gutes Produkt)
- 2 Knoblauchzehen
- 1 große Handvoll Minzblätter

Die äußeren Blätter der Fenchelknolle entfernen. Die restliche Knolle mit etwas Grün sehr fein hacken.

Die Fenchelstücke mit den Mandeln und etwas Olivenöl in der Küchenmaschine zu einer groben Paste verrühren. Die Anchovis, den Knoblauch und die Minze dazugeben, noch etwas Öl hinzufügen und alles zu einer nicht zu glatten Paste verrühren. In eine Schüssel füllen und mit einem Holzkochlöffel so viel Öl unterrühren, dass eine streichfähige Paste entsteht.

Wenn Sie mit dem Mörser arbeiten, die Mandeln hacken und beiseitestellen. Den Knoblauch mit etwas Salz im Mörser zerreiben. Die Mandeln und die Fenchelstücke dazugeben und alles zu einer Paste verarbeiten. Etwas Öl und die übrigen Zutaten hinzufügen und das Ganze zu einer homogenen Masse zermahlen. Besitzen Sie nur einen kleinen Mörser, die Zutaten nacheinander in kleinen Portionen vermengen und die fertigen Portionen in eine Schüssel füllen.

Mit Olivenöl bedeckt kann die Sauce bis zu 1 Woche im Kühlschrank aufbewahrt werden.

Serviervorschläge: Den *Saussoun* großzügig auf geröstetes Brot streichen und mit etwas Fenchelgrün garnieren. Als Pastasauce: Den *Saussoun* mit etwas Pastakochwasser verdünnen und die Sauce mit Linguine oder Fettuccine mischen.

Tapenade

NIZZA
Für 4 Personen

Der Name *Tapenade* ist vom provenzalischen Dialektwort *tapeno* – Kaper – abgeleitet, sind die kleinen Blütenknospen doch eine der wichtigsten Zutaten dieser Sauce. Der Kapernstrauch gelangte vor etwa 2500 Jahren mit den Griechen, die seine kleinen Knospen in Amphoren in Öl zu konservieren pflegten, in diesen Teil des Mittelmeerraums. Die Römer gaben noch Essig und Knoblauch dazu, und im Mittelalter kam man auf die geniale Idee, auch noch Oliven hinzuzufügen.

Jede der drei Hauptzutaten der *Tapenade* – schwarze Oliven, Anchovis und Kapern – hat für sich genommen schon einen relativ intensiven Eigengeschmack, kombiniert man sie aber miteinander, wird daraus eine einzigartig aromatische Köstlichkeit. Für gewöhnlich bestreicht man damit kleine geröstete Brote, in der Provence haben wir sie aber auch schon auf gebratenem Thun- und Schwertfisch gegessen, und sie schmeckt auch grandios als Pastasauce.

Der wichtigste Unterschied zwischen einer italienischen Olivenpaste und der französischen *Tapenade* besteht darin, dass man in der Provence keine Kräuter verwendet (höchstens gelegentlich etwas Basilikum). Die ligurische Version enthält dagegen neben etwas Zitronensaft auch Rosmarin und Thymian. Und in Katalonien haben wir sogar eine Variante mit Thymian, Oregano und Cornichons gefunden.

Die besten Kapern kommen, wie wir finden, zwar von der italienischen Insel Pantelleria (von wo auch einer der besten italienischen Dessertweine, der Passito di Pantelleria, stammt), aber Sie können auch jede andere kleine Kaper nehmen, vorausgesetzt, sie ist nur in Salz eingelegt (das vor der Zubereitung abgespült werden muss). Bei den Oliven würden wir Ihnen die kleinen schwarzen Taggiasca-Oliven aus der Nähe von Genua und Nizza (wo sie Cailletier-Oliven heißen) empfehlen.

2 Knoblauchzehen
je 1 Stängel Thymian, Oregano und Rosmarin, die Blätter abgezupft und grob gehackt
500 g schwarze Taggiasca-Oliven, entkernt (Seite 22)
1 gehäufter EL eingesalzene Kapern, abgespült und trocken getupft
6 braune Anchovisfilets (Seite 22)
125 ml Olivenöl

Den Knoblauch im Mörser 2 Minuten zerreiben. Die Kräuterblätter hinzufügen und das Ganze 1 weitere Minute zerreiben. Die Oliven und die Kapern und danach die Anchovis dazugeben und alles zu einer groben Paste verarbeiten, die noch Olivenstückchen enthalten sollte.

Zum Schluss das Olivenöl einrühren. Frisch zubereitet schmeckt die *Tapenade* am besten, in einem luftdicht verschlossenen Behälter kann sie aber auch bis zu 5 Tage im Kühlschrank aufbewahrt werden.

Serviervorschläge: Auf *Crostini* oder gegrilltem Fisch oder als Sauce mit Spaghetti servieren.

TARRAGONA (KATALONIEN): Das Restaurant *Cal Joan* wartet mit einer Auswahl köstlicher Vorspeisen, einer hervorragenden *Paella* und *Fideua* auf.

Drittes Kapitel

ANTIPASTI / HORS D'ŒUVRES / TAPES

Snacks & Vorspeisen

CASSIS (PROVENCE):
Ein lauer Abend beginnt stets mit *l'heure de l'apéro* oder dem *aperitivo*, wie die Italiener und die Spanier dazu sagen – einem Ritual, bei dem Drinks und Snacks nicht fehlen dürfen.

Klein, aber fein

In Europa kennt man viele Namen für die kleinen Leckerbissen, die eine Mahlzeit einleiten oder die man zu einem Drink genießt, doch das Wort, das man überall auf der Welt kennt, ist Tapas.

Das Wort *tapas* – Deckel – spielt vermutlich auf die kleinen Teller an, mit denen man die Weingläser abdeckte, damit sich keine Fliegen hineinverirrten (oder ein anderer heimlich aus dem eigenen Glas trank).

Eigentlich wollten wir dieses Kapitel mit »Tapas« überschreiben, entdeckten dann aber, dass das Wort ursprünglich aus dem kastilischen Spanisch und nicht aus dem Katalanischen kommt (die Katalanen würden die Häppchen eher *Aperitius* nennen, sie würden *Tapes* aber wohl auch akzeptieren).

Das italienische *Antipasto,* das so viel bedeutet wie »vor der Mahlzeit« (und nicht etwa »vor der Pasta«), und das französische *Hors d'œuvre* (wörtlich »außerhalb des Werkes«) sind zwar durchaus noch gebräuchlich, klingen aber in einer Zeit, in der man seine Mahlzeiten schnell mal zwischendurch einnimmt, ein wenig altmodisch. Zeitgemäßer sind da Begriffe wie das französische *Amuse-bouches* (Gaumenfreuden), das italienische *Assaggi* (Kostproben) oder das spanische *Cazuelas* (Töpfchen). Eine Zeit lang tendierten wir zu dem in Ligurien gebräuchlichen Begriff *Stuzzichini*. Das Wort ist vom Verb *stuzzicare* – reizen, provozieren – abgeleitet und könnte etwa mit »Gaumenkitzler« übersetzt werden.

All diese Namen bezeichnen aber im Wesentlichen eines: »eine Kleinigkeit, die man zu einem Drink genießen kann«. Überall in Spanien (und in weiten Teilen Italiens) pflegt man vor dem Mittag- oder Abendessen in einer Bar einen *Aperitivo,* das heißt ein paar Drinks und einige Snacks, zu sich zu nehmen. In Anlehnung an den Wermut, den mit Kräutern aromatisierten Wein, den man traditionell als Aperitif trinkt, nennen die Katalanen dies »einen Wermut trinken«. In Italien wird der *Aperitivo* heute gern als Happy Hour bezeichnet, getrunken wird dann eher Prosecco oder Campari als Wermut.

Während man in Katalonien zur Mittagszeit zu seinem Wermut nur ein paar ganz leichte Snacks genießt, gibt es zum abendlichen Aperitif etwas Handfesteres, denn die Katalanen essen sehr spät – frühestens um 21 Uhr – zu Abend. Doch auch diese Snacks sind stets relativ klein und werden außer Haus konsumiert.

Bei der Auswahl und der Adaption der Rezepte für dieses Kapitel haben wir uns auf Gerichte konzentriert, die man vielleicht auch gern zu Hause servieren würde, etwa wenn man Freunde zu einem ausgedehnten nachmittäglichen Plausch erwartet, bei dem etwas getrunken und dazu ein paar Kleinigkeiten gegessen werden sollen.

Deshalb haben wir hier einige klassische *Pintxos, Amuse-bouches* und *Stuzzichini* zusammengestellt, die einfach zuzubereiten und unkompliziert zu essen sind.

Wenn Sie etwas Glück haben, bleibt davon noch so viel übrig, dass es am nächsten Tag für einen Snack reicht.

Pa amb tomaquet *(Tomatenbrot)*

BARCELONA
Für 6 Personen, als Teil einer Tapasplatte

Die Katalanen lieben diese *Crostini* so sehr, dass sie sie sogar zum Frühstück essen und die Kinder diese nachmittags nach der Schule als kleinen Imbiss bekommen. Man braucht dazu allerdings Tomaten, die bereits sehr reif sind. Der Spätsommer ist somit die ideale Zeit für diese *Crostini*. Und man sollte nur bestes natives Olivenöl und ein kräftiges Landbrot verwenden. Puristen würden das Brot keinesfalls zuvor mit Knoblauch einreiben, wir finden allerdings, er verleiht den *Crostini,* vor allem wenn man sie als abendliche Vorspeise serviert, einen besonderen Kick.

3 Knoblauchzehen
12 Scheiben Ciabatta
6 sehr reife Tomaten
Olivenöl
Meersalz

Den Backofen auf 180 °C vorheizen. Die Knoblauchzehen halbieren. Das Ciabatta 5 Minuten im Ofen goldbraun rösten und kräftig mit dem Knoblauch einreiben.

Die Tomaten halbieren und die Brotscheiben damit so einreiben, dass das Brot möglichst den gesamten Saft und das Fruchtfleisch aufsaugt und zum Schluss nur noch die Tomatenschalen übrig bleiben. Die Brote noch schnell mit dem Olivenöl beträufeln und mit Salz bestreuen, dann sofort genießen, damit sie nicht durchweichen.

Haben Sie keine prallen, weichen Tomaten zur Hand, das Fruchtfleisch in eine Schüssel reiben und mit 2 Esslöffeln Olivenöl verrühren. Wenn Sie ein Knoblauchfan sind, den Knoblauch im Mörser mit etwas Salz und Olivenöl zu einer Paste zerreiben. Die Brote mit der Knoblauchpaste bestreichen und die geriebenen Tomaten darauf verteilen.

Serviervorschläge: Für die Katalanen ist das Tomatenbrot zwar ein eigenständiges Gericht, es spricht für sie aber auch nichts dagegen, es noch mit einer Sardelle, einer Scheibe Schinken (der in Spanien *jamón,* in Katalonien *pernil* und in Italien *prosciutto* heißt) oder einer Scheibe Manchego zu belegen oder es mit geriebenem Pecorino zu bestreuen.

NIZZA (PROVENCE):
Die Straßenschilder sind in Französisch und in Nissart beschriftet, dem Dialekt, der in Nizza und Umgebung gesprochen wird und der große Ähnlichkeit mit dem Ligurischen hat.

Petits farcis *(Gefülltes Gemüse)*

NIZZA

Für 4 Personen

»Kleine Gefüllte«, so lautet der Name dieses Gerichts wörtlich übersetzt. In Ligurien heißt es ziemlich prosaisch einfach *Verdure ripiene* (gefülltes Gemüse). Das Gemüse wird dazu ausgehöhlt. Das ausgelöste Fruchtfleisch wird anschließend gewürzt, gebraten und wieder in das Gemüse gefüllt, das zum Schluss noch überbacken wird. Die Gewürze variieren von Ort zu Ort, in wohlhabenderen Gegenden mischt man gelegentlich noch ein wenig gehacktes Rind- oder Lammfleisch in die Füllung. Wir haben uns hier an die vegetarische Version gehalten.

- 4 Zucchini
- 8 kleine Auberginen
- 2 Paprikaschoten
- 4 weiße Zwiebeln
- 2 Scheiben Ciabatta, entrindet
- 80 ml Milch
- 2 Eier
- 200 ml Olivenöl
- 1 Msp. frisch geriebene Muskatnuss
- 2 Knoblauchzehen, fein gehackt
- 2 kleine Oreganostängel, die Blätter abgezupft und gehackt
- 1 kleiner Majoranstängel, die Blätter abgezupft und gehackt
- 100 g Parmesan, frisch gerieben
- Meersalz und frisch gemahlener schwarzer Pfeffer
- 60 g Paniermehl

Die Enden der Zucchini und der Auberginen abschneiden und das Gemüse der Länge nach halbieren. Die Paprikaschoten halbieren und die Samen und die weißen Häutchen entfernen. Die Zwiebeln schälen und halbieren.

Einen Topf mit Wasser füllen, das Wasser zum Kochen bringen und das Gemüse 5 Minuten darin garen. In der Zwischenzeit das Brot 5 Minuten in der Milch einweichen. Das Gemüse abgießen und trocken tupfen.

Den Backofen auf 180 °C vorheizen.

Mit einem Teelöffel das Fruchtfleisch in der Mitte der Zucchini, der Auberginen und der Zwiebeln herauslösen und dabei einen nicht zu schmalen Rand stehen lassen. Das Fruchtfleisch anschließend in einer Schüssel zerdrücken. Das ausgedrückte Brot, die Eier, den größten Teil des Olivenöls, den Muskat, den Knoblauch, die Hälfte der Kräuter und die Hälfte des Parmesans dazugeben, mit Salz und Pfeffer würzen und die Zutaten sorgfältig vermengen.

Ein Backblech leicht mit Öl einfetten und das ausgehöhlte Gemüse mit den Paprikahälften darauf verteilen. Die Gemüsemischung lose einfüllen, mit dem Paniermehl bestreuen und mit dem restlichen Olivenöl beträufeln. Das Gemüse für 25 Minuten in den Backofen schieben.

Danach herausnehmen, mit den restlichen Kräutern und dem übrigen Parmesan bestreuen und servieren.

Ratatouille / Samfaina

NIZZA / TARRAGONA

Für 4 Personen

Das französische *Ratatouille* und das italienische *Ratatuia* gehen beide auf das französische Verb *touiller* – rühren – zurück. Sehr viel poetischer ist das spanische *Samfaina* (Sinfonie).

Auch wenn Nizza für sein *Ratatouille* berühmt ist, können die Katalanen vermutlich für sich beanspruchen, dieses Gericht erfunden zu haben. Waren sie in Europa doch die Ersten, die die Paprikaschote und die Tomate, die im frühen 15. Jahrhundert aus Amerika zu uns gelangte, in ihre Küche aufnahmen (das katalanische Wort *tomaquet* ist vom aztekischen *tomatl* abgeleitet, beim italienischen Wort *pomodoro* – goldener Apfel – handelt es sich um eine Eigenschöpfung der Italiener).

Die *Samfaina* wird etwas länger gekocht als das *Ratatouille,* denn für die Katalanen ist sie eher eine Sauce, die man unter andere Gerichte rührt. Das *Ratatouille* gilt als eigenständiges Gericht. In Ligurien, wo man noch grüne Bohnen und Borlotti-Bohnen hinzufügt, macht man sogar eine vollwertige vegetarische Mahlzeit daraus.

Bei unserer Version können Sie entscheiden, ob Sie die leichte oder die sättigende Variante wählen wollen. In jedem Fall sollten Sie zum Eintunken jede Menge Knoblauchbrot vorbereiten. Sehr gut schmeckt das Gemüse auch als Beilage zu gegrillten Spareribs, Kaninchen, Hähnchen, Thunfisch- und Schwertfischsteaks. Und es eignet sich hervorragend als Belag für eine *Coca* (Seite 182), wie die katalanische Pizza heißt.

100 ml Olivenöl
2 Knoblauchzehen, gehackt
2 Auberginen, geschält und in Würfel geschnitten
2 rote Paprikaschoten, in Streifen geschnitten
1 gelbe Paprikaschote, in Streifen geschnitten
3 mittelgroße Zucchini
300 g reife Tomaten, enthäutet, die Samen entfernt und gehackt
250 g Sofregit (Seite 49)
3 kleine Thymianstängel, die Blätter abgezupft und gehackt
3 Stängel Basilikum, die Blätter abgezupft und gehackt
1 TL geräuchertes Paprikapulver

Nach Belieben

400 g frische Borlotti-Bohnen, ausgepalt (falls Sie keine frischen Bohnen bekommen, nehmen Sie Bohnen aus der Dose oder getrocknete Bohnen. Letztere müssen jedoch zuvor über Nacht in Wasser eingeweicht werden.)
300 g grüne Bohnen, geputzt und in 2–3 cm lange Stücke geschnitten

Für eine ligurische *Ratatuia* die frischen Borlotti-Bohnen etwa 30 Minuten in Salzwasser kochen und die grünen Bohnen 2 Minuten in kochendem Salzwasser blanchieren. Beides anschließend abgießen und beiseitestellen. Die Bohnen gegen Ende der Kochzeit mit den Kräutern zum restlichen Gemüse geben.

Für ein *Ratatouille* oder eine *Samfaina* das Olivenöl bei mittlerer Hitze in einem großen Topf erhitzen. Den Knoblauch, die Auberginen, die Paprika und die Zucchini 6 Minuten unter häufigem Rühren anschwitzen. Die Tomaten dazugeben, den Deckel auflegen und das Gemüse 4 Minuten kochen lassen. Das *Sofregit* einrühren und das Gemüse 15 Minuten bei geöffnetem Topf weiterköcheln lassen, bis es weich ist. Soll es sehr weich sein, die Kochzeit verlängern.

Zum Schluss die Kräuter und das Paprikapulver einrühren und das Gemüse noch 2 Minuten kochen lassen.

In einem luftdicht verschlossenen Behälter kann das *Ratatouille*/die *Samfaina* bis zu 1 Woche im Kühlschrank aufbewahrt werden.

RIOMAGGIORE (LIGURIEN): Das südlichste der fünf Fischerdörfer der Cinque Terre, das erstmals im 13. Jahrhundert besiedelt wurde, ist der Ausgangspunkt eines Wanderwegs, der den Namen Via dell'Amore trägt.

Patates braves

(Gebratene Kartoffeln mit Allioli und Romesco-Sauce)

BARCELONA
Für 4 Personen, als Teil einer Tapasplatte

Dies ist eines der großartigsten Kartoffelgerichte der Welt. Eine erstaunliche Tatsache, wenn man bedenkt, dass die Kartoffel erst vor knapp 500 Jahren nach Spanien gelangte (aus Peru, wo sie vor 7000 Jahren erstmals von den Inkas angebaut wurde).

***Patates braves* (in Kastilien *Patatas bravas* genannt) werden für gewöhnlich als *Tapas* serviert, schmecken aber auch vorzüglich als Beilage zu gegrilltem Fleisch.**

Damit die Kartoffelwürfel schön knusprig werden, sollte man die gekochten Kartoffeln vor dem Frittieren unbedingt in einem Sieb oder besser noch auf einem Gitter trocknen und abkühlen lassen.

Die *Patates braves* können nur mit Paprikapulver bestreut und einer Knoblauchmayonnaise serviert werden. Besonders beliebt ist jedoch die Variante, die wir Ihnen hier vorstellen.

½ TL Meersalz
2 Lorbeerblätter
1 Msp. gemahlener Kreuzkümmel
4 große mehligkochende Kartoffeln
Sonnenblumen- oder Pflanzenöl

Für das Gewürzsalz
1 TL Meersalz
1 TL frisch gemahlener schwarzer Pfeffer
2 Prisen geräuchertes Paprikapulver
1 Prise Cayennepfeffer (nach Belieben)

Zum Servieren
Allioli (Seite 53)
Romesco-Sauce (Seite 44)

1 l Wasser zum Kochen bringen. Das Meersalz, die Lorbeerblätter und den Kreuzkümmel hinzufügen und die Wärmezufuhr verringern, sodass das Wasser nur noch köchelt.

Die Kartoffeln schälen, in 2 cm große Würfel schneiden und in kaltes Wasser legen.

Sobald alle Kartoffeln geschnitten sind, das Wasser abgießen und die Kartoffeln in den Topf mit dem köchelnden Wasser geben. Aufkochen und 10 Minuten kochen lassen. Die Kartoffeln sollten weich, aber noch fest sein. Die Kartoffeln abgießen und mindestens 20 Minuten auf einem Gitter abkühlen und trocknen lassen.

In der Zwischenzeit die Zutaten für das Gewürzsalz mischen.

Einen hohen Topf etwa 4 cm hoch mit Öl füllen und das Öl 5 Minuten bei geringer Hitze heiß werden lassen. Die Kartoffeln hineingeben und etwa 5 Minuten goldgelb frittieren. Die Würfel dabei laufend mit einem Schaumlöffel wenden. Die Wärmezufuhr erhöhen und die Kartoffeln weitere 6 Minuten bei starker Hitze frittieren, bis sie goldbraun und knusprig sind.

Mit einem Schaumlöffel aus dem Topf heben und auf Küchenpapier abtropfen lassen.

Anschließend in eine Schüssel füllen, mit dem Gewürzsalz bestreuen, gut durchmischen und sofort servieren.

Wenn Sie die Kartoffeln als *Tapas* servieren, kleine Schüsseln mit *Allioli* und *Romesco-Sauce* und Zahnstocher zum Aufspießen dazu reichen. Wenn Sie sie als Beilage zu Fleisch servieren, die *Allioli* und die *Romesco-Sauce* darübergießen, sodass ein weißrosa Muster entsteht.

Truita de patates *(Kartoffelomelett)*

GIRONA
Für 4 Personen

Handelt es sich bei der katalanischen *Truita* um eine vereinfachte Variante der *Frittata,* oder ist die *Frittata* lediglich eine aufwendiger zubereitete *Truita*? In dieser Streitfrage zwischen Katalanen und Ligurern wollen wir lieber nicht Partei ergreifen.

In beiden Fällen ist es jedoch eine Art Omelett, welches wie eine Torte aufgeschnitten und zusammen mit anderen Snacks serviert wird. Der Unterschied besteht darin, dass eine *Truita* stets mit Kartoffeln zubereitet und ausschließlich in der Pfanne gebacken wird, während die *Frittata* nicht unbedingt Kartoffeln enthalten muss und im Backofen gebacken werden kann.

Das kastilische Wort *Tortilla* (katalanisch *Truita*) bezeichnet einen runden Kuchen. Als die Spanier im 16. Jahrhundert in Amerika landeten, verwendeten sie dasselbe Wort zur Bezeichnung des aztekischen Fladenbrots (daher haben die mexikanischen *Tortillas* ihren Namen). Dies lässt vermuten, dass es die *Tortilla* in Spanien bereits vor dem 16. Jahrhundert gab. Allerdings kann sie damals noch keine Kartoffeln enthalten haben, da diese erst in den 1530er-Jahren nach Europa gelangten. Die Basken in Bilbao behaupten, das Kartoffelomelett sei in den 1830er-Jahren in ihrer Stadt erfunden worden und habe sich von dort aus bis nach Spanien verbreitet.

- 3 mittelgroße Kartoffeln, geschält
- 420 ml Olivenöl
- 1 große weiße Zwiebel
- 5 Eier
- Meersalz

Die Kartoffeln der Länge nach vierteln und quer in dünne Scheiben schneiden.

Das Olivenöl in einer großen beschichteten Pfanne bei mittlerer Hitze heiß werden lassen. Die Kartoffeln hineingeben und unter regelmäßigem Wenden etwa 6 Minuten braten, ohne dass sie Farbe annehmen.

Die Zwiebel fein hacken und unter die Kartoffeln mischen. Das Ganze 15 Minuten kochen lassen.

Den Pfanneninhalt anschließend in ein Sieb abgießen und das Öl dabei auffangen. Die Kartoffelmischung abkühlen lassen.

Die Eier über einer großen Schüssel aufschlagen, salzen und kräftig mit dem Schneebesen verrühren. Die Kartoffelmischung dazugeben und gut mit den Eiern vermischen.

Das aufgefangene Öl erneut in die Pfanne gießen und 2 Minuten bei starker Hitze heiß werden lassen. Die Kartoffel-Eier-Mischung hineingießen und die Pfanne schwenken, um den Inhalt gleichmäßig zu verteilen. Die *Truita* 4 Minuten backen, anschließend wenden und auf der anderen Seite ebenfalls 4 Minuten backen (oder das Omelett in einer hitzebeständigen Pfanne 15 Minuten in den 180 °C heißen Backofen oder 5 Minuten unter den heißen Backofengrill schieben).

Die *Truita* auf eine Platte gleiten und 5 Minuten ruhen lassen, danach wie eine Torte aufschneiden und servieren.

Unsere sechs *Crostini-Favoriten*

Als *Crostino* (Plural *Crostini*) bezeichnet man in Ligurien ein kleines geröstetes Brot. Der Unterschied zwischen einem *Crostino* und einer *Bruschetta* besteht lediglich darin, dass Letztere für gewöhnlich noch mit Knoblauch eingerieben wird.

Das französische Äquivalent ist das *Canapé*, das katalanische der *Montadito*, was wörtlich übersetzt so viel wie »kleines Zusammengebautes« bedeutet.

Im Folgenden finden Sie ein paar Anregungen für Aufstriche und Beläge, mit denen Sie ihre gerösteten Brote in echte Leckerbissen verwandeln können.

Am besten eignet sich ein italienisches Weißbrot oder ein herkömmliches großes Weißbrot vom Bäcker, das man in maximal 1 cm dicke Scheiben schneidet. Die Scheiben kurz toasten oder in sehr wenig Öl auf beiden Seiten in einer sehr heißen Pfanne rösten. Auf diese Weise entsteht eine feste Unterlage für den Belag, und das Brot wird zudem schön knusprig.

Zum Bestreichen eignen sich die dickeren Saucen und Pasten aus dem vorhergehenden Kapitel. Wir bevorzugen insbesondere die *Salsa verde* (Seite 41), die *Romesco-Sauce* (Seite 44) und die *Tapenade* (Seite 65). Für die *Pintxos* (Seite 90 f.) genügt es in der Regel, das Brot leicht zu rösten.

Sie können die Brote aber auch einfach nur mit gehackten marinierten Muscheln (Seite 91) und etwas Rucola bestreuen. Aber damit wollen wir uns hier natürlich nicht begnügen.

Mit Salsa marò

Im Frühling, wenn Dicke Bohnen Saison haben, die Bohnenkerne enthäuten und im Mörser mit Olivenöl, gehacktem Knoblauch und Minzblättern zermahlen. Etwas geriebenen Pecorino unterrühren und geröstetes Brot damit bestreichen. Die *Salsa marò* hat ihren Namen vom arabischen Wort *mara* – Gewürz, Sauce – und wurde im 10. Jahrhundert von den Arabern in die ligurische Küche eingeführt.

Mit Aubergine

1 Aubergine in etwa 1 cm dicke Scheiben schneiden. 1 Knoblauchzehe fein hacken und mit Thymianblättern in Olivenöl marinieren. Die Auberginenscheiben damit bestreichen und etwa 6 Minuten unter dem heißen Backofengrill rösten, bis sie Farbe annehmen. 1 Scheibe geröstetes Brot damit belegen, 1 Scheibe Manchego oder Ziegenkäse darauflegen und das Brot 2 Minuten unter den heißen Backofengrill schieben. Mit Olivenöl beträufeln und servieren.

Mit Brandade (ein provenzalischer Klassiker)

Den Baccalà (Klippfisch) zum Entsalzen 48 Stunden in kaltem Wasser einweichen und das Wasser in dieser Zeit viermal erneuern. Den Fisch anschließend 10 Minuten in frischem Wasser mit 1 Lorbeerblatt kochen. Abkühlen lassen, enthäuten und entgräten. Den Fisch in kleine Stücke zupfen und unter ein mit Vollmilch zubereitetes Kartoffelpüree mischen. 1 fein gehackte Knoblauchzehe 2 Minuten in etwa 100 ml Olivenöl frittieren und ebenfalls unter das Püree ziehen. Die gerösteten Brotscheiben mit je 1 Klecks Püree bestreichen, mit fein gehackter Petersilie und mit etwas schwarzem Pfeffer bestreuen.

Mit Thunfischtatar

1 Handvoll Oregano- und Thymianblätter mit 2 Teelöffeln eingesalzenen Kapern (abgespült), 1 Handvoll entkernten schwarzen Oliven und ½ roten Zwiebel fein hacken. Alles mit dem Saft von ½ Zitrone und 1 kräftigen Schuss Olivenöl verrühren. Unmittelbar vor dem Servieren 1 Stück Thunfisch fein würfeln und untermischen. Das *Tatar* auf gerösteten Brotscheiben anrichten und servieren.

Mit Garnelen und Jakobsmuscheln

Kleine geschälte rohe Garnelen und Jakobsmuscheln auf jeder Seite 1 Minute braten. Je 1 Garnele und 1 Jakobsmuschel auf jeder Brotscheibe (oder in den leeren Jakobsmuschelschalen) anrichten und mit einer Vinaigrette aus Olivenöl, Zitronensaft und etwas frisch gehackter roter Chilischote bepinseln.

Mit Hühnerleber

200 g Hühnerlebern klein schneiden und 5 Minuten mit 3 gehackten Salbeiblättern in Olivenöl anbraten. 5 Anchovis, 1 Teelöffel Pinienkerne, 1 Teelöffel Kapern (abgespült), 3 entkernte schwarze Oliven und die Blätter von 1 Oreganostängel fein hacken und mit 1 Esslöffel Butter zu den Leberstücken geben. Gut umrühren und das Ganze 1 Minute bei mittlerer Hitze erwärmen. Auf geröstete Brotscheiben verteilen und sofort servieren.

CROSTINI MIT:
AUBERGINE *(Rezept Seite 82)*,
SALSA MARÒ *(Seite 82)*,
THUNFISCHTATAR *(Seite 83)*,
HÜHNERLEBER *(Seite 83)*

Als Crostini bezeichnet man in Ligurien geröstete Brotscheiben, die als Snack gereicht werden. Werden die Brote noch mit Olivenöl und Knoblauch eingerieben, nennt man sie Bruschetta.

GARNELEN UND JAKOBSMUSCHELN
Rezept Seite 83

Frittata ai peperoni

(Omelett mit Paprikaschoten)

VARAZZE

Für 4 Personen

Der Name *Frittata* ist vom italienischen Verb *friggere* – braten – abgeleitet und bezeichnete früher ein einfaches Omelett. Die opulentere Version kam Mitte des 20. Jahrhunderts in Mode und darf heute auf keiner *Antipasti*-Platte fehlen. Die Zutaten variieren je nach Jahreszeit. Die roten Paprikaschoten sind, wie wir finden, nicht nur ein Gaumen-, sondern auch ein Augenschmaus.

4 rote Paprikaschoten
2 Knoblauchzehen, fein gehackt
2 EL Olivenöl
5 Eier
1 Prise Meersalz
50 g Parmesan, gerieben
4 Stängel Minze, die Blätter abgezupft und gehackt

Die Paprikaschoten rösten, bis die Schalen schwarz sind und Blasen werfen (Seite 20). Die Schalen abziehen, die Stiele, Häutchen und Samen entfernen und das Fruchtfleisch in feine Streifen schneiden.

In einer breiten ofenfesten Pfanne den Knoblauch 2 Minuten bei mittlerer Hitze in etwas Olivenöl anschwitzen. Die Paprikastreifen dazugeben und 2 Minuten anbraten. Den Pfanneninhalt anschließend in eine Schüssel füllen, die Pfanne aber nicht ausreiben.

Den Backofen auf 180 °C oder den Backofengrill auf mittlerer bis höchster Stufe vorheizen. Die Eier über einer Schüssel aufschlagen, mit 1 Prise Salz würzen, den Parmesan und die Minze hinzufügen und alles kräftig mit dem Schneebesen verrühren. Zum Schluss die Paprikamischung unterrühren.

Etwas Öl in die Pfanne geben und 2 Minuten bei mittlerer Hitze heiß werden lassen. Die Eiermischung hineingießen und die Pfanne schwenken, um die Mischung gleichmäßig zu verteilen (das können Sie auch mit einem Pfannenwender machen). Den Deckel auflegen und das Omelett 5 Minuten backen, bis die Eier etwas gestockt sind.

Den Deckel abnehmen und die Pfanne für 15 Minuten in den Backofen oder unter den Backofengrill schieben, bis das Omelett vollständig fest ist.

Die *Frittata* auf eine Platte gleiten und 5 Minuten ruhen lassen. Danach wie eine Torte aufschneiden und servieren.

PINK FLOYD

MARSEILLE (PROVENCE): »Massalia« nannten die Griechen das erste Handelszentrum, das sie vor etwa 2600 Jahren in Frankreich errichteten. Hier lebten sie zunächst einträchtig mit dem dort ansässigen Stamm der Ligurer zusammen.

Pintxos für jeden Geschmack

Tapas ist kein katalanisches Wort, auch wenn die Touristenlokale in Barcelona ebenso gern damit werben wie die französischen Cafés jenseits der Grenze, wo sich in den Gassen von Collioure eine Tafel mit der Aufschrift »Nos tapas du moment« (etwa »Unser heutiges Snack-Angebot«) an die andere reiht.

Für die Katalanen sind die *Tapas* als Snacks für die Bar zu üppig. Für die Häppchen, die man zu einem Drink genießt, benutzen sie lieber das baskische Wort *Pintxos,* was so viel bedeutet wie »Stachel« – eine Anspielung auf die Zahnstocher oder Spießchen, von denen sie zusammengehalten werden und mithilfe derer man sie von den auf der Theke aufgereihten Tellern nimmt.

Für Englisch sprechende Gäste hat man im Restaurant *El Xampanyet* in Barcelona eine Tafel mit folgender Aufschrift aufgestellt:

Pintxos richtig essen. Eine Schritt-für-Schritt-Anleitung.
1. Wir geben Ihnen einen Teller.
2. Sie suchen sich selbst etwas aus den »kalten« Pintxos aus.
3. Die »heißen« Pintxos sind bei den Kellnern zu bestellen.
4. Lassen Sie alle Spießchen auf Ihrem Teller liegen. Wir zählen sie dann.
ESSEN SIE DIE SPIESSE NICHT MIT!

Hier ein paar Anregungen für *Pintxos,* die Sie bei Ihrer nächsten Party anbieten könnten. Es sind nicht immer typisch katalanische *Pintxos,* aber wir meinen, die Katalanen würden sie mögen.

Oliven

Oliven sind ideal zum Aufspießen. Umwickeln Sie 1 große entkernte grüne Olive mit 1 weißen Sardelle und stecken sie mit einem Zahnstocher fest.

Je 1 Handvoll entkernte schwarze Taggiasca-, grüne sizilianische und violette Kalamata-Oliven in einer Schüssel mit den Blättern von 1 Rosmarin- und 1 Thymianstängel, der abgeriebenen Schale von ½ Zitrone, 1 gehäuften Messerspitze Chiliflocken und 1 kräftigen Schuss Olivenöl vermischen. 5 Minuten bei geringer Hitze in einer Pfanne schwenken und 1 Tag marinieren. Die Oliven vor dem Servieren noch einmal erwärmen.

Schinken, Garnelen und Feigen

Ein quadratisches Stückchen Jamón (oder Prosciutto) auf ein quadratisches Stückchen Manchego (oder Pecorino) legen, mit etwas Olivenöl beträufeln und ein Spießchen hineinstecken. Anstelle von Schinken kann man auch Salami nehmen, die man zuvor 5 Minuten gegrillt hat.

4 Zucchini in dünne Scheiben schneiden und mit etwas Olivenöl beträufeln, 5 Minuten unter den Backofengrill schieben und mit etwas Frischkäse bestreichen. 10 geschälte Garnelen grillen, vierteln, jeweils ein Viertel zwischen 2 Zucchinischeiben legen und das Ganze mit Zahnstochern zusammenstecken.

Feigen halbieren und einige Minuten in einer Marinade aus Olivenöl, fein gehacktem Knoblauch und Balsamico-Essig ziehen lassen. Jede Feigenhälfte mit 1 Scheibe Ziegenkäse belegen und 5 Minuten im 180 °C heißen Ofen überbacken. Herausnehmen und jeweils einen Zahnstocher hineinstecken.

Alle diese Beläge können auf *Crostini* oder *Bruschette* (Seite 82 f.) serviert werden.

Paprikaschoten oder Wurst

Je 1 rote, grüne und gelbe Paprikaschote rösten und die Schalen abziehen (Seite 20). Das Fruchtfleisch in Streifen schneiden und diese in farblichem Wechsel auf einer langen Platte anrichten. Jeden Streifen mit 1 Anchovisfilet belegen, mit etwas Rosmarin bestreuen, mit etwas Olivenöl beträufeln und ein Spießchen hineinstecken.

5 Salsicce (italienische Bratwurst mit Fenchel) und 5 lange grüne Chilischoten grillen und beides in Scheiben bzw. Ringe schneiden. Jede Wurstscheibe mit 1 Chiliring belegen und diesen mit einem Zahnstocher feststecken.

Miesmuscheln

Die Muscheln etwa 5 Minuten zugedeckt bei starker Hitze kochen, bis sie sich geöffnet haben. Die oberen Schalenhälften entfernen. Die Muscheln mit etwas Zitronensaft beträufeln, und schon ist der erste *Muschel-Pintxo* fertig.

Etwas aufwendiger ist dieses Rezept: Knoblauch und Petersilie hacken, mit etwas frisch gemahlenem schwarzem Pfeffer würzen und 2 Minuten in Olivenöl anschwitzen. Mit etwas Muschelwasser verrühren und auf den Muscheln verteilen.

Für *Muscoli gratinati* (gratinierte Muscheln) die geöffneten Muscheln mit einer Mischung aus Butter, gehacktem Knoblauch und Kräutern (Estragon und Thymian für die provenzalische Variante, Petersilie und Oregano für die ligurische) bestreichen, mit Paniermehl bestreuen und 5 Minuten im 180 °C heißen Backofen gratinieren, bis die Butter zerlaufen ist und das Paniermehl etwas Farbe angenommen hat. Die Muscheln zum Überbacken am besten in ein Bett aus Steinsalz setzen. So können sie nicht umkippen, und die köstliche Kräuterbutter bleibt in den Schalen.

Für Miesmuscheln auf katalanische Art ein *Sofregit* (Seite 49) herstellen, mit 1 Esslöffel geräuchertem Paprikapulver würzen und die geöffneten Muscheln damit überziehen.

Oder Sie bereiten sie als marinierte Muscheln zu: Dazu die Muscheln kochen, bis sie sich geöffnet haben. Das Muschelfleisch aus den Schalen lösen, in Mehl wälzen und auf beiden Seiten 1 Minute in heißem Olivenöl anbraten. Für die Marinade 1 Esslöffel Weißweinessig mit 4 Esslöffeln Olivenöl, 1 zerdrückten Knoblauchzehe und den Nadeln von 1 Rosmarinzweig verrühren. Die Muscheln mindestens 2 Stunden in der Marinade ziehen lassen, anschließend in den unteren Schalenhälften anrichten oder einfach auf Zahnstocher spießen, auf einer Platte verteilen und servieren.

Oder die Schalen der rohen Muscheln öffnen und mit einer Farce aus fein gehackten Garnelen, Knoblauch, Oregano, Parmesan und verquirltem Ei füllen. Die Schalenhälften wieder gut zusammendrücken und die Muscheln 20 Minuten in einem *Sofregit* (Seite 49) köcheln lassen. Die Muscheln in einer großen Schüssel mit reichlich Brot zum Eintunken servieren. Mit Gabeln wird es in diesem Fall leichter als mit Zahnstochern.

Gefüllte Calamari

5 kleine Kalmare ausnehmen, die Tentakel aber nicht wegwerfen. Fein gehackte Tentakel 10 Minuten mit Knoblauch und Zwiebel anbraten und mit geriebenem Parmesan, gehackter Petersilie und 1 Scheibe Brot, die Sie zuvor in mit Salz und Pfeffer gewürzter Milch eingeweicht haben, vermengen. Die Farce in die weißen Körpersäcke füllen und die Säcke mit Zahnstochern verschließen. Die Kalmare auf jeder Seite 2 Minuten anbräunen und danach 25 Minuten in einem *Sofregit* (Seite 49) köcheln lassen. Die gefüllten Calamari in 1 cm dicke Scheiben schneiden, auf einer Platte anrichten, mit etwas Kochflüssigkeit beträufeln und mit Zahnstochern servieren.

PAPRIKASCHOTEN MIT ANCHOVIS
Rezept Seite 91

GEFÜLLTE MIESMUSCHELN
Rezept Seite 91

SALSICCE MIT GRÜNER CHILISCHOTE
Rezept Seite 91

PINTXOS MIT FEIGE
& ZIEGENKÄSE
Rezept Seite 90
PINTXOS MIT PROSCIUTTO
& MANCHEGO
Rezept Seite 90
MARINIERTE OLIVEN
Rezept Seite 90

Xampinyons i gambes

(Champignon-Garnelen-Happen)

COSTA BRAVA

Für 4 Personen

Unter den französischen Spitzenköchen gibt es einige Puristen, die die Auffassung vertreten, man dürfe nur solche Zutaten miteinander kombinieren, die auch in der Natur gemeinsam vorkommen. Die Köche im Nordosten Kataloniens würden darüber lachen und darauf hinweisen, dass man schon im antiken Rom, wenn nicht gar früher, die Gaben des Meeres mit denen der Erde zu kombinieren pflegte. Ja, es gibt in Katalonien sogar eine Spezialität, die den Namen *Mar i muntanya* (Meer und Berg) trägt, die Sie im achten Kapitel (Seite 222) kennenlernen werden. Hier zunächst eine vereinfachte Version dieses Gericht, die sich hervorragend für eine Tapas-Party eignet.

- 5 Knoblauchzehen
- Meersalz und frisch gemahlener schwarzer Pfeffer
- 100 ml Olivenöl
- Chiliflocken
- 12 mittelgroße rohe Garnelen
- 12 Champignons, die Stiele entfernt
- 2 EL fein gehackte glatte Petersilie

Den Knoblauch mit 1 Prise Salz im Mörser zu einer cremigen Paste zerreiben. Etwa 3 Esslöffel Olivenöl und ein paar Chiliflocken hinzufügen und alles gut verrühren. Das Knoblauch-Chili-Öl anschließend in eine Schüssel füllen.

Die Garnelen schälen (die Köpfe dabei nicht mit entfernen) und die Därme entfernen. Die Garnelen 30 Minuten in dem Knoblauch-Chili-Öl marinieren.

Das restliche Olivenöl bei mittlerer Hitze in einer beschichteten Pfanne heiß werden lassen. Die Pilze mit der Hutinnenseite nach oben hineinlegen, mit dem Knoblauch-Chili-Öl bepinseln und 3 Minuten anbraten. Danach wenden, 2 Minuten auf der anderen Seite braten und mit der Petersilie bestreuen. Die Pilze aus der Pfanne nehmen und auf einer Servierplatte anrichten.

Die marinierten Garnelen in die Pfanne geben, mit ein paar Chiliflocken bestreuen und auf jeder Seite 2 Minuten anbraten.

Die Garnelen auf den Pilzen anrichten und servieren.

Llagostins embolicats en les ametlles *(Garnelen im Teigmantel)*

COSTA BRAVA
Für 4 Personen

Gewiss, in der Natur würde eine Garnele keine Mandel essen (und das gilt vermutlich auch umgekehrt). Das schließt aber nicht aus, dass beide zusammen ein feines Gericht oder einen leckeren Snack ergeben. Dies ist ein weiteres Beispiel für die Leidenschaft der Katalanen, das Beste aus zwei Welten in einem Gericht zu vereinen – eine Leidenschaft, die ihre provenzalischen Nachbarn mit einem gewissen Befremden beobachten.

65 g Mehl
Meersalz
16 rohe Garnelen, geschält (dabei die Schwänze nicht entfernen) und die Därme entfernt
250 g Mandelblättchen
50 g Paniermehl
Pflanzenöl zum Ausbacken

Das Mehl mit 1 Prise Salz in eine Schüssel geben und mit etwa 250 ml Wasser zu einem glatten, dünnflüssigen Teig verrühren. Um dem Teig mehr Geschmack zu verleihen, die Garnelenköpfe auspressen und diese Flüssigkeit unter den Teig rühren.

In einer zweiten Schüssel die Mandeln mit dem Paniermehl mischen. Die Garnelen am Schwanz fassen und einzeln in den Teig tauchen. Abtropfen lassen, in der Mandelmischung wenden und diese mit den Fingern andrücken.

Einen Topf etwa 3 cm hoch mit Öl füllen. Wenn das Öl heiß ist, die Garnelen darin 4 Minuten goldbraun ausbacken und nach der Hälfte der Zeit einmal wenden.

Kurz auf Küchenpapier abtropfen lassen und servieren.

Gambes al pil-pil *(Knoblauchgarnelen)*

BARCELONA
Für 4–8 Personen

Die Idee, Garnelen mit Knoblauch und Chili in Keramikschälchen zu servieren, kommt vermutlich aus Andalusien. Da man das Gericht inzwischen aber auch in jeder Bodega in Barcelona findet, möchten wir es Ihnen hier ebenfalls vorstellen. *Fare scarpetta* – wörtlich »ein Schühchen machen« – sagt man in Italien, wenn man die Reste von Saucen oder würzigen Ölen mit Brot auftunkt. Der Ausdruck rührt vermutlich daher, dass man das Brot dabei zu einer Art Schuh formt.

250 ml Olivenöl
3 Knoblauchzehen, in feine Scheiben geschnitten
4 getrocknete scharfe Chilischoten, in feine Ringe geschnitten und die Samen entfernt
1 kg kleine rohe Garnelen, geschält und die Därme entfernt
knuspriges Brot zum Servieren
Basilikum zum Garnieren (nach Belieben)

Das Öl in eine große Pfanne gießen und den Knoblauch mit den Chilischoten 2 Minuten bei mittlerer Hitze darin braten. Die Garnelen hinzufügen und unter Rühren 2 Minuten bei starker Hitze braten. Den Pfanneninhalt mit dem Öl auf 4–8 kleine Keramikschüsseln verteilen und die Garnelen sofort sehr heiß servieren. Dazu reichlich knuspriges Brot zum Auftunken des Öls reichen. In Ligurien bestreut man die Garnelen noch mit etwas gehacktem Basilikum.

CHAMPIGNON-GARNELEN-HAPPEN

Rezept Seite 94

GARNELEN IM TEIGMANTEL

Rezept Seite 95

BARCELONA (KATALONIEN):
Am Stand der Familie Santiago auf dem Mercat de Sant Josep bekommt man – vom Frühstück bis zum *aperitivo* – einfach alles.

Der aufregendste Markt Europas

Zur Frühstückszeit stehen die Familien in Barcelona Schlange, um einen Sitzplatz vor der Verkaufstheke der *Bar Quiosc Modern* auf dem Mercat de Sant Josep (auch La Boqueria genannt), dem größten der zehn Märkte der Stadt, zu ergattern. Wem dies gelungen ist, der kann sich an Tintenfisch mit Eiern, gegrillten Venusmuscheln, *Esqueixada de bacallá* (Salat mit Klippfisch und Tomaten; Seite 136 f.), Kutteln mit Kichererbsen und Chorizo, gegrilltem Tintenfisch, frittierten Artischocken und gerösteten grünen Chilischoten satt essen.

Es gibt in Europa wohl keinen zweiten Markt, der so viel zu bieten hat wie La Boqueria di Sant Josep. Der Name des bereits seit 1217 existierenden Marktes ist vermutlich von *boc,* dem Dialektwort für »Ziege«, abgeleitet, wurden hier doch ursprünglich Ziegen gehandelt. Der Grundstein für die Stadt Barcelona wurde im Jahr 600 v. Chr. gelegt, als sich Griechen aus Phokis (der heutigen Westtürkei) dort niederließen. Im Jahr 100 v. Chr. gaben die Römer der Siedlung den Namen Barcino.

Man könnte ohne Weiteres den ganzen Tag damit zubringen, auf einem Stuhl vor der *Bar Quiosc Modern* zu sitzen, einen Snack nach dem anderen zu probieren, über die Geschichte nachzudenken und – vorausgesetzt, man könnte jemanden dazu überreden, inzwischen auf den Stuhl aufzupassen – ab und zu einen Rundgang über den Markt zu machen, um das fast unermessliche Angebot an Gemüse, Fleisch und Meeresfrüchten in Augenschein zu nehmen. Wenn die *Bar Quiosc Modern* um 19 Uhr schließt, sollte man anfangen, sich Gedanken darüber zu machen, wo man sein Abendessen einnehmen möchte.

Für Kenner der katalanischen *cuina* (Küche) käme da nur das *Can Culleretes* infrage, das älteste Restaurant der Stadt und das zweitälteste Spaniens. Unter monumentalen Gemälden mit Früchten und Gemüse serviert man hier seit 1786 mehr oder weniger das gleiche Menü. Hier hat man die Gelegenheit, die echte katalanische Küche kennenzulernen – eine Seltenheit in einer Stadt, die sich darauf spezialisiert hat, den Touristen das zu servieren, was sie für spanisches Essen halten.

Das Auge isst bei der Familie Agut-Manubens, die das *Can Culleretes* führt, zwar nicht immer mit, aber das Essen ist schmackhaft, die Portionen sind reichlich, und der Service ist flott. Und sollte es einmal etwas an Geschmack fehlen, kann man etwas nachhelfen, indem man sich aus den Schüsseln mit *Allioli* und *Romesco-Sauce* bedient, die auf den Tischen stehen. Auf der in Spanisch verfassten Speisekarte findet man unter anderem *Butifarra con judias* (Schweinswurst mit weißen Bohnen), *Pato con ciruelas* (Ente mit Backpflaumen), *Espinacas a la catalana* (Spinat mit Rosinen und Pinienkernen) oder *Pollo con samfaina* (Hähnchen mit Ratatouille).

Einige Gerichte der *Bar Quiosc Modern* und des *Can Culleretes* finden Sie übrigens auch in diesem Buch.

R. Alonso y
TOMATES EXTRA
ROJOS DE PERA
P.V.P 1'98
KILO
SUMMUM
J. PINOL

BARCELONA (KATALONIEN):
Auf dem 1217 gegründeten Mercat de Sant Josep wurden ursprünglich Ziegen gehandelt.

Broqueta de llagostins *(Garnelenspieß)*

COSTA BRAVA
Für 4 Personen

Diese leckeren Spieße hätten vielleicht auch gut zu den *Pintxos* gepasst, aber wir finden, sie sind groß genug, um sich allein zu präsentieren. Im Handel werden die Krebstiere, je nach Größe, häufig unter der englischen Bezeichnung als *prawns* (große Garnelen) und *shrimps* (kleine Garnelen) angeboten. Auch das Katalanische kennt zwei unterschiedliche Namen für die großen und die kleinen Exemplare: *llagostin* oder *gamba*. Für dieses Rezept sollten Sie definitiv die großen *llagostins* verwenden.

Für die Marinade
2 Knoblauchzehen, fein gehackt
1 TL Kreuzkümmelsamen, gemahlen
2 gehäufte Msp. geräuchertes Paprikapulver
2 Oreganostängel, die Blätter abgezupft und gehackt
2 EL Olivenöl
abgeriebene Schale und Saft von 1 großen unbehandelten Zitrone
Meersalz und frisch gemahlener schwarzer Pfeffer

12 große rohe Garnelen
Chiliflocken zum Bestreuen

Für die Marinade den Knoblauch in einer Schüssel mit den Gewürzen, dem Oregano, dem Olivenöl, der Zitronenschale und dem Zitronensaft sowie etwas Salz und Pfeffer verrühren.

Die Garnelen schälen, ohne dabei die Schwänze mit zu entfernen, jedoch die Därme herausziehen und wegwerfen. Die geschälten Garnelen 20 Minuten in der Marinade ziehen lassen.

Die Garnelen auf vier Spieße stecken und unter dem Backofengrill oder auf dem Holzkohlegrill auf jeder Seite 2 Minuten bei mittlerer bis starker Hitze grillen und dabei mit der Marinade bestreichen.

Die Spieße mit Chiliflocken bestreuen und warm servieren.

Finocchi gratinati *(Gratinierter Fenchel)*

GENUA

Für 4 Personen

Dass sich der Fenchel bei Griechen und Römern so großer Beliebtheit erfreute, ist nicht verwunderlich, stammt die Pflanze doch ursprünglich aus dem westlichen Mittelmeerraum. Die Griechen nannten ihn »Marathon«, und das nicht etwa, weil das Gemüse besonders lang haltbar ist, sondern weil die Pflanze vor allem in der Nähe der gleichnamigen Stadt in Hülle und Fülle gedieh. Fenchel schmeckt am besten im Winter. Er schmeckt sehr gut in einem Salat, noch besser ist er aber, wenn man ihn bei starker Hitze gart, denn dann kommt der süßliche Geschmack besonders gut zur Geltung.

1,5 kg Fenchelknollen
Meersalz und frisch gemahlener schwarzer Pfeffer
80 ml Olivenöl
2 EL Paniermehl
2 EL geriebener Parmesan

Den Backofen auf 180 °C vorheizen.

Den Fenchel putzen und die äußeren Blattschichten entfernen. Die Knollen in Spalten schneiden, waschen und 8 Minuten in Salzwasser kochen.

Anschließend abgießen, gut abtropfen lassen und die Spalten nebeneinander in eine mit Öl eingefettete Auflaufform schichten. Mit Salz und Pfeffer würzen, mit dem größten Teil des Olivenöls beträufeln und in dem Öl wenden, bis alle Spalten rundherum damit überzogen sind.

Das Paniermehl in eine Schale füllen. Den Parmesan untermischen und den Fenchel mit dieser Mischung bestreuen. Mit dem restlichen Olivenöl beträufeln und 15 Minuten im Backofen überbacken, bis sich eine schöne goldbraune Kruste gebildet hat.

Den Fenchel heiß servieren.

Carciofi fritti *(Frittierte Artischocken)*

CINQUE TERRE
Für 4 Personen

Bei den Römern gelten die frittierten Artischocken als jüdische Spezialität, die am Passahfest gegessen wird. Sie nennen es deshalb *Carciofi alla giudia* (Artischocken auf jüdische Art). Die Katalanen stellen keine derartigen Mutmaßungen an, sondern genießen die schmackhaftesten Blüten des Winters zu jeder Tageszeit (wir haben sie auf dem Mercat de Sant Josep in Barcelona zum Frühstück gegessen).

Die kleinen ligurischen Artischocken sind besonders gut zum Frittieren (aber auch zum roh Essen) geeignet. Wenn Sie diese nicht bekommen, sollten Sie stattdessen während der Saison nur die ersten jungen Artischocken nehmen, die auf den Markt kommen. Sind sie gegen Ende des Winters erst einmal groß, müssen Sie so viele Hüllblätter entfernen, dass sich die Mühe kaum lohnt.

6 junge Artischocken
Saft von 1 Zitrone
2 Eier
4 Majoranstängel, die Blätter abgezupft und gehackt
Meersalz
90 g Paniermehl
1,5 l Pflanzenöl zum Frittieren
Zitronenspalten oder Chilisauce zum Servieren

Die Artischocken vorbereiten (Seite 19) und die Stiele bis auf 2 cm abschneiden. Den verbliebenen Stielrest schälen. Die Artischocken in 5–6 mm breite Spalten schneiden und sofort in eine Schüssel mit kaltem Zitronenwasser legen.

Die Eier in einer Schüssel kräftig mit dem Majoran und 1 Prise Salz verrühren. Das Paniermehl auf einen Teller streuen und neben die Schüssel mit der Eiermischung stellen.

Die Artischocken abgießen, mit Küchenpapier trocken tupfen und die Spalten einzeln in die Eiermischung tauchen. Anschließend im Paniermehl wenden und die Brotkrümel dabei gut andrücken.

Das Öl in einem großen Topf bei mittlerer bis starker Hitze heiß werden lassen und die Artischocken 3–4 Minuten goldbraun darin frittieren. Dabei darauf achten, dass sie richtig durchgegart sind, sonst schmecken sie bitter.

Die Artischocken mit einem Schaumlöffel aus dem Topf heben, auf Küchenpapier abtropfen lassen und heiß mit einigen Zitronenspalten, einer Chilisauce oder einer der Knoblauchsaucen von Seite 53 servieren.

Tipp: Wenn Sie diesem an sich schon wunderbaren Gericht noch die Krone aufsetzen wollen, 25 g Parmesan reiben. Die Hälfte unter die Eiermischung rühren und den Rest unmittelbar vor dem Servieren über die Artischocken streuen.

Artichauts aux petits pois

(Artischocken mit Erbsen)

MARSEILLE
Für 4 Personen

Obwohl man Artischocken schon im antiken Rom kannte, wurden sie in Frankreich allem Anschein nach erst im 15. Jahrhundert populär. Darauf zumindest lassen Berichte über ihren Anbau in der Nähe von Avignon schließen. Vielleicht hatten sie sich bis dahin nicht durchsetzen können, weil die Köche sie nicht lang genug kochten und nicht auf die Idee kamen, sie mit süßlichen Erbsen zu kombinieren. Möglicherweise lag es aber auch daran, dass sie das Aroma des Weines beeinträchtigen, den man dazu trinkt.

- 4 mittelgroße Artischocken
- 125 ml Olivenöl
- 6–8 kleine weiße Zwiebeln, geschält
- 1 Knoblauchzehe, fein gehackt
- 50 g Butter
- 250–300 g kleine neue Kartoffeln, gewaschen und in dünne Scheiben geschnitten
- 300 g frische junge Erbsen, gepalt
- 2 Thymianstängel
- 2 Oreganostängel
- Saft von ½ Zitrone
- Meersalz und frisch gemahlener schwarzer Pfeffer

Die Artischocken vorbereiten (Seite 19) und die Stiele bis auf 2 cm abschneiden. Die Artischocken in schmale Spalten schneiden.

Das Olivenöl bei mittlerer Hitze in einer beschichteten Pfanne (besser noch in einem Keramiktopf) erhitzen und die Zwiebeln etwa 6 Minuten goldgelb darin anschwitzen. Den Knoblauch dazugeben und 2 Minuten unter Rühren anschwitzen.

Die Butter in die Pfanne geben und schmelzen lassen. Die Artischocken und die Kartoffeln hineingeben und bei mittlerer Hitze 4 Minuten unter Rühren anbraten.

Sobald das Gemüse Farbe angenommen hat, 500 ml Wasser angießen und das Ganze 15 Minuten bei geöffnetem Topf köcheln lassen.

Die Erbsen und die Kräuter hinzufügen, den Deckel auflegen und das Gemüse weitere 15 Minuten bei geringer Hitze garen, bis die Artischocken und die Kartoffeln weich sind.

Die Kräuterstängel entfernen. Dann den Zitronensaft einrühren, mit Salz und Pfeffer abschmecken und servieren.

Artichauts à la barigoule

(Gefüllte Artischocken)

NIZZA
Für 4 Personen

Seinen Namen verdankt dieses Gericht einem Pilz, dem *barigoule* (Reizker), der inzwischen nicht mehr zu den Zutaten gehört. Das Garverfahren hat Ähnlichkeit mit einer ligurischen Technik, die man dort als *all'inferno* (»nach Höllenart«) bezeichnet. Dabei werden die Artischocken dicht an dicht in eine Auflaufform geschichtet und im heißen Backofen gegart, was ein wenig an die verdammten Seelen erinnert, die ihre Köpfe Hilfe suchend aus dem Fegefeuer recken. Vielleicht wurden sie ja wegen Kannibalismus in die Hölle verbannt, sind doch die Stiele der Artischocken Bestandteil der Füllung.

- 6 große oder 12 kleine Artischocken
- 3 Knoblauchzehen, fein gehackt
- 15 g glatte Petersilie, fein gehackt
- 4 Majoranstängel, die Blätter abgezupft und gehackt
- 4 Thymianstängel, die Blätter abgezupft und gehackt
- 100 ml Olivenöl
- Meersalz und frisch gemahlener schwarzer Pfeffer
- 2 weiße Zwiebeln, fein gehackt

Den Backofen auf 180 °C vorheizen. Die Stiele der Artischocken herausbrechen, sodass die Artischocken einen guten Stand haben. Die Stiele aufheben. Die Artischocken vorbereiten (Seite 19) und die Stiele schälen.

Die Artischocken mit der Spitze nach unten vorsichtig auf ein Küchenbrett drücken, sodass sich die Blätter abspreizen (sie lassen sich so leichter füllen).

Die Stiele fein hacken und in einer Schüssel mit dem Knoblauch und den Kräutern mischen. 1 Esslöffel Olivenöl unterrühren und mit Salz und Pfeffer würzen.

Die Zwiebeln 5 Minuten bei mittlerer Hitze in einer beschichteten Pfanne in 1–2 Esslöffeln Olivenöl anschwitzen und dabei fortwährend umrühren. Die Pfanne danach vom Herd nehmen und beiseitestellen.

Die Artischocken mit den Blättern nach oben in einer Reihe in eine mit Öl eingefettete Auflaufform setzen. Die Knoblauchmischung in die Öffnungen füllen, die Zwiebeln um die Artischocken verteilen und so viel Wasser angießen, dass die Artischocken etwa zu einem Viertel im Wasser stehen. Das restliche Olivenöl um die Artischocken gießen, das Gemüse mit Salz bestreuen und 40 Minuten in den Backofen schieben, bis die Sauce gut eingekocht ist. Die Artischocken nicht zu heiß servieren.

Die Artischocke ist seit jeher im Mittelmeerraum beheimatet und galt bei Griechen und Römern als Aphrodisiakum. Weinkenner würden dem allerdings widersprechen.

ARTISCHOCKEN MIT SCHINKEN & PINIENKERNEN
Rezept Seite 113

GEFÜLLTE ARTISCHOCKEN
Rezept Seite 109

ARTISCHOCKEN MIT ERBSEN
Rezept Seite 108

BARCELONA (KATALONIEN): *Carxofa* heißt die Artischocke im Katalanischen, *carciofo* im Ligurischen, und *artichaut* lautet der provenzalische Name.

Carxofes amb pernil

(Artischocken mit Schinken und Pinienkernen)

COSTA BRAVA
Für 4 Personen

Nun kommen wir zur katalanischen Zubereitungsart der Blüte, deren Name vom arabischen Wort *al khurshuuf* abgeleitet ist, was vermuten lässt, dass es die Mauren waren, die sie in diesen Teil des Mittelmeerraums brachten. Der salzige spanische *jamón* (der in Katalonien *pernil* heißt) harmoniert wunderbar mit dem erdigen Geschmack der Artischocken.

8 Artischocken
1½ Zitronen, halbiert
1 Handvoll Steinsalz
100 ml Olivenöl
4 Knoblauchzehen, grob gehackt
3 EL italienische Pinienkerne
150 g Schinken (jamón oder prosciutto), in dicke Scheiben und danach in Streifen geschnitten
Frisch gemahlener weißer Pfeffer

Die Artischocken vorbereiten (Seite 19), anschließend vierteln und das Heu mit einem Teelöffel oder einem kleinen scharfen Messer entfernen. Eine Schüssel mit kaltem Wasser füllen, den Saft von 1 Zitrone hinzufügen und die Artischocken sofort in das Zitronenwasser legen.

Wasser in einem großen Topf zum Kochen bringen, mit 1 kleinen Handvoll Steinsalz salzen und den Saft der restlichen Zitronenhälfte hinzufügen. Die Artischocken in den Topf geben und etwa 30 Minuten köcheln lassen, bis sie weich sind.

Inzwischen das Olivenöl bei mittlerer Hitze in einem großen Topf, am besten einem Keramiktopf, heiß werden lassen und den Knoblauch mit den Pinienkernen 2 Minuten unter Rühren darin anschwitzen. Dabei darauf achten, dass der Knoblauch nicht verbrennt.

Den Schinken dazugeben, mit etwas Pfeffer würzen und 3 Minuten unter Rühren anbraten.

Anschließend mit Artischockenkochwasser bedecken und 1 Minute kochen lassen. Die Artischocken abgießen, zum Schinken geben und 10 Minuten bei geringer Hitze köcheln lassen. Den Topf dabei gelegentlich rütteln, aber nicht mehr umrühren.

Die *Carxofes* heiß oder kalt als Beilage, Vorspeise, leichtes Mittagessen oder als *Tapas* mit einem Aperitif oder einem Glas Weißwein servieren.

Carpaccio alla capponada

(Fisch-Carpaccio mit Sardellensalat)

CAMOGLI
Für 4 Personen

Die Bezeichnung *Carpaccio* muss in modernen Restaurants oft für vieles herhalten. Ursprünglich wurde das Gericht, das in den frühen 1960er-Jahren in *Harry's Bar* in Venedig erfunden wurde, ausschließlich aus rohem Rindfleisch hergestellt. Benannt ist es nach dem Maler Vittore Carpaccio, der für seine Gemälde gern intensivrote Farben verwendete, die an rohes Rindfleisch erinnern. Er starb 1526, ohne das Gericht jemals gegessen zu haben. Heute wird die Bezeichnung für rohe, hauchdünn geschnittene Zutaten aller Art verwendet, also auch, wie hier, für rohen Fisch, den wir bei dieser Vorspeise mit einer ligurischen *Capponada,* einem Salat aus Kapern, Oliven und Sardellen, kombiniert haben.

- 300 g sehr frischer Lachs, Schwert oder Thunfisch am Stück
- 18 grüne Oliven, entkernt und grob gehackt
- 6 Sardellenfilets, gehackt
- 1 TL eingesalzene Kapern, abgespült und trocken getupft
- 1 TL fein gehackter Oregano
- 1 TL Rotweinessig
- 2 EL Olivenöl
- 2 Scheiben italienisches Weißbrot
- 1 Knoblauchzehe, fein gehackt
- Saft von 1 Zitrone
- Meersalz und frisch gemahlener schwarzer Pfeffer

Den Backofen auf 180 °C vorheizen.

Den Fisch in hauchdünne Scheiben schneiden und auf vier Tellern anrichten. Die Oliven mit den Sardellenfilets, den Kapern und dem Oregano in eine Schüssel geben und mit dem Essig und 1 Esslöffel Olivenöl anmachen.

Das Brot in kleine Würfel schneiden und in einer Schüssel mit dem Knoblauch und 1 Schuss Olivenöl verrühren. In einer Auflaufform verteilen und etwa 2 Minuten im Backofen auf beiden Seiten knusprig rösten. Den Fisch mit dem Zitronensaft und dem restlichen Olivenöl beträufeln.

Die Kapern-Oliven-Mischung auf dem Fisch verteilen, die Croûtons darüberstreuen, mit Salz und Pfeffer würzen und servieren.

CAMOGLI (LIGURIEN): Ihren Namen, der wörtlich übersetzt so viel wie »Haus der Frauen« bedeutet, verdankt die Stadt vermutlich den Fischerfrauen, die oft lang auf ihre Männer warten mussten, wenn diese auf See waren.

Cuculli genovesi

(Frittierte Kartoffelbällchen mit Pinienkernen)

GENUA

Für 6 Personen

Diese kleinen Kroketten, eine Spezialität aus dem Osten Liguriens, sind eine ideale Ergänzung für jede Tapasplatte, aber auch für eine *Pintxos*-Auswahl, denn die Bällchen lassen sich wunderbar auf Zahnstocher spießen. *Cuculli* ist ein umgangssprachliches Wort für »Zappelphilipp«. Angeblich lassen sich hyperaktive Kinder damit besser beruhigen als mit jedem Medikament. *Cuculli* werden gern auch aus Kichererbsenmehl hergestellt, Lucios Mutter bevorzugte allerdings Kartoffeln.

1 kg mehligkochende Kartoffeln
100 g Butter
4 Majoranstängel, die Blätter abgezupft und gehackt
45 g Parmesan, gerieben
50 g italienische Pinienkerne, grob gehackt
Meersalz
3 Eier, getrennt
45 g Paniermehl
Olivenöl zum Frittieren

Die Kartoffeln waschen und in einem Topf mit kaltem Wasser bedecken. Zum Kochen bringen und bei mittlerer Hitze etwa 20 Minuten weich kochen. Anschließend abgießen und etwas abkühlen lassen. Die Kartoffeln schälen und in einer Schüssel mit dem Kartoffelstampfer zerdrücken. Die Butter in kleine Stücke schneiden und mit einem Holzkochlöffel unter die Kartoffeln rühren.

Den Majoran, den Parmesan, die Pinienkerne und einige Prisen Salz einarbeiten. Die Eigelbe einzeln unterrühren und das Püree zum Schluss kräftig mischen, bis es schön weich und cremig ist. Mit zwei Löffeln walnussgroße Bällchen aus der Mischung formen.

Das Paniermehl auf einen großen Teller streuen und die Eiweiße kräftig verrühren.

Eine Pfanne etwa 5 cm hoch mit dem Olivenöl füllen und das Öl bei starker Hitze auf 190–200 °C erhitzen (um zu prüfen, ob es die richtige Temperatur hat, ein Stückchen Brot hineingeben. Beginnt es sofort zu brutzeln, ist das Öl heiß genug).

Die *Cuculli* durch das Eiweiß ziehen, danach im Paniermehl wälzen und portionsweise etwa 3 Minuten im heißen Öl rundherum goldbraun frittieren. Die Bällchen gehen dabei etwas auf und werden weich.

Die fertigen *Cuculli* kurz auf Küchenpapier abtropfen lassen, mit etwas Salz bestreuen und heiß servieren.

Tipp: Anstatt sie zu frittieren, kann man die Kartoffelbällchen auch auf einem eingefetteten Backblech verteilen und 5 Minuten im 200 °C heißen Backofen backen. In jedem Fall sollten sie sehr heiß serviert werden.

toute l'année
Mesclun du PAYS

Viertes Kapitel

INSALATE / SALADES / AMANIDES

Salate

SAN FRUTTUOSO (LIGURIEN): Die unweit des mondänen Fischerdorfs Portofino gelegene Abtei und der Strand sind nur mit dem Boot oder zu Fuß zu erreichen.

Kalt, frisch und pikant

Im Deutschen ist das vom italienischen salata *– das Eingesalzene / Eingelegte – entlehnte Wort Salat seit dem 15. Jahrhundert bekannt. Aus* salata *entwickelte sich im Italienischen* insalata, *was so viel bedeutet wie »gesalzene Speise«.*

Eine andere Bedeutung hatte ursprünglich das katalanische Wort *amanida,* nämlich »gewürzt«. Konnotationen wie grün, roh, kalt oder frisch hatte jedoch anfänglich keiner der beiden Begriffe. Ein Salat muss also nicht zwingend aus Pflanzen zubereitet werden.

In ligurischen Restaurants wird gelegentlich eine *Insalata catalana* (Seite 133) aus kalten pochierten Meeresfrüchten und frischem Gemüse angeboten. In Katalonien würde man einen solchen Salat allerdings kaum finden, enthält eine *Amanida* doch in der Regel keine derart opulenten Zutaten wie Hummer oder Scampi. Wenn überhaupt, würde man einen katalanischen Salat bestenfalls mit Schinken, Anchovis oder Thunfisch aus der Dose anreichern.

Bei der Salatzubereitung gibt es laut dem amerikanischen Autor Colman Andrews, einem Experten in Sachen Esskultur, in Katalonien vier Regeln: Die beste »Würze« besteht einfach nur aus Öl und Salz. Zwiebeln dürfen mit etwas Essig angemacht werden, niemals aber Tomaten, Fleisch oder Fisch. Die Zutaten sollten nicht miteinander vermischt, sondern nur übereinandergeschichtet werden. Tomaten sollten nicht reif, sondern fest und noch etwas grün sein. Eine Ausnahme bildet die *Xatonada* (Seite 137), ist der Salat doch eine nachträgliche, auf die wunderbare Sauce abgestimmte Ergänzung.

Weitaus aufwendiger sind die provenzalischen Salate, deren Krönung zweifelsohne der *Salade niçoise* (Seite 124 f.) ist, der selbst in der einfachsten Version aus zwölf verschiedenen Zutaten besteht.

Mit keinem anderen Salat wurde und wird so viel Schindluder getrieben. Der Hobbykoch und langjährige Bürgermeister von Nizza, Jacques Médecin erklärte einmal: »Mit Entsetzen habe ich überall auf der Welt beobachtet, wie Gästen die Reste der Mahlzeiten anderer Leute als *Salade niçoise* serviert wurden.« (Und von Betrug verstand Médecin, der selbst ein Kochbuch mit traditionellen Rezepten der Küche von Nizza veröffentlicht hat, etwas, verbrachte er doch etliche Jahre wegen Steuerhinterziehung hinter Gittern.)

In Ligurien hat man eine eigene Version des *Salade niçoise,* der hier *Capponada* oder *Condiggion* heißt, doch das Glanzstück unter den ligurischen Salaten ist der *Cappon magro* (Seite 128 f.), eine Kombination aus mindestens zwölf verschiedenen Gemüsen und Meeresfrüchten, die eher an ein architektonisches Meisterwerk als an einen Salat erinnert.

Der architektonische Aufbau würde durchaus die Zustimmung der Katalanen finden, nicht aber die *Salsa verde,* mit der der Salat angemacht wird. Die Ligurer würden darauf vielleicht erwidern, sie sei weniger ein Dressing als vielmehr der Klebstoff, der die Konstruktion zusammenhält!

Salade niçoise

NIZZA / GENUA
Für 6 Personen

Der *Salade Niçoise* kann als Spätsommersalat gut und gerne eine vollständige Mahlzeit ersetzen. Das Rezept entstand im 19. Jahrhundert offenbar gleichzeitig im Südwesten Frankreichs und im Nordwesten Italiens. Der amerikanische Ernährungswissenschaftler Waverley Root schockierte Tausende moderner Köche 1958 nach seiner Reise in die Provence damit, dass er schrieb: »Der ursprüngliche *Salade niçoise* sollte nichts Gekochtes enthalten, mit der einzigen Ausnahme eines hart gekochten Eis, doch selbst das wird in Nizza als dubios erachtet und verschmäht. In Paris servierte man mir einen sogenannten *Salade niçoise* mit grünen Bohnen und sogar Kartoffeln, beides gekocht! Ein Purist würde wohl – ganz besonders Letzteres – mit blankem Horror betrachten.« So ist Waverley Root zudem auch gegen einen Kopfsalat in einem echten *Salade niçoise*.

Die Ligurer kennen einen sehr ähnlichen Salat; sie nennen ihn *Condiggion* oder *Capponada*. Dabei reichen sie zu dem Basisrezept des *Niçoise* einen mit Knoblauch eingeriebenen Toast, Kapern und frischen Oregano – aber weder Kartoffeln, Bohnen oder Senf. Sie verwenden lieber frische Paprika, die in den meisten französischen Varianten fehlt.

Unser Rezept lässt Ihnen die freie Wahl, ob Sie lieber ein provenzalischer Purist oder ein Pariser »Kartoffelkopf« sein möchten. Nennen wir es einfach einen »ligurianisierten« *Niçoise.*

Für das Dressing
1 Knoblauchzehe, zerdrückt
5 Basilikumblätter, klein gezupft
2 braune Anchovisfilets (Seite 22), abgetropft
Meersalz und frisch gemahlener schwarzer Pfeffer
100 ml Olivenöl
1 EL Rotweinessig
1 EL Dijon-Senf (nach Belieben)

1 kleine rote Zwiebel, in dünne Scheiben geschnitten
8 kleine Kartoffeln, halbiert (nach Belieben)
4 Eier (nach Belieben)
150 g kleine grüne Bohnen (nach Belieben)
1 rote Paprika
1 gelbe Paprika
16 kleine schwarze Oliven, entkernt (Niçoise- bzw. Taggiasca-Oliven wären am besten)

4 sehr reife Tomaten
2 kleine Salatgurken
2 frische Thunfischsteaks in Sashimi-Qualität oder 300 g Thunfisch in Olivenöl aus der Dose (sehr gute Qualität verwenden)
2 Baby-Romanasalate
1 Handvoll Basilikumblätter, gehackt
10 braune Anchovisfilets (Seite 22), abgetropft
Meersalz
frisch gemahlener schwarzer Pfeffer

Für das Dressing den Knoblauch, das Basilikum und die Anchovis zusammen mit 1 Prise Salz und frisch gemahlenem schwarzen Pfeffer in dem Mörser zu einer feinen Paste zermahlen. Diese in eine Schüssel geben und das Olivenöl, den Essig und, falls gewünscht, den Senf und etwas Pfeffer hinzufügen, dann alles gründlich mit dem Schneebesen verrühren.

Die dünn geschnittene Zwiebel in eine kleine Schüssel geben und zum Marinieren mit 3 Esslöffeln Dressing beträufeln. Lassen Sie sie gern ein bisschen länger ziehen, während Sie die weiteren Zubereitungsschritte vollziehen, damit sie etwas von ihrer beißenden Schärfe verliert.

Falls Sie die Kartoffeln verwenden möchten, kochen Sie diese 10 Minuten in gesalzenem Wasser, gießen sie ab und lassen sie abkühlen.

Falls Sie die Eier verwenden möchten, kochen Sie sie 8 Minuten und legen Sie sie anschließend in kaltes Wasser. Die Eier pellen, in Scheiben schneiden und dann beiseitelegen.

Falls Sie die grünen Bohnen verwenden möchten, putzen Sie sie und kochen sie dann 6 Minuten in gesalzenem Wasser. Abgießen, dann in eiskaltes Wasser tauchen, damit der Kochprozess gestoppt wird und sie schön knackig bleiben. Abgießen und in einer Schüssel beiseitestellen.

Die Paprika säubern, dazu das Kerngehäuse entfernen. In feine Streifen schneiden und beiseitelegen.

Sollten die Oliven noch Kerne enthalten, drücken Sie sie mit der breiten Klinge eines längeren Messers flach und ziehen die Kerne heraus.

Die Haut und die Kerne der Tomaten entfernen, dann in Viertel schneiden. Die Gurken halbieren und mit einem Teelöffel die Kerne entfernen, dann in kleine Halbmonde schneiden und beiseitestellen.

Die Thunfischsteaks mit Olivenöl einpinseln und in einer beschichteten Pfanne von beiden Seiten jeweils 2 Minuten anbraten (oder auch etwas länger, wenn Sie das lieber mögen). Legen Sie die Steaks auf einen Teller und lassen Sie sie 5 Minuten ruhen.

Die Blätter der Romanasalate auf einem großen Servierteller ausbreiten und mit ein wenig Dressing beträufeln. Den Thunfisch in 2 cm große Würfel schneiden, die Hälfte davon auf den Salatblättern verteilen.

In eine zweite Schüssel die marinierten Zwiebelscheiben, die Oliven, das Basilikum und das Gemüse geben. Gründlich mit der Hälfte des verbleibenden Dressings vermischen. Eine Schicht dieser Mischung auf den Salat mit dem Thunfisch geben und den übrigen Thunfisch, zusammen mit dem Ei und den Anchovis, obenauf arrangieren. Alles noch einmal mit dem restlichen Dressing beträufeln und servieren.

SALADE NIÇOISE
Rezept Seite 124

CAPPON MAGRO
Rezept Seite 128

Cappon magro

(Meeresfrüchte von der Riviera – spektakulär!)

CINQUE TERRE
Für 4 Personen als vollständige Mahlzeit oder für 8 Personen als Teil eines Menüs mit mehreren Gängen

Dies ist ein sehr kompliziertes Gericht, das Sie vermutlich nicht häufiger als einmal im Jahr zubereiten werden, und auch dann nur, wenn Sie wirklich wichtige Gäste zu bewirten haben. Es entstand im 19. Jahrhundert, zur Feier der sicheren Heimkehr ligurischer Matrosen nach ihrer monatelangen Abwesenheit auf See, als ihre Frauen nichts unversucht ließen, jede nur erdenkliche Köstlichkeit für sie zuzubereiten. Der Name *Cappon magro* bedeutet wohl »mageres Hühnchen« – eine wahrhaft ironische Beschreibung für diesen mehr als reichhaltigen Salat aus Meeresfrüchten und Gemüsen.

Ob Sie es glauben oder nicht, das Rezept, das Sie hier gleich lesen werden, ist schon eine vereinfachte Form dieser Spezialität. Der ursprüngliche *Cappon magro* wurde auf trockenem Schiffszwieback serviert (den wir durch getoastetes Brot ersetzt haben) und in Form einer Pyramide von Meeresfrüchten an rohen wie gekochten Gemüsen serviert, gekrönt von einem Hummer – in der Mitte des Tisches, sodass sich alle Gäste selbst bedienen konnten.

Wenn Sie es noch traditioneller mögen, fügen Sie gern noch einen halbierten pochierten Hummer und zwei Dutzend Austern hinzu. Aber vermutlich werden Sie auch mit unserer Version schon sehr zufrieden sein.

Etwa 500 ml Olivenöl für die Dressings und zum Kochen der verschiedenen Zutaten
Meersalz

Für das Gemüse
300 g Kartoffeln, gepellt und in 1 cm dicke Scheiben geschnitten
½ kleiner Blumenkohl, in 8 Röschen aufgeteilt
300 g Möhren, in dünne Scheiben geschnitten
300 g grüne Bohnen, geputzt und in 5 cm lange Stücke geschnitten

Für die Pochierflüssigkeit
5 Lorbeerblätter
1 kleine Möhre, in Viertel geschnitten
1 Schuss Weißwein

Für die Meeresfrüchte
500 g weißfleischige Fischfilets, z. B. Petersfisch oder Wittling
8 mittelgroße rohe Garnelen
8 Scampi oder Krebse
8 Miesmuscheln, gesäubert und die Bärte entfernt
8 Venusmuscheln *(Vongole)*, gesäubert

Für den Salat
8 dünne Scheiben Ciabatta, getoastet
1 EL Weißweinessig
200 g *Salsa verde* (Seite 41)
2 Stangensellerie, in (herzförmige) dünne Scheiben geschnitten
8 Gewürzgurken
½ Zitrone
8 Anchovisfilets
2 EL eingesalzene Kapern, abgespült und trocken getupft
2 EL italienische Pinienkerne

Für die Garnitur
1 Handvoll schwarze Oliven
1 Handvoll grüne Oliven
16 Champignons in Öl

Für dieses Gericht kochen Sie jedes Gemüse einzeln – die Kartoffeln und den Blumenkohl etwa 15 Minuten, die Möhren etwa 10 Minuten und die Bohnen etwa 5 Minuten. Das Kochwasser jeweils gründlich abgießen, die Gemüse danach kurz in Eiswasser legen und dieses auch wieder abgießen. Jeweils 1 Schuss Olivenöl und 1 Prise Salz darübergeben und beiseitestellen.

Zum Pochieren des Fisches geben Sie die Lorbeerblätter und die Möhre in eine Kasserolle mit Wasser. Bringen Sie das Wasser zum Kochen, geben Sie 1 Schuss Weißwein dazu und pochieren Sie die Fischfilets etwa 6 Minuten darin. Das Wasser abkühlen lassen, dann die Filets herausnehmen, mit etwas Olivenöl bedecken und beiseitelegen.

In derselben Flüssigkeit auch die Garnelen und die Scampi etwa 4 Minuten pochieren, dann ebenfalls herausnehmen und beiseitelegen.

Die Miesmuscheln und die Venusmuscheln in einem zugedeckten Topf 5 Minuten bei hoher Temperatur kochen, bis sich die Schalen öffnen. Dann beiseitestellen.

Jetzt beginnen Sie damit, den Salat aufzuschichten. Den Boden eines großen, tiefen Serviertellers mit den getoasteten Brotscheiben bedecken und diese mit dem Essig und etwas Olivenöl beträufeln. Etwa ½ Teelöffel *Salsa verde* auf jeder Brotscheibe verteilen, dann die Kartoffelscheiben darüber verteilen. Ein wenig von der *Salsa verde* über die Kartoffeln geben und die Hälfte der Fischfilets obenauflegen, wieder etwas *Salsa verde,* dann die Möhren, wieder Sauce, die Bohnen, wieder Sauce, den restlichen Fisch und den Sellerie, abschließend eine letzte Schicht von der Sauce.

Die Spitze des Salats mit den Garnelen, den Scampi und den Gewürzgurken dekorieren. Den Saft von ½ Zitrone darüber auspressen.

Den Blumenkohl rings um den Salat legen, jedes Röschen mit 1 Anchovis krönen. Die Miesmuscheln und die Venusmuscheln um den Blumenkohl anrichten. Wenn Sie das Gefühl haben, dass immer noch etwas fehlt, dekorieren Sie noch mit den grünen und schwarzen Oliven und den Pilzen. Streuen Sie dann die Kapern und die Pinienkerne über den Salat.

Anschließend sollte der *Cappon magro* 20 Minuten ruhen. Servieren Sie dieses köstliche Kapitel ligurischer Geschichte Ihren Gästen in der Mitte der Tafel, sodass sie sich selbst bedienen können. Natürlich können Sie diesen Salat auch in einzelnen Portionen anrichten und servieren, so wie wir es auf unserem Foto auf Seite 127 getan haben.

Eine Stadt ganz aus Marmor

Um 600 v. Chr. errichteten ein paar Griechen an einer Bucht im Nordwesten Italiens, die sie nach der griechischen Göttin des Mondes, Selene, benannten, eines ihrer Handelszentren.

Als die Römer um 200 v. Chr. dort landeten, befriedeten sie den dort ansässigen Stamm der Ligurer, benannten die Bucht in Luna um und machten sie zu ihrem Flottenstützpunkt.

Mit dem Marmor aus den nahe gelegenen Steinbrüchen von Carrara errichteten sie neben der Bucht eine Stadt, die so prächtig war, dass sie wiederholt von marodierenden Barbaren geplündert wurde, die glaubten, diese Stadt sei Rom. Nach dem Niedergang des Römischen Reiches verkleideten die dort lebenden Christen die Fassaden ihrer Kirchen mit dem Marmor und benannten Luna in Luni um.

Ein Erdbeben brachte viele der Gebäude zum Einsturz, die Bucht verschlammte, und eine Malaria-Epidemie zwang die Bewohner zur Flucht in die Berge. Heute ist Luni eine archäologische Ausgrabungsstätte. Von der einstigen Stadt ist nur noch das Amphitheater erhalten.

Während Luni mehr und mehr verfiel, erlebte Carrara eine Blütezeit. Im 14. Jahrhundert suchte Dante auf der Flucht vor korrupten Florentiner Politikern dort Zuflucht. Im 15. Jahrhundert bezog Michelangelo von hier den Marmor für seine Statuen und Denkmäler. Um die Marmorblöcke zum Hafen transportieren und nach Rom verschiffen lassen zu können, ließ er sogar ein eigenes Netz von Straßen anlegen.

Noch heute ist Carrara eine prosperierende Stadt. Der Marmor, der dort abgebaut wird, bringt dem italienischen Staat im Jahr etwa 330 Millionen Euro ein. Der größte Teil wird an islamische Länder für den Bau von Moscheen verkauft.

Zehn Fahrminuten von der Ausgrabungsstätte von Luni entfernt, befindet sich die *Capannina Ciccio,* das Restaurant, das Lucios Familie 1950 gegründet hat und das heute von seinem Cousin Mario Guelfi geführt wird. Von der Veranda aus sind jenseits der Magra die Marmorsteinbrüche von Carrara zu sehen. Die Spezialität des Restaurants ist gebackener Fisch, berühmt ist die *Capannina Ciccio* aber auch für eine ganz besondere Vorspeise – eine Emmersuppe, wie sie einst vermutlich Michelangelo gegessen hat. Darüber hinaus findet sich auf der Speisekarte eine Fischsuppe namens *Cacciucco,* die der *Bouillabaisse* und der *Sarsuela* nicht unähnlich ist.

Die Sardellen, die Michelangelo so gern aß, wurden vor der Küste der fünf Fischerdörfer gefangen, die unter dem Namen Cinque Terre bekannt sind. Die Dörfer schmiegen sich in die Spalten zwischen den steilen, mit Terrassen für den Weinbau überzogenen Klippen. Der Weinbau ist inzwischen größtenteils zum Erliegen gekommen, denn selbst mit Eseln oder der Einschienenbahn ist der Auf- und Abstieg an diesen Klippen zu beschwerlich.

CARRARA (TOSKANA): Mit dem Marmor aus diesen Steinbrüchen errichteten die Römer die Stadt Luni. 1500 Jahre später schuf Michelangelo daraus seine Skulpturen.

Insalata catalana di gamberi

(Salat mit Garnelen und Sellerie)

TELLARO
Für 4 Personen

Auf nahezu allen Speisekarten der ligurischen Küste findet sich ein Salat mit dem urigen Zusatz »catalana«, der offenbart, wie die ligurischen Köche sich die Lieblingsspeisen ihrer katalanischen Cousins so vorstellen. Die Zutaten können durchaus variieren, je nach Anspruch des Restaurants – jene für ein gut situiertes Publikum enthalten zumeist Hummer, Langusten, Krabben oder Scampi.

Wir möchten Ihnen hier aber eine der einfacheren Varianten vorstellen und dann übergehen zu einem authentischeren katalanischen Salat, dem *Salpicón de marisco* (Seite 134).

20 mittelgroße rohe Garnelen
3 Stangensellerie, mit Grün, in (herzförmige) dünne Scheiben geschnitten
1 rote Zwiebel, sehr dünn geschnitten
20 Cherry-Tomaten, geviertelt
Olivenöl, zum Beträufeln
Saft von 1 Zitrone
Meersalz und frisch gemahlener schwarzer Pfeffer

Die Garnelen etwa 2 Minuten in einer Kasserolle in brodelndem Salzwasser kochen, dann herausnehmen und in eine Schüssel legen.

Die verschiedenen Gemüse in eine große Schüssel geben und in einer Mischung aus Olivenöl und Zitronensaft marinieren.

Sobald die Garnelen abgekühlt sind, die Schalen und die Därme entfernen. Die Köpfe aufbewahren, die Schalen können entsorgt werden.

Den Gemüsesalat auf einem großen Servierteller anrichten und die Garnelen darauf arrangieren.

Die Garnelenköpfe mit der Gabel zerdrücken, dabei den Saft auffangen und diesen über die Garnelen träufeln. Mit Salz und Pfeffer bestreuen und servieren.

Salpicón de marisco *(Meeresfrüchte-Salat)*

COSTA BRAVA
Für 4 Personen

Das spanische Wort *salpicón* bedeutet »Klecks«. Es gibt keine strengen Vorgaben, welche Meeresfrüchte genau in dieses Gericht gehören. Das ganze Jahr kann der *Salpicón* als Teil einer üppigen Vorspeise an einem Sommertag oder als Hauptgericht genossen werden. Die Meeresfrüchte werden meist in kleine Würfel geschnitten und mit einem Dressing angemacht. Er eignet sich auch als köstliche Füllung – zum Beispiel von Calamari.

Dieser Salat ist dem ligurischen *Insalata di mare* sehr ähnlich, den Lucios Mutter in ihrer Zeit in der Küche von *Ciccios* Restaurant in Bocca di Magra geradezu perfektionierte.

2 EL Olivenöl
1 TL Essig oder Zitronensaft
300 g Baby-Oktopus, geputzt und geviertelt
8 ganze Scampi oder Krebse
600 g rohe Garnelen
600 g Miesmuscheln, mit der Bürste gesäubert und die Bärte entfernt
250 g Felsenfisch oder andere süßliche, feste weißfleischige Fischfilets, enthäutet und in größere Stücke geschnitten

Für die Vinaigrette
1 weiße Zwiebel (nach Belieben)
1 kleine rote Paprikaschote
1 kleine grüne Paprikaschote
30 ml Weißweinessig oder Zitronensaft
80 ml Olivenöl
Meersalz und frisch gemahlener schwarzer Pfeffer

12 Eisbergsalat-Blätter
knuspriges Brot, als Beilage

Gesalzenes Wasser in einer Kasserolle zum Kochen bringen. 1 Esslöffel Öl, den Essig und den Baby-Oktopus zufügen und 30 Minuten köcheln lassen. Den Topf vom Herd nehmen und den Oktopus im Wasser abkühlen lassen, dann abtropfen und beiseitelegen.

In einer frischen Kasserolle Wasser zum Kochen bringen, die Scampi darin etwa 3 Minuten kochen, dann herausnehmen und beiseitelegen. Die Garnelen 3 Minuten im selben Wasser kochen, herausnehmen und beiseitelegen. Die Muscheln in einen sauberen Topf mit ein wenig frischem Wasser geben. Den Deckel aufsetzen und bei mittlerer Hitze etwa 6 Minuten kochen, zwischenzeitlich immer wieder den Topf schwenken und so die Muscheln auflockern. Sobald sie sich öffnen, herausnehmen und zusammen mit dem Sud in eine Schüssel füllen und beiseitestellen.

Den verbleibenden Esslöffel Öl bei mittlerer Hitze in einer Pfanne erhitzen. Den Felsenfisch darin von beiden Seiten 2 Minuten anbraten, aus der Pfanne nehmen und beiseitelegen. Währenddessen die Vinaigrette vorbereiten. Falls Sie die Zwiebel zufügen wollen, diese halbieren und 10 Minuten in kaltes Wasser legen. Anschließend trocken tupfen und fein würfeln. Die Paprikaschoten halbieren, das Kerngehäuse entfernen und der Länge nach erst in dünne Streifen, dann quer in kleine Würfel schneiden.

Den Essig und das Öl in einer großen Schüssel miteinander verrühren, die Paprika und eventuell die Zwiebel hinzufügen. Mit Salz und Pfeffer würzen und vermengen.

Das Fleisch aus den Muscheln lösen und in eine große Schüssel legen. Die Scampi oder Krebse schälen, in kleine Stücke schneiden und zu den Muscheln geben. Den Oktopus und den Felsenfisch dazugeben. Drei Viertel des Dressings über den Meeresfrüchten verteilen und alles gründlich, aber vorsichtig vermengen. Die Mischung für 30 Minuten ruhen lassen.

Den *Salpicón* auf einer großen Servierplatte anrichten und mit dem restlichen Dressing beträufeln. Servieren Sie alles in der Mitte des Tisches, zusammen mit 3 Salatblättern pro Gast, in die der *Salpicón* eingefüllt werden kann. Eine ausreichende Menge Brot zum Auftunken der herrlichen Sauce dazu reichen.

Drei verschiedene Wintersalate mit Klippfisch

Remojón

(Salat mit Klippfisch, Orangen und schwarzen Oliven)

TARRAGONA
Für 4 Personen

Auf den ersten Blick wirkt der Wintersalat *Remojón* mit seiner Kombination aus Früchten und rohem Fisch vielleicht etwas fremd, aber sein Aroma ist einfach sagenhaft. Er enthält Baccalà – den getrockneten und gesalzenen Kabeljau, der etwa 48 Stunden lang gewässert werden muss, bevor man ihn weiterverarbeiten kann. Er lässt sich dann braten oder kochen. Wir möchten Ihnen aber empfehlen, den Baccalà im *Remojón* roh zu genießen, denn sein erdiges Aroma passt perfekt zu den bittersüßen Orangen und dem leicht säuerlichen Geschmack der Zwiebel. Das Dressing sollte einzig und allein aus einem gehaltvollen und fruchtigen Olivenöl bestehen.

250 g Baccalà (getrockneter, gesalzener Klippfisch aus Kabeljau)
3 Orangen
1 weiße Zwiebel, in feine Scheiben geschnitten
Olivenöl, zum Beträufeln
1 Handvoll schwarzer Oliven, entkernt
Meersalz und frisch gemahlener schwarzer Pfeffer
2 Prisen geräuchertes Paprikapulver

Den Baccalà etwa 48 Stunden in einer Schüssel im Kühlschrank wässern, das Wasser viermal am Tag wechseln (Seite 19). Anschließend den Fisch enthäuten und vorsichtig die Gräten entfernen. Dann in kleine Stücke aufteilen und beiseitestellen.

Die Orangen schälen, jede von ihnen in etwa 8 Teile schneiden und die weiße Haut entfernen. Zusammen mit den Zwiebelscheiben in eine Schüssel legen und mit Olivenöl beträufeln. Den Baccalà darüber verteilen.

Mit den Oliven, Salz, Pfeffer und dem Paprikapulver bestreuen. Zum Servieren noch mehr Olivenöl darüberträufeln.

Esqueixada *(Salat mit Klippfisch und Tomaten)*

GIRONA
Für 4 Personen

Wenn Sie die Orangen aus dem *Remojón*-Rezept durch Tomaten ersetzen, erhalten Sie einen Salat namens *Esqueixada,* was so viel bedeutet wie »in kleine Stücke gerissen« (genau das tun Sie mit dem Baccalà). Wahre Puristen sind der Meinung, dass sie dafür ausschließlich Ihre Finger benutzen sollten. Wir finden, Sie können dafür auch eine Gabel nehmen. Da die Tomaten nicht ganz so süß sind wie die Orangen, können Sie das Geschmackserlebnis einer *Esqueixada* noch mit einem Dressing aus Olivenöl und Sherryessig verstärken.

250 g Baccalà (Klippfisch aus Kabeljau)
3 Tomaten, enthäutet, die Kerne entfernt und gewürfelt
1 weiße Zwiebel, in feine Scheiben geschnitten (nach Belieben)

Für das Dressing
80 ml Olivenöl
1 EL Sherryessig
1 Handvoll schwarzer Oliven, entkernt
Meersalz und frisch gemahlener schwarzer Pfeffer
2 Prisen geräuchertes Paprikapulver

Den Baccalà etwa 48 Stunden in einer Schüssel im Kühlschrank wässern, das Wasser viermal am Tag wechseln (Seite 19). Anschließend den Fisch enthäuten und vorsichtig die Gräten entfernen. Dann in kleine Stücke aufteilen und beiseitestellen.

Die Tomaten in eine Schüssel geben, eventuell zusammen mit den Zwiebelscheiben. Die Zutaten für das Dressing verrühren, die Hälfte davon über die Tomaten träufeln. Den Baccalà darüber verteilen. Mit Salz und Pfeffer – und wenn Sie es noch würziger mögen, dem Paprikapulver – abschmecken. Zum Servieren noch mehr Dressing darüberträufeln.

Xatonada *(Salat mit Endivie und Klippfisch)*

TARRAGONA
Für 4 Personen

Hier noch ein Klippfischsalat, der *Xatonada,* eine Spezialität aus Südkatalonien. Dort wollen ihn gleich mehrere Dörfer erfunden haben. Er liefert einen weiteren Grund, die herrliche *Xató* aus Kapitel 2 noch einmal zu genießen. Da der Salat zwei Sorten Fisch enthält, wird er traditionell kurz vor der Fastenzeit gegessen, um den Proteinspiegel in die Höhe zu treiben, bevor die Gläubigen 40 Tage lang enthaltsam leben.

200 g Baccalà (Klippfisch aus Kabeljau)
1 großer krauser Endiviensalat
3 TL Olivenöl
1 TL Weißweinessig
Meersalz und frisch gemahlener schwarzer Pfeffer
150 g Thunfisch in Öl, feinste Qualität
12 Anchovisfilets
1 Handvoll schwarzer Oliven
1 Handvoll grüner Oliven
1 Handvoll italienische Pinienkerne
250 ml *Xató* (Seite 61)
Romesco-Sauce (Seite 44) zum Servieren (nach Belieben)
Brot in Scheiben, geröstet
1 Knoblauchzehe

Den Baccalà etwa 48 Stunden in einer Schüssel im Kühlschrank wässern, das Wasser viermal am Tag wechseln (Seite 19). Anschließend den Fisch enthäuten und vorsichtig die Gräten entfernen. Dann in kleine Stücke aufteilen und beiseitestellen.

Die Blätter vom Endiviensalat lösen und waschen, bevorzugt die gelben. In einer Salatschleuder trocknen und in einer großen Schüssel mit Olivenöl und Essig beträufeln und mit Salz und Pfeffer bestreuen. Die Salatblätter darin schwenken, dann mit dem Klippfisch auf einer Servierplatte anrichten. Mit dem Thunfisch, den Anchovis, den Oliven und den Pinienkernen garnieren.

Großzügig *Xató* über dem Salat verteilen (oder zu gleichen Teilen *Xató* und *Romesco-Sauce*). Mit gerösteten Brotscheiben, die mit Knoblauch eingerieben sind, servieren. Dazu noch mehr *Xató* reichen.

XATONADA: BACCALÀ MIT KRAUSER ENDIVIE
Rezept Seite 137

REMOJÓN: BACCALÀ MIT ORANGEN
Rezept Seite 136

ESQUEIXADA: BACCALÀ MIT TOMATEN & SHERRYESSIG
Rezept Seite 136

Wir haben schon gelernt, dass sie – die Griechen, die Römer und auch die Araber – ihre Spuren in der Küche des westlichen Mittelmeeres hinterlassen haben. Aber jetzt treffen Sie die Wikinger! Denn statt zu plündern und zu erobern, brachten sie den Baccalà mit – getrockneten gesalzenen Kabeljau, den Klippfisch. Und die Einheimischen taten alles, um ihn genial zuzubereiten.

TARRAGONA (KATALONIEN):
In der gotischen Kathedrale von Tarragona sollen die Gebeine der heiligen Thekla liegen. Jedes Jahr findet dort im September ihr zu Ehren ein rauschendes Kulturfest statt, mit Konzerten, Feuerwerken und farbenfrohen Kostümumzügen.

Escalivada *(Gegrilltes Gemüse)*

GIRONA
Für 4 Personen

Die Ligurer würden diese katalanische Spezialität eine geniale Vorspeise nennen. Das Wort *escalivada* bedeutet im Katalanischen »in heißer Asche zubereitet« – oder wie es modernde Köche heute wohl sagen würden, über dem Holzfeuer gegrillt. Wir empfehlen Ihnen, einen Backofen oder einen Grill mit Bratrost zu benutzen.

***Escalivada* ist eigentlich gegrilltes Gemüse, in Scheiben geschnitten und mit Öl, Knoblauch und Salz angemacht. Es wird bei Zimmertemperatur und mit viel Brot serviert. Wir finden es besonders köstlich, das Brot mit mariniertem Ziegenkäse zu belegen, bevor man das Gemüse hinzufügt. Daher haben wir am Ende auch noch ein kleines Rezept angehängt, wie man den Käse am besten einlegen kann. Sie können die *Escalivada* aber auch mit einer der leckeren Saucen aus Kapitel 2 servieren.**

4 mittelgroße Auberginen
4 rote Paprika
4 große reife Tomaten
3 Frühlingszwiebeln oder 2 Lauchstangen (je nach Jahreszeit)
Olivenöl
3 Knoblauchzehen
Meersalz und frisch gemahlener schwarzer Pfeffer
Brot, geröstet

Den Backofen auf 200 °C vorheizen. Die Auberginen, die Paprika, die Tomaten und die Frühlingszwiebeln (oder den Lauch) waschen. Alles halbieren, die Samen und Häutchen in den Paprikahälften belassen.

Das Gemüse mit dem Öl einreiben, dann die Gemüsehälften auf ein Backblech legen. Wenn Sie keinen rohen Knoblauch mögen, legen Sie die Zehen ganz und mit Schale dazu. Das Gemüse mit Salz bestreuen und mit etwas Olivenöl beträufeln.

45 Minuten backen, dann das Blech mit Alufolie abdecken und weitere 10 Minuten in den Ofen geben. Herausnehmen und unter der Folie abkühlen lassen.

Die Schalen sowie Samen, Häutchen und Stängel der Paprika entfernen. Auch das restliche Gemüse schälen, in Streifen schneiden und in eine Schüssel geben. Mit Salz und Pfeffer bestreuen und mit etwas Gemüsesaft vom Backblech begießen.

Falls Sie rohen Knoblauch verwenden, die Zehen schälen und in dünne Scheiben schneiden. Wenn Sie den Knoblauch mitgebacken haben, drücken Sie die weichen Zehen aus der Schale. Die Gemüsestreifen im Wechsel mit dem Knoblauch auf einem Servierteller anrichten, mit ein wenig Olivenöl beträufeln und die *Escalivada* über Nacht mit Folie bedeckt im Kühlschrank ziehen lassen.

30 Minuten vor dem Servieren aus dem Kühlschrank nehmen, damit das Gemüse bei Zimmertemperatur sein volles Aroma entfalten kann. Mit geröstetem Brot und mariniertem Ziegenkäse (Rezept siehe unten) servieren.

Ziegenkäse: Zu der *Escalivada* passt wunderbar ein marinierter Ziegenkäse. Dafür 300 g Ziegenkäse in 1 cm dicke Scheiben schneiden. 10–15 schwarze Pfefferkörner im Mörser zerstoßen. Die Käsescheiben in einem Einweckglas aufschichten, jede Schicht mit etwas zerstoßenem Pfeffer, geröstetem Knoblauch, Oliven, frisch gehackter roter Chili und Thymian würzen. Anschließend, das Glas mit Olivenöl auffüllen, bis der Käse vollständig bedeckt ist.

Das Rezept eignet sich auch für Pecorino. Den Käse dafür in Würfel schneiden, bevor er mit dem Knoblauch, den Pfefferkörnern und anderen aromatischen Gewürzen oder Kräutern aufgeschichtet wird.

TELLARO (LIGURIEN):
Einer Legende nach soll einst ein Riesenkrake mithilfe seiner Tentakel vom Meer aus die Kirchenglocke geläutet haben, um die Bewohner des Fischerdorfs vor herannahenden Piraten zu warnen. So zumindest erzählte es der englische Schriftsteller D.H. Lawrence, der hier lebte.

Fünftes Kapitel

PASTA E RISO / PÂTES ET RIZ / FIDEUS I ARROS

Pasta & Reis

GENUA (LIGURIEN):
Dank des warmen Mikroklimas kann man sein Mittagessen neun Monate im Jahr im Freien einnehmen.

Nicht ganz italienisch

Sie werden es vielleicht kaum glauben, aber es ist gut möglich, dass nicht die Italiener, sondern die Araber die Pasta, wie wir sie heute kennen, nach Spanien gebracht haben.

Diese Araber kamen allerdings aus Sizilien. Deshalb können wir sie getrost als Italiener bezeichnen. Für die Ligurer, für die die Sizilianer irgendwie auch Ausländer sind, ist das jedoch wahrscheinlich nur ein schwacher Trost.

Die Römer stellten bereits in der vorchristlichen Zeit eine Art Pasta her und rollten den, meist mit Eiern zubereiteten, Teig zu dünnen Blättern aus, um daraus mit geschmortem Rindfleisch so etwas wie eine Lasagne herzustellen. Oder sie schnitten den Teig in schmale, den heutigen Tagliatelle nicht unähnliche Streifen. Eine brillante Erfindung, die allerdings ein Manko hatte: Die Nudeln ließen sich nicht transportieren.

Diesen Mangel zu beseitigen gelang den Arabern etwa im 10. Jahrhundert auf Sizilien. Sie verwendeten Hartweizen für ihre Nudeln, verzichteten auf die Eier und trockneten die Pasta in der Sonne. Dann banden sie die dünnen Stangen, die sie *itriya* nannten, zu Bündeln zusammen und verbreiteten sie als Handelsware im gesamten Mittelmeerraum. So gelangten sie nicht nur nach Genua, sondern, ebenso wie der Reis, auch nach Spanien. Damit legten die Araber nicht nur den Grundstein für die *Paella,* sondern auch für die *Fideua,* deren katalanische Variante, bei der der Reis durch kleine Nudeln ersetzt wird.

In der französischen Küche spielten Reis und Pasta nie eine besondere Rolle. Mit dem Reisanbau begann man in Frankreich erst im 18. Jahrhundert in den Sümpfen der im Norden der Provence gelegenen Camargue. Der Reis, der dort heute kultiviert wird, eignet sich weder für die *Paella* noch für einen *Risotto*. Der rote Reis, den man in den Restaurants dort gelegentlich unter weißen Reis mischt, hat keinen besonderen Geschmack und dient eher der Optik.

Ein außergewöhnliches französisches Reisgericht für dieses Kapitel zu finden war schier unmöglich. Dafür werden wir Ihnen im Dessertkapitel ein vorzügliches Gericht mit Kirschen vorstellen.

Etwas mehr Glück hatten wir bei der Suche nach einem besonderen französischen Pastarezept. Denn das ist die *Macaronade* (Seite 162 f.), die neapolitanische Seeleute nach Südwestfrankreich brachten, in der Tat. In Nizza serviert man Ravioli gern in einer *Daube,* einem Schmorgericht aus Fleisch und Gemüse, während man sie im benachbarten Monaco gebraten als *Barbajuan* isst.

In Ligurien bevorzugt man frische Pasta. In getrockneter Form findet man dort hauptsächlich die quadratischen Trenette, die mit Bohnen und Kartoffeln gekocht werden.

Und viele weitere vorzügliche Pastagerichte finden Sie auf den folgenden Seiten.

Fideua negra

(Schwarze Nudeln mit Meeresfrüchten)

TARRAGONA
Für 6 Personen

Fideua ist eine katalanische Spezialität aus zerkleinerten, besonders dünnen Nudeln (die in Spanien *Fideus* heißen und in Italien *Spaghettini*), die wie Reis für eine *Paella* oder einen *Risotto* zubereitet werden. Die Nudeln auf diese Art zu kochen ist besonders köstlich, denn ihre Stärke macht die Sauce so schön sämig. Sie sollten nur trockene Nudeln verwenden – frische Eierpasta ist für diese Spezialität zu empfindlich und zerfällt.

Der Legende nach wurde *Fideua* im 19. Jahrhundert von den Küstenfischern der Stadt Gandía im Süden Spaniens erfunden, als ihnen der Reis ausging. Bis heute findet in Gandía einmal jährlich ein *Fideua*-Kochwettbewerb statt – wir haben die beste *Fideua* nördlich von Valencia im Restaurant *Cal Joan* in Tarragona entdeckt.

Das Geheimnis dieses Rezepts? Eine exzellente Fischbrühe! Hier halten wir die Fischbrühe sehr einfach, um das Aroma der Krabben zu betonen. Sie können aber auch die Brühe aus unserem *Paella*-Rezept auf Seite 152 f. verwenden. Bitte beachten Sie, dass Sie doppelt so viel Brühe wie Nudeln benötigen.

Um eine spektakuläre schwarze Einfärbung dieses Gerichts zu bekommen, fügen wir die Sepia eines Tintenfischs hinzu. Sie können stattdessen aber auch eine »blonde *Fideua*« zubereiten.

- 500 g große rohe Garnelen
- Olivenöl, für das Anbraten in der Pfanne
- 2 Frühlingszwiebeln, fein gehackt, grüne Teile aufbewahren
- ½ Teelöffel Meersalz
- 1 kg Tintenfisch, gesäubert
- 1 rote Paprikaschote, in feine Streifen geschnitten
- 4 Knoblauchzehen, fein gehackt
- 4 Lorbeerblätter
- 1 grüne Paprikaschote, gewürfelt
- 4 große Tomaten, geschält, entkernt und gewürfelt
- 1 EL süßes Chilipulver
- 100 ml *Picada* (Seite 60)
- 500 g Spaghettini
- 3 TL Sepiatinte (Sie können diese in einer Dose bei Ihrem Fischhändler kaufen oder den Tintensack eines Tintenfischs verwenden und diesen mit dem Holzlöffel über der Pfanne durch ein feines Sieb streichen)
- 3 Stängel glatte Petersilie, die Blätter abgezupft und fein gehackt
- 2 Prisen Safranfäden
- Aïoli (Seite 53), zum Servieren

Wir beginnen mit der Brühe: Die Schalen und Därme der Garnelen entfernen. Schalen und Köpfe bitte aufbewahren. Einen Suppentopf bei mittlerer Hitze aufsetzen, den Boden mit dem Olivenöl bedecken. Sobald das Öl heiß ist, die Garnelenköpfe und -schalen hineingeben und 3 Minuten anbraten. Dabei mit dem Holzkochlöffel den Saft herauspressen. Wenn sich ihre Farbe verändert, 2 l Wasser, die grünen Teile der Frühlingszwiebeln und das Salz hinzugeben. Bei geringer Hitze 30 Minuten schmoren lassen. Immer wieder den Schaum von der Oberfläche abschöpfen. Die Brühe anschließend warm halten.

Die Tentakel der Tintenfische abschneiden und in einer großen Ofenpfanne – z. B. einer Paellapfanne – mit reichlich Olivenöl bei starker Hitze etwa 3 Minuten anbraten. Wenn sie goldgelb werden, aus der Pfanne nehmen und für die spätere Dekoration beiseitelegen.

In derselben Pfanne 5 Minuten die roten Paprikastreifen anbraten, bis sie weich werden. Mit 1 Prise Salz in eine Extraschüssel umfüllen. In derselben Pfanne die Garnelen bei mittlerer Hitze etwa 1 Minute von jeder Seite anbraten, bis sie ihre Farbe verändern. Beiseitelegen.

Jetzt das *Sofregit* zubereiten: Dafür die Wärmezufuhr verringern und ein wenig Olivenöl in die Pfanne träufeln. Die Frühlingszwiebeln, den Knoblauch und die Lorbeerblätter 5 Minuten anbraten, immer wieder umrühren und in der Pfanne aufschütteln, bis die Zwiebeln weich sind. Die grünen Paprikawürfel zufügen und 5 Minuten weiterbraten, dabei die Pfanne hin- und herbewegen.

Den Tintenfisch in dünne Streifen schneiden und dazugeben, etwa 2 Minuten braten, bis er sich elfenbeinfarben verfärbt. Die Tomaten hinzufügen, 2 Minuten weiterbraten, das Chilipulver und die *Picada* hinzugeben und so lang unter Rühren kochen, bis die Tomaten anfangen, sich etwas aufzulösen.

Die Spaghettini in kleine Stücke brechen (in Katalonien ist die Länge der *Fideus*-Nudeln immer unterschiedlich). Die Wärmezufuhr erhöhen und die Pasta unter die Sauce rühren, 4 Minuten kochen lassen. (Alternativ die Spaghettini in etwas Öl bei starker Hitze etwa 3 Minuten antoasten, das macht sie schön knusprig. Anschließend unter die Sauce rühren.)

Die Brühe abseihen und unter kräftigem Rühren unter die *Fideua* mischen. 3 Teelöffel Sepiatinte (oder mehr, wenn Sie mögen) zufügen. Die Petersilie und den Safran vorsichtig unterrühren. Noch etwa 10 Minuten bei mittlerer Hitze kochen lassen. Währenddessen den Ofen auf 180 °C vorheizen.

Die *Fideua* mit etwas Salz abschmecken, ein letztes Mal umrühren, dann mit den Paprikastreifen und den Tentakeln garnieren. Die Pfanne in den Ofen schieben. 5 Minuten backen, bis die Oberfläche knusprig wird. Die *Fideua* in der Pfanne in die Mitte des Tisches stellen. Bieten Sie Ihren Gästen dazu selbst gemachte *Aïoli* an.

Variationen: Für *Fideua rossetjats,* wörtlich »blonde Nudeln«, werden der Tintenfisch (und seine Tinte) durch gewürfelte Fischfilets, Garnelen oder Kalmare ersetzt. »Blond« verweist auf die goldene Farbe der Nudeln nach dem Antoasten in Olivenöl. Dekorativ dazu sind grüne Erbsen und rote Paprikaschoten.

Für *Fideus a banda* (»Fideus getrennt«) wird für die Brühe ein besonders aromatischer Felsenfisch in Wasser gekocht und als Extragericht zu den Nudeln serviert.

FIDEUA MIT SEPIATINTE
Rezept Seite 148

PAELLA DE MARISC
Rezept Seite 152

Paella de marisc *(Paella mit Meeresfrüchten)*

TARRAGONA
Für 6–8 Personen

Es ist fast unmöglich, bei der Zubereitung einer *Paella* etwas falsch zu machen, solange die Meeresfrüchte frisch sind und Sie eine kräftige Brühe und Reis mit kurzen runden Körnern verwenden. In diesem Rezept erklären wir Ihnen im Detail, wie man eine köstliche Brühe aus Meeresfrüchten herstellt. Natürlich dürfen Sie den Weg zum Ziel gern abkürzen, indem Sie einfach 1 ½ Liter fertige Fischbrühe kaufen. Wir verzichten bei der *Paella* auf künstliches Farbpulver, wie es Restaurants hin und wieder verwenden, um sie einzufärben – Safran und Paprika reichen uns vollkommen aus.

Für unsere *Paella* möchten wir drei Qualitäten erreichen: bissfesten Reis (das, was die Italiener *al dente* nennen); die *Paella* soll schön saftig, aber nicht suppig sein (das richtige Mischungsverhältnis von Reis zu Brühe ist 1:3); und am Boden der Pfanne sollte sich eine dünne, karamellisierte Reiskruste bilden – die Katalanen nennen sie *soccarat*.

Für die Fischbrühe
1½ kg saubere Fischreste (Fischgräten und -köpfe)
60 ml Olivenöl
1 Lauchstange, den hellen, unteren Teil, halbiert; sowie 1 Handvoll der oberen Lauchblätter, gehackt
60 ml Weißwein
1 Möhre, in Stücke geschnitten
1 weiße Zwiebel, geschält und halbiert
2 Selleriestangen, mit Blättern, in Viertel geschnitten
5 Cherry-Tomaten

Für die Paella
Meersalz
150 ml Olivenöl
8 Scampi oder Krebse, halbiert
1roße rohe Garnelen
500 g Tintenfisch, gewaschen und in Scheiben geschnitten
24 Miesmuscheln, mit der Bürste gesäubert und die Bärte entfernt
24 Venusmuscheln *(Vongole)*, gesäubert
1 kleine Fenchelknolle, geputzt und fein gehackt
1 weiße Zwiebel, fein gehackt
1 rote Paprika, fein gehackt
1 grüne Paprika, fein gehackt
3 Knoblauchzehen, fein gehackt
2 große Tomaten, bis auf die Schale gerieben
1 EL geräuchertes Paprikapulver
1 TL fein gehackte scharfe rote Chili
400 g weißer Rundkornreis
1 Prise Safranfäden
150 g frische gepalte Erbsen
frische Zitronenspalten, zum Servieren

Von den Zutaten für die *Paella* 1 Handvoll der schönsten Garnelen für die spätere Dekoration beiseitelegen. Von allen anderen die Köpfe entfernen und zu den Meeresfrüchteresten für die Brühe geben.

Für die Fischbrühe die Fischreste gründlich abwaschen. Eine große Pfanne bei mittlerer Hitze erwärmen und das Olivenöl hineingeben. Die Fischreste etwa 5 Minuten darin anbraten, dabei mit einem flachen Holzkochlöffel den Saft vorsichtig herauspressen. Die Lauchblätter dazugeben, alles zusammen 1 Minute braten, dann mit dem Wein ablöschen. Umrühren und den Alkohol 3 Minuten verdampfen lassen. Das restliche Gemüse, auch die Cherry-Tomaten, hinzugeben. Die Pfanne dann fast randvoll mit kaltem Wasser auffüllen. Diese Mischung zum Kochen bringen, dann die Wärmezufuhr verringern und die Brühe mindestens 45 Minuten köcheln lassen.

Bildet sich Schaum an der Oberfläche, diesen bitte abschöpfen. Die Brühe anschließend durch ein feines Sieb abseihen, dabei einige der weichen Bestandteile mit dem Holzkochlöffel passieren. Einige Becher Brühe in einem luftdicht verschlossenen Behälter im Kühlschrank aufbewahren, um sie später als elegante Consommé zu servieren. Den Sud in der Pfanne bei niedrigster Hitze weiterköcheln lassen.

Die große Pfanne oder Paellapfanne stark erhitzen. Wenn sie richtig heiß ist, großzügig Salz auf dem Pfannenboden verteilen und diesen mit Olivenöl bedecken. Fängt das Öl an zu brutzeln, Scampi und Garnelen 2 Minuten von jeder Seite anbräunen, dann aus der Pfanne nehmen. Einige der gekochten Scampi und Garnelen für die spätere Dekoration beiseitelegen, bei allen anderen die Schalen entfernen.

Den Tintenfisch etwa 8 Minuten anbräunen, dann zu den Scampi und Garnelen geben. In einem geschlossenen Topf die Mies- und Venusmuscheln mit etwas Wasser bei starker Hitze aufsetzen. Etwa 3 Minuten kochen lassen, bis sich die Muscheln leicht öffnen. Die schönsten wieder beiseitelegen, alle anderen öffnen. Das Muschelfleisch in die Schüssel zu den anderen Meeresfrüchten geben. Die Muschelreste entsorgen, den Sud aus der Pfanne in die Brühe abseihen.

Den Fenchel, die Zwiebel und die Paprika in die Paellapfanne geben, 5 Minuten anbraten, dann den Knoblauch zufügen und 3 Minuten weiterbraten.

Sobald das Gemüse weich ist, kann es an den Rand der Pfanne geschoben werden. Die Tomaten, das Paprikapulver und die Chili in die Mitte geben, vermengen und 3 Minuten anbraten. Anschließend alles Gemüse in der Pfanne vermischen. Die Wärmezufuhr etwas verringern. Den gebräunten Tintenfisch dazugeben und 3 Minuten unter vorsichtigem Umrühren kochen lassen. Nun ist das *Sofregit* fertig, und Sie können mit der Reiszubereitung beginnen.

Den Reis kreisförmig in der Pfanne verteilen, den Safran darübergeben und unter das *Sofregit* mischen. Den Reis 3 Minuten darin ziehen lassen, damit er das herrliche Aroma aufnehmen kann. Dann etwa 1 ¼ l warme Fischbrühe hinzufügen. Alles gut vermischen, mit ein wenig Salz abschmecken und bei starker Hitze 10 Minuten kochen. Immer wieder an der Pfanne rütteln und sie ab und an auf der Herdplatte verschieben, damit der Reis gleichmäßig gekocht wird. Dabei nicht mehr umrühren.

Die Meeresfrüchte aus der Schüssel und die Erbsen nur von oben leicht in den Reis hineindrücken, damit sich auf dem Boden der Pfanne eine feine Kruste bilden kann. Die *Paella* mit den beiseitegelegten Garnelen, Scampi, Venus- und Miesmuscheln kunstvoll dekorieren. Weitere 5 Minuten bei mittlerer Hitze kochen.

Dann den Herd ausschalten und die *Paella* mit einem frischen Küchenhandtuch bedeckt etwa 5 Minuten ziehen lassen.

Die *Paella* in der Pfanne auf der Tischmitte platzieren, einige Zitronenspalten dazu servieren.

TARRAGONA (KATALONIEN): Die Römer gaben der Siedlung den Namen Tarraconensis, was im Phönizischen so viel wie »Zitadelle« bedeutet. Der Ort wurde zu einem beliebten Feriendomizil der römischen Kaiser. Zur »Unterhaltung« wurden im dortigen Amphitheater auch Christen zu Tode gefoltert.

Alle Wege führen nach Tarragona

Die nur wenige Kilometer südlich von Barcelona gelegene Stadt Tarragona wurde um 200 v. Chr. von römischen Invasoren gegründet, die ihr den Namen Tarraconensis gaben, was die Bürger der Stadt noch heute mit Stolz erfüllt. Deshalb hat man rund um das Amphitheater, in dem ein christlicher Bischof namens Fructuosus 259 v. Chr. den Märtyrertod starb, Pfirsich-, Birn- und Aprikosenbäume gepflanzt – Früchte, die vermutlich auch schon die Römer aßen.

Auf den Schildern ist zu lesen: »Die römische Landwirtschaft stützte sich auf die drei typischen mediterranen Erzeugnisse: Getreide (vor allem Weizen), Weintrauben und Oliven. Daraus stellten sie Mehl und Brot, Wein und Olivenöl her – die Grundzutaten der römischen Küche. Besonders aromatische Pflanzen dienten zur Parfümherstellung oder kamen bei verschiedenen religiösen Ritualen zum Einsatz. In einem römischen Haushalt konnte man neben Gemüse und Blumen wie Rosen, Veilchen und Hyazinthen auch Rosmarin, Thymian, Fenchel, Wermut, Ingwer, Majoran und Oregano finden.« Zweifellos ergötzten sich daran auch die Kaiser Augustus und Hadrian, die Tarraconensis zu ihrem Erholungs- und Rückzugsort erkoren hatten.

Als das Römische Reich unterging, wurde die Stadt von Vandalen und Hunnen geplündert und war später 50 Jahre lang von Arabern besetzt, hatte sich jedoch im 12. Jahrhundert zu einer blühenden christlichen Metropole entwickelt und besaß sogar eine eigene Schutzheilige, die heilige Thekla. Sie war im 1. Jahrhundert zum Tode verurteilt worden, weil sie sich gegen einen Adligen gewehrt hatte, der versucht hatte, ihr Gewalt anzutun. Doch jeder Versuch der Römer, die Todesstrafe an ihr zu vollziehen, wurde durch ein Wunder vereitelt.

Jedes Jahr Ende September wird zu ihren Ehren ein einwöchiges Fest veranstaltet. Dazu gehört auch eine Prozession, bei der überlebensgroße Hahnenfiguren und Feuer speiende Drachen durch das mittelalterliche Viertel getragen werden, die vermutlich die wilden Tiere symbolisieren sollen, denen es nicht gelang, sie zu töten. Szenen aus dem Leben der heiligen Thekla sind in der gotischen Kathedrale dargestellt.

Berühmt ist Tarragona für seine *Paella*. Der Kurzkornreis, der hier auch unter dem Namen *arros redondo* oder *bomba* bekannt ist, kommt direkt von den in unmittelbarer Nähe gelegenen Reisfeldern. Außerdem bekommt man hier die beste *Fideua* ganz Kataloniens.

Die arabischen Einflüsse und Traditionen hält man im Restaurant *Cal Joan* hoch. In einer »ehemaligen Kaschemme« am Hafen, wie es die Einheimischen nennen würden, pflegen Joan Cobos und seine Tochter Esther seit 1997 eine exquisite Meeresküche. Und als Reminiszenz an die römischen Stadtgründer steht auf jedem Tisch eine Schüssel mit *Romesco-Sauce.*

Pasta arrosto con le arselle

(Geröstete Spaghetti mit Baby-Venusmuscheln)

CAMOGLI
Für 4 Personen

In Norditalien ist es modern geworden, ein Gericht namens *Pasta risottata* anzubieten, das der *Fideua* insofern ähnelt, als auch hier die Nudeln so mitgekocht werden wie der Reis im *Risotto*.

Wir hielten das zunächst für eine neue Idee, vielleicht inspiriert von der katalanischen *Fideua,* doch in einem ligurischen Kochbuch aus dem frühen 19. Jahrhundert stießen wir auf ein fantastisches Rezept, bei dem die Pasta ebenfalls in der Sauce mit »angeröstet« wird. Im Frühling können Sie für Farbe und Geschmack wunderbar frische Erbsen hinzufügen.

1 kg Venusmuscheln oder Herzmuscheln, gesäubert
100 ml Olivenöl
1 Handvoll klein gehackte glatte Petersilienblätter
1 Knoblauchzehe, gehackt
5 Tomaten, geschält, die Kerne entfernt und gewürfelt
Meersalz und frisch gemahlener Pfeffer
40 g italienische Pinienkerne, im Mörser leicht zerstoßen
100 g frische Erbsen, gepalt
400 g Spaghetti, in kleine Stücke zerbrochen

Die Muscheln mit etwas Wasser in eine Kasserolle geben, abdecken und 3 Minuten bei starker Hitze kochen, bis die Muscheln beginnen, sich zu öffnen. Das dabei entstandene Kochwasser in eine Schüssel abseihen. Die Muscheln in der Kasserolle beiseitestellen und abkühlen lassen, dann aus den Schalen herausholen und in das ebenfalls abgekühlte Kochwasser legen.

Den Backofen auf 180 °C vorheizen.

Das Olivenöl in die Kasserolle geben und bei mittlerer Hitze erwärmen. Die Petersilie und den Knoblauch hinzufügen, umrühren und 3 Minuten anbraten.

Die Tomaten und ein wenig Salz und Pfeffer hinzufügen, alles gründlich verrühren. Die Sauce bei mittlerer Hitze 6 Minuten einkochen. Die Pinienkerne, die Erbsen und die Spaghetti dazugeben, umrühren und mit dem Muschelkochwasser auffüllen. Bei mittlerer Hitze 6 Minuten unter regelmäßigem Rühren weiterkochen.

Die Muscheln unterrühren. Diese Mischung auf einem Backblech oder in einer ofenfesten Pfanne verstreichen und 10 Minuten backen, bis die Pasta eine goldene Farbe angenommen hat.

Aus dem Ofen nehmen und vor dem Servieren noch 5 Minuten ruhen lassen.

CAMOGLI (LIGURIEN): Im Mittelalter war Camogli einer der geschäftigsten Häfen des Mittelmeeres. In der Volkszählung von 188aben 500 Bürger der Stadt als Berufsbezeichnung »Schiffskapitän« an.

Paella Valenciana

(Paella mit Hähnchen, Kaninchen und Schnecken)

VALENCIA
Für 8 Personen

Die 18 frischen Schnecken gehörten in die ursprüngliche Zutatenliste dieses Rezepts. Die Mauren brachten im 9. Jahrhundert den Reis nach Spanien. Bis zum 13. Jahrhundert hatten sich die Sümpfe im Hinterland von Valencia zu Spaniens führendem Reisanbaugebiet entwickelt. Die Bauern kombinierten ihre Ernte mit allem, was sie zur Hand hatten – Hähnchen, Kaninchen und Schnecken. Sie würzten den Reis mit Safran, den die Griechen schon 1500 Jahre zuvor mitgebracht hatten. Im 16. Jahrhundert eroberten Tomaten und Paprika Spanien und wurden zu festen Bestandteilen eines Gerichts, das nach der Bratpfanne, der *patella,* benannt wurde, in der man es über dem offenen Feuer zubereitete.

- 18 Schnecken (nach Belieben)
- feines Meersalz
- etwa 185 ml Olivenöl
- 500 g Hähnchenteile (idealerweise mit 6 Hähnchenschenkeln)
- 1 kleines Kaninchen, enthäutet und in 12 Teile geschnitten
- 1 Zwiebel, gehackt
- 1 Knoblauchzehe, gehackt
- 5 Tomaten, gehäutet und die Kerne entfernt
- 1 großzügiger TL geräuchertes Paprikapulver
- 1½ Liter Hühnerbrühe
- 200 g frische Dicke Bohnen, geschält (je nach Jahreszeit können Sie auch zerkleinerte grüne Bohnen oder geschälte tiefgefrorene Dicke Bohnen verwenden)
- 200 g Borlotti-Bohnen oder Limabohnen, gekocht oder aus der Dose
- 1 TL Safranfäden
- 500 g weißer Rundkornreis
- frische Zitronenspalten, zum Servieren

Falls Sie frische Schnecken verwenden wollen, diese gut waschen und 30 Minuten kochen lassen. Alternativ können Sie Schnecken aus der Dose verwenden und abspülen.

Erhitzen Sie eine Paella- oder ähnlich große Pfanne bei starker Hitze. Ist sie richtig heiß, darin großzügig Salz verstreuen und 1 ordentlichen Schuss Olivenöl dazugießen. Wenn es richtig brutzelt, die Hähnchen- und Kaninchenteile etwa 15 Minuten von allen Seiten schön knusprig anbraten. Anschließend aus der Pfanne herausnehmen und beiseitelegen.

Widmen Sie sich jetzt dem *Sofregit* (oder nutzen Sie die Variante von Seite 49). Dafür wieder Öl in die Pfanne geben und die Zwiebel darin 3 Minuten anbraten, den Knoblauch hinzufügen und umrühren. Nach 1 Minute die Tomaten dazugeben, 3 Minuten kochen lassen, dann das Paprikapulver unterrühren. Die Kaninchen- und Hähnchenstücke zufügen. Vorsichtig umrühren, die Brühe dazugießen und einmal aufkochen. Die Dicken Bohnen, die Borlotti-Bohnen und die Schnecken dazugeben. Den Safran zugeben und aufkochen lassen, dann den Reis untermischen. Umrühren und die Pfanne kräftig hin- und herschwenken, damit der Reis sich gleichmäßig verteilt. Danach nicht mehr umrühren.

Den Reis 10 Minuten bei mittlerer Hitze kochen. Die Pfanne hin und wieder verschieben, damit sich die Hitze verteilen kann. Dann die Wärmezufuhr verringern und 6 Minuten weiterköcheln lassen. Die *Paella* in dieser Zeit nicht umrühren. Sie soll von unten schön braun werden und eine Kruste bilden.

Die Pfanne abdecken und bei kleinster Hitze nochmals 5 Minuten kochen. Dann in der Mitte der Pfanne mit dem Holzkochlöffel prüfen, ob der Reis am Pfannenboden trocken ist. 10 Minuten ruhen lassen. Die *Paella* in der Pfanne auf der Tischmitte platzieren, einige Zitronenspalten dazu servieren.

Macaronade *(Pasta mit einer Sauce aus Meeresfrüchten mit Muscheln und gefüllten Calamari)*

SÈTE
Für 6 Personen

Diese *Macaronade* ist eine Spezialität aus Sète, einem französischen Hafenstädtchen, das ziemlich genau zwischen Marseille und der spanischen Grenze liegt. Schlendert man an dem Kanal entlang, der mitten durch die Stadt fließt, passiert man Bistro für Bistro, jedes mit einer Tafel vor der Tür, die für eine besondere Variation dieses Festschmauses wirbt. Der Name stammt von den italienischen Makkaroni – diese röhrenförmigen Nudeln nennen wir heute in der kurzen Form auch Penne oder Rigatoni.

In einem dieser Restaurants bekamen wir als *Macaronade* 1. eine Schale Penne in Tomatensauce mit Meeresfrüchten, 2. eine Schale gefüllte Muscheln, 3. einen Teller Calamari-Ringe in goldgelbem Backteig, 4. einen Teller gefüllte Calamari, 5. einen Teller gebratene Tintenfische, der hier *seiche* genannt wird, und 6. eine Schale Pommes frites serviert. Der Name des Restaurants bleibt unser Geheimnis. Die *Macaronade* war nicht überragend, aber sie hat uns inspiriert, unsere eigene, etwas vereinfachte Variante zu kreieren.

Wir waren verwundert, dass die Franzosen sich für Makkaroni interessierten, immerhin eine Spezialität aus Süditalien, die man in Ligurien nicht kannte. Dieses Gericht scheint das Vermächtnis italienischer Arbeiter und Fischer gewesen zu sein, die Ende des 17. Jahrhunderts aus Neapel kamen, um am Canal du Rhône mitzubauen.

In der *Macaronade* wurden, immer am Ende einer Woche, alle Reste verarbeitet: billige Fleischstücke und nicht mehr verkäufliche Meeresfrüchte. Heutzutage ist sie zu einem Sonntagsschmaus für Freunde und Familie geworden. Die Rezepte variieren von Familie zu Familie und von Restaurant zu Restaurant. Das Geheimnis einer guten *Macaronade* liegt darin, die Sauce sehr lang einkochen zu lassen, damit sie möglichst viel Aroma entwickeln kann. In Sète sind die Muscheln und Calamari häufig mit gehacktem Rind- oder Schweinefleisch gefüllt, wir bevorzugen eine Füllung aus Gemüse und Meeresfrüchten, sie ist ein wenig leichter.

Wir präsentieren Ihnen hier die Makkaroni mit einer Sauce aus Meeresfrüchten und dazu Muscheln und Calamari als Beilage. Sie können dieses Gericht mit Pommes frites servieren, wenn Sie mögen – das wäre dann »original sètoise«. Wir hingegen genießen es mit viel knusprigem frischem Brot, das wir in diese betörende Sauce tunken.

- 12 kleine gefüllte Calamari (Seite 91)
- 500 g Tintenfisch, gewaschen und in dünne Scheiben geschnitten

Für die Tomatensauce

- 80 ml Olivenöl
- 1 Selleriestange, klein geschnitten
- 1 kleine Möhre, klein geschnitten
- ½ weiße Zwiebel, fein geschnitten
- 2 Knoblauchzehen, fein gehackt
- 50 ml Weißwein
- 4 große Tomaten, geschält, die Kerne entfernt und klein geschnitten
- Meersalz und frisch gemahlener schwarzer Pfeffer
- 1 Thymianstängel, die Blätter abgezupft und gehackt
- 6 Basilikumblätter, grob gehackt
- 18 Miesmuscheln, mit der Bürste gesäubert und die Bärte entfernt
- 500 g Pasta (Penne oder Rigatoni)
- 2 EL eifreie *Aïoli* (siehe die Variationen auf Seite 53)
- knuspriges Brot, zum Servieren

Die gefüllten Calamari bei mittlerer bis niedriger Hitze 5 Minuten je Seite in einer Bratpfanne anbräunen. Auf einem Teller beiseitelegen.

Den Tintenfisch bei starker Hitze etwa 3 Minuten in der Pfanne anbräunen, herausnehmen und beiseitelegen.

Für die Tomatensauce das Olivenöl in einem schweren Topf bei mittlerer Hitze erwärmen. Den Sellerie, die Möhre und die Zwiebel 6 Minuten anbraten, dabei gelegentlich umrühren. Den Knoblauch zufügen und 2 Minuten weiterbraten. Den Wein zufügen und den Alkohol 3 Minuten verdunsten lassen.

Die Tomaten und den Tintenfisch dazugeben und 5 Minuten anbraten. Mit etwas Salz und Pfeffer abschmecken, den Thymian und das Basilikum dazugeben, dann 60 ml Wasser unterrühren.

Die gefüllten Calamari beimengen. Alles ohne Deckel 10 Minuten schmoren lassen. Dabei die Pfanne regelmäßig hin- und herbewegen und etwas Wasser hinzufügen, falls die Mischung zu trocken wird. Die Calamari aus der Sauce nehmen.

Die Muscheln 5 Minuten mit etwas Wasser in einer Kasserolle zugedeckt bei großer Hitze kochen lassen, bis sich alle geöffnet haben. Dann auf einen Teller legen und mit einem kleinen Löffel jede Muschel mit ein wenig Tomatensauce füllen.

Währenddessen die Pasta 3 Minuten kürzer als auf der Packung angegeben kochen. Die Pasta abgießen, dabei 60 ml des Nudelwassers auffangen. Die Pasta und das Nudelwasser in den großen Topf zu der Tomatensauce geben und 3 Minuten bei mittlerer Hitze unter ständigem Umrühren kochen lassen. Die Pasta sollte die Farbe der Sauce annehmen. Dann die *Aïoli* vorsichtig unter die Pasta heben und vermengen.

Die Pasta auf einem großen Servierteller in der Mitte des Tisches anrichten. Die Muscheln und die gefüllten Calamari in Extraschüsseln dazustellen.

Mit vielen Löffeln und Zangen servieren, damit sich Ihre Gäste selbst bedienen können. Reichen Sie viel frisches Brot dazu, das man herrlich in die *Macaronade* eintunken kann.

MACARONADE
Rezept Seite 162

RINDERRAGOUT MIT RAVIOLI

Rezept Seite 166

NIZZA / CARRARA

Für 4–8 Personen

Daube de bœuf avec raviolis à la niçoise / Ravioli di carne al tocco di carne *(Rinderragout mit Ravioli)*

Genau das Richtige für echte Fleischliebhaber: mit Rindfleisch gefüllte Ravioli und dazu Rindfleischsauce. Das Ragout *Tocco di carne* ist eine der Spezialitäten des östlichen Liguriens. Irgendwie hat das Gericht den Westen Liguriens »übersprungen« und ist in Nizza unter dem Pseudonym *Daube de Bœuf* wieder aufgetaucht.

In Nizza wurde das Ragout in einer *Daubière* (einem sich nach oben verjüngenden Steingut-Schmortopf mit zwei Henkeln und einem schrägen, konischen Zulauf, in den man kaltes Wasser gießt, damit der Dampf im Topf kondensiert) zubereitet. Die Ligurer nutzen diesen Topf bis heute. Sie können auch einen Metalltopf verwenden, dessen Deckel dicht schließt. Das Wichtigste ist, dass das Fleisch langsam gart und der Dampf nicht entweichen kann.

Die Kombination eines Rinderragouts mit Rinderravioli klingt nach ziemlich schwerer Kost. Wir betrachten das Ganze daher lieber als zwei getrennte Mahlzeiten. An einem Tag kochen Sie das Rinderragout und essen die Hälfte davon mit Polenta, Kartoffelbrei oder *Panisse*, einem köstlichen Kichererbsen-Mus (Seite 190). Mit der anderen Hälfte bereiten Sie am nächsten Tag die Füllung und die Sauce für Ihre Ravioli zu.

Für die Daube:
- 1 Handvoll getrocknete Steinpilze (30 g)
- 600 g Rinderkamm
- 60 ml Olivenöl
- 20 g Butter
- 50 g Knochenmark
- 1 Selleriestange, gehackt
- 1 kleine Möhre, gehackt
- 1 weiße Zwiebel, gehackt
- 1 Knoblauchzehe, gehackt
- 3 Lorbeerblätter
- 100 ml Weißwein oder Rotwein, wenn Sie es lieber gehaltvoll mögen
- 5 reife Tomaten, geschält und zerkleinert (oder eine Dose passierte Tomaten, etwa 400 g)
- Meersalz und frisch gemahlener schwarzer Pfeffer
- 1 Bouquet garni, mit frischen Thymian- und Rosmarinzweigen

Für die Pasta
- 4 Eier
- 400 g Mehl, plus etwas mehr für die Arbeitsfläche
- Meersalz
- etwa 50 ml warmes Wasser

Für die Ravioli-Füllung
- 45 ml Olivenöl
- 1 Knoblauchzehe, fein gehackt
- 1 EL fein gehackte glatte Petersilie
- 200 g Mangold, die Strünke entfernt und die Blätter fein geschnitten
- ½ Menge der *Daube* (wie vorbereitet)
- 50 g Brotwürfel, ohne Kruste
- 50 g Mortadella, fein geschnitten
- 1 Prise frisch gemahlene Muskatnuss
- 100 g geriebener Parmesan, plus etwas mehr zum Bestreuen der fertigen Pasta
- Meersalz und frisch gemahlener schwarzer Pfeffer

Wir bereiten zuerst die *Daube* zu: Die Steinpilze 15 Minuten in warmem Wasser einweichen. Das Wasser abgießen, die Pilze klein schneiden und beiseitelegen.

Das Rindfleisch in 1 cm große Würfel schneiden. Bei mittlerer Hitze ein wenig Olivenöl in einer großen Pfanne erhitzen. Das Fleisch darin etwa 3 Minuten anbräunen, dabei immer wieder wenden. Aus der Pfanne nehmen und beiseitestellen. Den Rest des Öls mit der Butter in die Pfanne geben und darin schmelzen. Das Knochenmark, den Sellerie, die Möhre, die Zwiebel, den Knoblauch und die Lorbeerblätter dazugeben und gelegentlich mit einem Holzkochlöffel umrühren.

Die Steinpilze und das Fleisch hinzufügen, umrühren und 5 Minuten braten lassen. Den Wein dazugießen und 3 Minuten aufkochen lassen, um den Alkohol verdunsten zu lassen. Die Tomaten und etwa 750 ml Wasser dazugeben. Leicht salzen, etwas pfeffern und vorsichtig vermischen. Den Topf mit dem Deckel gut verschließen und alles bei niedriger Hitze etwa 1½ Stunden schmoren lassen.

Das Bouquet garni hinzufügen und umrühren. Falls die Mischung zu trocken ist, ein wenig Wasser hinzufügen. Den Deckel gleich wieder fest verschließen und 30 Minuten weiterschmoren lassen. Das Bouquet garni erst kurz vor dem Servieren entfernen.

Nun bereiten Sie den Ravioli-Teig zu: In einer Schüssel 3 Eier verquirlen. Das Mehl in einem Hügel auf einer sauberen Arbeitsfläche anhäufen, leicht salzen und in die Mitte eine Mulde drücken. Die Eimischung langsam hineinfüllen. Dann so lange mit dem Mehl verkneten, bis ein geschmeidiger Teig entstanden ist. Falls dieser zu trocken ist, ein wenig Wasser hinzufügen. Den Teig zu einer Kugel formen und in einer abgedeckten Schüssel etwa 10 Minuten ruhen lassen.

Dann noch ein wenig Mehl auf der Arbeitsfläche verteilen und den Teig etwa 10 Minuten gut durchkneten, indem Sie ihn flach ausrollen, dann zusammenfalten und erneut ausrollen. Anschließend den Teig 1 weitere Stunde abgedeckt ruhen lassen.

Bereiten Sie jetzt die Füllung vor, indem Sie das Olivenöl in einer Pfanne erhitzen, den Knoblauch und die Petersilie dazugeben und bei mittlerer Hitze 2 Minuten unter häufigem Rühren braten. Anschließend den Mangold unterrühren und 5 Minuten kochen lassen. Beiseitestellen.

Aus dem Rinderragout vom Vortag 10 Fleischstückchen und 3 Teelöffel Sud entnehmen und zusammen mit dem Brot in einer Schüssel vermischen. Die Mangoldmischung und die Mortadella hinzufügen und mit Muskatnuss würzen. Den Parmesan unterrühren, mit Salz und Pfeffer abschmecken und alles zusammen mit einer Gabel zerkleinern.

Den Pastateig zu leich großen Kugeln formen. Auf einem mit Mehl bestäubten Brett zu 2 sehr dünnen Teigplatten ausrollen (oder den Teig mehrfach durch eine Nudelmaschine ziehen). Er sollte nicht mehr kleben, daher ruhig immer wieder mit ein wenig Mehl bestäuben.

Das übrige Ei verquirlen. Eine der Teigplatten auf einer großen Arbeitsfläche auslegen und die Ränder mit dem Ei bestreichen. Mit einem Teelöffel kleine Mengen der Füllung gleichmäßig in Reihen aufbringen. Jedes Häufchen sollte etwa 3 cm von dem nächsten entfernt sein, aber nie weniger als 2 cm zum Rand hin platziert sein.

Anschließend vorsichtig die zweite Teigplatte darauflegen. Mit den Fingern die Teigplatten um die Füllungen herum aneinanderpressen. Dabei sollten keine Luftblasen entstehen. Wenn Sie einen Nudelschneider besitzen, schneiden Sie horizontal und vertikal die Ravioli auseinander. Wenn Sie lieber runde Ravioli mögen, stechen Sie diese mit einem kleinen Glas um die Füllung herum aus. Bei beiden Formen am Ende die Ränder mit der Gabel fest zusammendrücken. Die Ravioli sollten nun mindestens 30 Minuten ruhen.

Dann einen großen Topf mit Wasser aufsetzen und zum Kochen bringen. Gleichzeitig die restliche *Daube* erwärmen. Die Ravioli nacheinander in das kochende Wasser gleiten und 5 Minuten kochen lassen. Etwas *Daube* in eine große Servierschüssel geben. Die Ravioli mit einem Schaumlöffel aus dem Kochwasser herausholen, ein wenig abtropfen lassen und in der Schüssel verteilen. Die restliche *Daube* darübergeben, mit ein wenig Parmesan bestreuen und die Schüssel auf der Mitte des Tisches platzieren, damit sich Ihre Gäste selbst bedienen können.

Barbajuan / Gattafin

(Gebratene Ravioli mit Mangold- oder Kürbisfüllung)

MONACO / CINQUE TERRE
Für 4 Personen

Barbajuan **(»Onkel Johann«) sind eine Art gebratene Ravioli und vermeintlich das Nationalgericht von Monaco (sie werden dort am 19. November, dem Nationalfeiertag Monacos, gegessen). Unter dem Namen** ***Gattafin*** **(benannt nach der Stadt Gatta) kennt man sie auch in Dörfern südlich von Genua. Ihre Füllung variiert je nach Jahreszeit, kommt aber fast nie ohne Mangold aus. Er wird vor allem im Hochsommer geerntet. Im Winter füllt man seine** ***Barbajuans*** **mit Kürbis und Lauch. Bei uns finden Sie beide Rezepte.**

Für die Pasta
300 g Mehl
1 Prise Meersalz
1½ EL Olivenöl
100 ml Wasser
1 Eigelb

Für die Kürbisfüllung
½ Butternut-Kürbis, geschält und das Fruchtfleisch in große Stücke geschnitten
1 Lauchstange, nur den hellen Teil, fein geschnitten
1 EL Olivenöl
Meersalz

Für die Mangoldfüllung
500 g Mangoldblätter, die Strünke entfernt und klein geschnitten
½ Kopf roten Radicchio, fein geschnitten
1 Bund glatte Petersilie, die Blätter abgezupft und gehackt

1 Eigelb
1 Prise frisch geriebene Muskatnuss
60 g Parmesan, frisch gerieben
10 Ricotta secca (erhältlich in italienischen Feinkostläden), frisch gerieben
Meersalz und frisch gemahlener schwarzer Pfeffer
1 TL Olivenöl
1 Handvoll abgezupfter und gehackter Majoran
Pflanzenöl (zum Frittieren)

Fangen Sie mit der Pasta an: Das Mehl in einem Hügel auf einer sauberen Arbeitsfläche anhäufen und in die Mitte eine Mulde drücken. Mit dem Salz, dem Olivenöl und dem Wasser etwa 10 Minuten verkneten, bis ein geschmeidiger Teig entsteht. Anschließend den Teig abdecken und 1 Stunde ruhen lassen.

Für die Kürbisfüllung: Den Backofen auf 200 °C vorheizen. Den Kürbis auf einem leicht eingeölten Backblech 1 Stunde backen. Anschließend den Lauch etwa 5 Minuten in Olivenöl anbraten, bis er glasig ist. Den weichen Kürbis zerdrücken und mit dem Lauch und etwas Salz vermengen. Für die Mangoldfüllung: Den Mangold, den Radicchio und die Petersilie mit 1 kleinen Schuss Wasser in einem geschlossenen Topf bei mittlerer Hitze etwa 5 Minuten dünsten. Anschließend diese Mischung mit Küchenpapier abtrocknen und mit dem Wiegemesser zerkleinern.

Das Eigelb in eine Schüssel geben, den Muskat zufügen, den Parmesan und Ricotta, dann die Kürbis- oder Mangoldmischung unterrühren. Mit ein wenig Salz und Pfeffer, dem Olivenöl und Majoran vorsichtig vermischen. Den Teig zu einer großen, dünnen Teigplatte ausrollen und in 12 cm große Quadrate schneiden. Mit einem Esslöffel je 1 Klecks der Füllung leicht seitlich auf die Quadrate geben. Die andere Teighälfte darüberheben und mit den Fingern die Ränder andrücken, um das Päckchen zu verschließen.

Zum Frittieren der Ravioli das Pflanzenöl etwa 4 cm hoch in eine Kasserolle füllen und stark erhitzen. Die Ravioli etwa 3 Minuten darin frittieren, bis sie auf jeder Seite goldbraun sind. Kurz auf einem Küchenpapier entfetten und dann heiß servieren.

Alternativ kann man die Ravioli auch etwa 20 Minuten bei 220 °C auf einem leicht eingefetteten Backblech goldbraun backen lassen.

GENUA (LIGURIEN): Die *Focaccia* – eine Spezialität, die man in vielen Genueser *salumerie* findet und die jeden Morgen frisch gebacken wird.

Sechstes Kapitel

PANE E PIZZE / PAINS ET FOUGASSES / PA I COQUES

Brot & Pizza

CAMOGLI (LIGURIEN): Ob die Balkone, Giebel, Fensterläden und Türen real sind, ist aus der Ferne nicht zu erkennen. Auf Schritt und Tritt trifft man hier auf täuschend echt wirkende Trompe-l'œil-Fassaden.

Mehl, Wasser und Feuer

Wenn man es recht bedenkt, war die Erfindung des Brotes vor etwa 10 000 Jahren eine Meisterleistung der menschlichen Vorstellungskraft.

Zunächst musste jemand auf die Idee kommen, die Samen von Wildgräsern abzustreifen, sie zu mahlen, aus dem Mehl einen Teig herzustellen und diesen in einem Feuer zu backen. Als Nächstes musste jemand einen Weg finden, um die natürlichen Hefen, die den Teig locker machen, zu gewinnen und die Mengen so zu dosieren, dass entweder ein fester Pizzaboden oder eine luftige *Focaccia* entstand.

Und schließlich musste man lernen, wie lang man warten musste, bis der Teig richtig aufgegangen war.

Diesmal waren es nicht die Griechen, die den Grundstein legten. Vielmehr wurde die Kunst des Brotbackens wohl allem Anschein nach im Orient perfektioniert, noch bevor die Griechen den Mittelmeerraum eroberten.

Dennoch spielte das Brot beim Aufbau des Römischen Reiches eine ebenso wichtige Rolle wie das Olivenöl bei den Griechen. Im 1. Jahrhundert schrieb der römische Satirendichter Juvenal, um an der Macht zu bleiben, müsse ein Kaiser lediglich für reichlich *panem et circenses* (Brot und Spiele) sorgen.

Seit 123 v. Chr. hatten es sich die römischen Politiker zur Gewohnheit gemacht, Weizen und Brot kostenlos an die Bevölkerung verteilen zu lassen. Die erste Bäckergilde wurde im Jahr 168 v. Chr. gegründet, und zu Juvenals Zeit versorgten 300 Brotbäcker rund eine Million Menschen mit dem begehrten Lebensmittel.

So dienten die Landeroberungen der Römer in heißeren Ländern häufig auch einzig dem Zweck, die Versorgung mit Getreide sicherzustellen. Das Land, das man für den Weizenanbau brauchte, wurde von zwangsweise rekrutierten Einheimischen bewirtschaftet. Zur Bewässerung der Felder errichtete man Aquädukte, und um das Getreide per Schiff nach Hause zu transportieren, baute man Häfen und Straßen.

Das Getreide musste zu Mehl verarbeitet werden, deshalb baute man Mühlen, in denen Sklaven zur Arbeit eingesetzt wurden. Jedes Wohngebiet bekam einen eigenen Backofen, verkauft wurde das Brot auf eigens dafür eingerichteten Märkten.

Bei den Ligurern besonders beliebt war die *Focaccia* (ein Fladenbrot, das man gern mit Wein und Rosmarin aromatisierte; Seite 174), eine Vorliebe, die man bald auch in Nizza teilte, daraus wurde dort die *Pissaladièra* (Seite 177).

In Ligurien ging man mit der Zeit dazu über, Mehl nicht mehr nur aus Weizen, sondern auch aus Kichererbsen herzustellen. Das Kichererbsenmehl wurde mit Öl und Wasser gemischt, und so entstand die *Farinata* (in Nizza *Socca* genannt; Seite 189).

Wie Sie all diese Köstlichkeiten selbst machen können, erfahren Sie in diesem Kapitel.

Focaccia / Fougasse

(Focaccia mit Zwiebeln und Rosmarin)

GENUA / NIZZA
Für 8 Personen

Die Bezeichnungen *Focaccia* und *Fougasse* leiten sich vom lateinischen Wort *focus* (Koch- oder Feuerstelle) ab – der Mittelpunkt aller europäischen Haushalte seit der Erfindung des Küchenofens im 15. Jahrhundert. Sie bildeten die erste Form von Brot und auch das Rohmaterial für die spätere runde *Pizza,* wie Funde von Versteinerungen in der Lava von Pompeji belegen. *Focaccia* und *Fougasse* bestehen aus Mehl, Wasser und Hefe. Was sie so besonders macht, ist das Olivenöl. Der Unterschied zwischen der ligurischen *Focaccia* und dem provenzalischen *Fougasse* besteht vor allem in der Form (die *Focaccia* ist flacher) und in der Menge des hinzugefügten Olivenöls (die Ligurer lieben es üppiger).

Wir präsentieren hier das Basisrezept für die *Focaccia,* wie man sie in Lucios Teil von Ligurien so liebt. Bitte vergessen Sie eins nicht: Die wichtigste Zutat für dieses Rezept ist Geduld.

- 5 g Trockenhefe
- ½ Teelöffel Zucker
- 350 ml warmes Wasser
- 500 g backstarkes Weißmehl, Type 550
- ½ TL Meersalz, etwas mehr zum Bestreuen
- 80 ml Olivenöl, etwas mehr zum Bestreichen und Beträufeln

Mögliche Extras

- 1 Handvoll Rosmarin, gehackt
- 1 rote Zwiebel, in feine Scheiben geschnitten
- 1 Handvoll schwarzer Oliven, die Kerne entfernt

In einer großen Schüssel die Hefe und den Zucker mit dem warmen Wasser verrühren. Wenn sich die Hefe aufgelöst hat, die Hälfte des Mehls unterrühren. Den feuchten Teig 2 Stunden an einem warmen Platz ruhen lassen, sodass der Teig um etwa ein Drittel seiner Menge aufgehen kann.

Das restliche Mehl auf dem Küchentisch zu einem Hügel anhäufen, das Salz darüberstreuen und in die Mitte eine kleine Mulde drücken. Den feuchten Teig hineingeben und etwa 50 ml Olivenöl zufügen. Diese Mischung etwa 10 Minuten gründlich kneten, bis daraus eine feste, leicht klebrige Teigkugel geworden ist, die sich etwas elastisch anfühlt. Den Teig mit ein wenig Öl bestreichen und, gut zugedeckt, an einem warmen Ort 1 weitere Stunde gehen lassen.

Anschließend die Teigkugel auf einer flachen Arbeitsfläche etwa 2 cm dick ausrollen und in die Backform – rund oder rechteckig – einpassen. Die idealen Größen der Backformen wären 30 x 40 cm bei einer eckigen oder ein Durchmesser von 30 cm bei einer runden Form. Den Teig flach drücken, damit die Backform überall gleichmäßig mit Teig ausgefüllt ist. Den Teig noch einmal abgedeckt 30 Minuten ruhen lassen.

Den Backofen auf 200 °C vorheizen.

Den Teig erneut in der Form festdrücken. Dann alle gewünschten Gewürze darauf verteilen. Mit etwas Salz und 1 Handvoll gehacktem Rosmarin und/oder dünn geschnittenen Zwiebelringen und/oder kleinen schwarze Oliven bestreuen, die Sie etwas in den Teig hineindrücken können. Mit ein wenig Olivenöl beträufeln und die *Focaccia* 30 Minuten backen, bis sie goldgelb ist.

Warm servieren. Das Brot lässt sich gut, falls notwendig, 1 Tag frisch halten.

Pissaladiera *(Zwiebelkuchen mit Anchovis)*

NIZZA
Für 8 Personen

Bitte nennen Sie die *Pissaladiera* niemals *Pizza*. Auch wenn sie aussieht wie eine dünne ligurische *Focaccia* oder eine *Pizza bianca,* so entstand sie doch in Nizza (hier heißt sie *Pissaladiera,* während sie im restlichen Frankreich *Pissaladière* genannt wird). Sie wird ausschließlich mit Zwiebeln und Anchovis belegt und manchmal mit Oliven, aber niemals mit Tomaten oder Käse.

Im Grunde ist die *Pissaladiera* eine *Focaccia* (oder *Fougasse*) mit Zwiebeln und der würzigen *Pissalat* (im örtlichen Dialekt für »gesalzener Fisch«), einer sehr salzigen, pastösen Fischsauce. Möglicherweise geht die *Pissalat* schon auf die *garum* zurück, nach der schon die Römer verrückt waren. Auch für *Crostini* oder zum Würzen von kaltem Fleisch, Fisch oder gedünstetem Frühlingsgemüse ist die *Pissalat* gut geeignet.

Die Kombination aus der salzigen Würze der Anchovis mit der Süße der karamellisierten Zwiebeln ist himmlisch, intensiv und unwiderstehlich. Wer braucht da noch Tomaten oder Käse?

1 Portion Focaccia-Teig (Seite 174)

500 g weiße Zwiebeln
50 ml Olivenöl

Für die Pissalat
250 g Anchovisfilets in Öl (bitte nur allerbeste Qualität verwenden)
3 Knoblauchzehen
2 Thymianstängel, die Blätter abgezupft
1 Lorbeerblatt
8 schwarze Pfefferkörner
50 ml Olivenöl

1 Handvoll kleiner schwarzer Oliven, die Kerne entfernt
10 Anchovisfilets
frisch gemahlener schwarzer Pfeffer

Zunächst den Teig nach dem Rezept von Seite 174 zubereiten. Während die Teigkugel ruht, die Zwiebeln schälen, in dünne Scheiben schneiden und zusammen mit dem Olivenöl in eine Kasserolle mit einem dicken Boden geben. Abgedeckt etwa 1 Stunde bei niedriger Temperatur darin schmoren lassen, bis sich eine musartige Masse gebildet hat.

Während die Zwiebeln köcheln, die *Pissalat* zubereiten. Dafür alle Zutaten bis auf das Olivenöl in einen Mörser geben und zerreiben, bis sich eine Paste gebildet hat, die Sie in eine Schüssel geben. Nun das Olivenöl dazugeben und alles mit einem Holzkochlöffel verrühren, bis die Konsistenz dick und geschmeidig ist.

Sobald die Zwiebeln fertig sind, die *Pissalat* unterrühren.

Den Backofen auf 200 °C vorheizen.

Den Teig in die Backform drücken, 30 Minuten ruhen lassen, dann die Zwiebel-*Pissalat*-Mischung darauf verteilen. Zusätzlich das Topping in einem Muster aus Oliven und Anchovis dekorieren und mit etwas Pfeffer bestreuen.

30 Minuten backen oder bis die Zwiebeln anfangen, braun zu werden.

In Stücke schneiden und warm servieren. Das Brot schmeckt auch am nächsten Tag noch genauso gut.

Focaccia con formaggio

(Focaccia mit Käse)

GENUA
Für 4 Personen

In den letzten Jahren warben einige Pizzaketten mit einer »neuen Kruste mit Käsefüllung«. Vermutlich wären sie verblüfft zu erfahren, dass diese Art der Käsekruste schon vor 2200 Jahren in einem Buch mit dem Titel *De Re Rustica* (»Von den einfachen Dingen«) des römischen Schriftstellers Cato des Älteren beschrieben wurde. Er bezog sich auf ein Gericht namens *Scribilita*: »Legen Sie einige Scheiben Käse zwischen zwei Teigschichten.«

Die *Scribilita* wurde erneut in den Aufzeichnungen der Abtei von San Fruttuoso (nahe Portofino, östlich von Genua) aus dem Jahre 1189 erwähnt. Offenbar wurde einigen Rittern auf ihrem Weg zu den Kreuzzügen »eine *Focaccia* aus Weizenmehl, Quark und Molke« serviert. Diese Aufzeichnungen dienten dem Gastronomischen Konsortium der Stadt Recco östlich von Genua 2010 als Beweis dafür, dass es sich bei einer *Scribilita* um eine lokale Spezialität handelte, für die man ein besonderes EU-Warenzeichen beantragte.

Wir fanden dieses Gericht im Restaurant *Manuelina* am schmackhaftesten, und dies ist unsere Version seines Rezepts. Dort wird Stracchino verwendet, den Sie durch jeden anderen cremigen Weichkäse ersetzen können – am besten italienischen. Doch bitte keinen Brie oder Camembert verwenden.

250 g Mehl
100 ml Wasser
Meersalz
125 ml Olivenöl
350 g weichen cremigen Käse, idealerweise Stracchino oder etwas Vergleichbares

Für dieses Gericht brauchen Sie ein flaches Pizzablech oder eine große Paellapfanne. Das Mehl, 1 Prise Salz und die Hälfte des Olivenöls in eine Schüssel geben und gut vermischen, gern mit leicht angefeuchteten Händen. Den Teig auf einer sauberen flachen, dünn mit Mehl bestäubten, Oberfläche mit den Händen etwa 10 Minuten kneten, bis er weich und geschmeidig ist. Falls er zu trocken wird, ein klein wenig mehr Wasser unterkneten. Zu einer Kugel formen, mit einem Tuch bedecken und an einem warmen Platz etwa 1 Stunde ruhen lassen.

Den Backofen auf 220 °C vorheizen.

Den Teig noch einmal 3 Minuten gut kneten, dann in 2 gleich große Portionen aufteilen, die Sie hauchdünn auf die Größe Ihres Pizzablechs oder Ihrer Paellapfanne ausrollen.

Das Blech oder die Pfanne leicht einölen und eine der Teigplatten hineinlegen. Den Käse in kleine Stücke teilen, über der gesamten Fläche verteilen und leicht in den Teig eindrücken. Die zweite Teigplatte darüberlegen und an den Rändern vorsichtig festdrücken. Falls am Rand etwas übersteht, abschneiden.

Etwas Olivenöl darüberträufeln und mit den Händen verteilen. Etwas Salz darüberstreuen und einige Luftlöcher in die obere Teigschicht reißen, damit der Dampf entweichen kann. Etwa 20 Minuten backen, bis die *Focaccia* goldbraun ist.

In keilförmige Stücke schneiden und warm servieren.

GENUA (LIGURIEN): Die Gassen rund um den Hafen sind gespickt mit kleinen Imbissen, sogenannten *friggitorie* (wörtlich: »Bratereien«), die eine exzellente *Farinata* verkaufen – jene Pfannkuchen aus Kichererbsen, die man in Nizza als *Socca* kennt.

SCIAMADDA
TORTE FARINATA FRIGGITORIA
OGGI
FARINATA
ORARIO
É POSSIBILE MANGIARE NEL DEHORS

BARCELONA
Für 6 Pizzas

Coca *(Katalanische Pizza)*

Die *Coca* (Mehrzahl *Coques*) ist die katalanische Variante eines traditionellen Gerichts, das überall am Mittelmeer zu finden ist: ein knuspriges Flachbrot mit Belag, das zwischen *Pizza* und *Focaccia* angesiedelt ist. Der Name leitet sich von dem lateinischen Verb »coquere«, kochen, ab.

Während die *Pizza* meist rund und die *Focaccia* in der Regel rechteckig ist, formt man die *Coca* meist oval.

Es gibt vier Varianten: süß (mit Ei und Zucker), herzhaft (mit Hefe und Salz), gefüllt und zusammengeklappt wie eine *Calzone* und offen wie die *Pissaladiera* (Seite 177).

Das katalanische Topping ist nicht so üppig wie das in Frankreich oder Ligurien. Die einfachste Variante ist nur mit Pinienkernen und etwas Öl garniert. Jeder Haushalt hat seine Lieblings-*Coca,* mit Pilzen, Zucchinischeiben, Spinat, Oliven, Anchovis, Schinken, Tomaten, Zwiebeln, aber nur selten mit Käse. Auf Mallorca werden ein Eigelb und etwas Zucker in den Teig gegeben, und der Belag kann auch Tomaten enthalten. Die Johannisnacht (am 23. Juni) feiern die Katalanen mit süßer *Coca,* die sie mit Ananas und kandierten Kirschen garnieren.

Unser Rezept ist für eine *Coca de recapte,* was so viel bedeutet wie »Coca aus dem Lebensmittelladen« – Sie können natürlich das Rezept nach Herzenslust verändern.

10 g Trockenhefe
250 ml lauwarmes Wasser
500 g Mehl
1 TL Meersalz
125 ml Olivenöl

Vorschläge für den Belag
2 rote Paprika
2 kleine Auberginen
3 rote Zwiebeln, geschält
75 ml Olivenöl
2 Knoblauchzehen
1 Handvoll glatte Petersilienblätter, gehackt
1 EL getrockneter Oregano
12 Anchovisfilets in Öl (kaufen Sie unbedingt ein wirklich gutes Produkt)

Die Trockenhefe mit lauwarmem Wasser anrühren und etwa 5 Minuten gehen lassen, bis sie schäumt.

Das Mehl in eine große Schüssel geben, in die Mitte eine Mulde drücken und langsam das Hefewasser hineingießen. Das Salz und das Olivenöl hinzufügen und alles vorsichtig mit den Händen zu einem Teig verkneten. Etwa 5 Minuten kneten, bis der Teig nicht mehr an Ihren Händen klebt und glatt, weich und elastisch ist. Den Teig in einer Schüssel mit einem feuchten Tuch abdecken und bei Zimmertemperatur etwa 1 Stunde gehen lassen, bis er sich ungefähr verdoppelt hat.

Wenn Sie den von uns vorgeschlagenen Belag verwenden möchten, das Gemüse mit etwas Olivenöl einreiben und in eine leicht eingeölte Auflaufform legen. Im vorgeheizten Backofen bei 220 °C etwa 30 Minuten backen, zwischenzeitlich immer mal wieder wenden, damit es gleichmäßig garen kann.

Das Gemüse aus dem Ofen herausnehmen. Die Temperatur auf 180 °C reduzieren.

Die Schale und das Kerngehäuse der Paprika entfernen. Die Auberginen schälen. Die dunkle äußere Schicht der Zwiebeln entfernen. Das Gemüse in dünne Scheiben schneiden und in einer Schüssel mit dem restlichen Olivenöl vermischen. Den Knoblauch schälen und klein schneiden und mit der Petersilie und dem Oregano mischen. Nun bereiten Sie die *Coques* zu.

Die Arbeitsfläche mit etwas Mehl bestäuben. Den Teig in 6 gleich große Teigkugeln aufteilen, die jeweils zu einer ovalen Form ausgerollt werden, 30 cm lang und 1 cm dick.

Diese Teigschiffchen auf ein großes eingefettetes Backblech legen und mit der Gabel Löcher in den Teig stechen. Mit Olivenöl beträufeln und mit Salz bestreuen.

Je 2 *Coca*-Schiffchen bei 180 °C etwa 20 Minuten backen. Dann das Backblech herausnehmen und die *Cocques* mit dem Gemüse belegen. Die Anchovis darauf verteilen und mit der Mischung aus Knoblauch, Petersilie und Oregano bestreuen. Das Blech wieder in den Ofen schieben und 10 Minuten weiterbacken, bis die Teigschiffchen schön knusprig sind. Heiß servieren.

Variation: Unser alter griechischer Freund Janni Kyritsis, den wir dazu verlocken konnten, an unserem Projekt teilzunehmen, entwickelte ein Gericht, das er »*Coca* mit Griechischem Salat« nennt. Er bedeckt dafür die vorgebackenen Teigschiffchen mit halbierten Cherry-Tomaten, den Scheiben 1 roten Zwiebel, entkernten Kalamata-Oliven, grünen Paprikastreifen, getrocknetem Oregano und gewürfeltem Fetakäse. Dann lässt er die *Coca* noch einmal 10 Minuten backen. Dazu serviert er einen Salat aus Gurkenscheiben, Pfefferminzblättern und Knoblauch mit einem Dressing aus Olivenöl und Essig.

Pizza all'Andrea

(Pizza mit Tomaten, Knoblauch und Anchovis)

GENUA
Für 4 Personen

Östlich von Genua war dieses Gebäck früher als *Sardenaira* bekannt, denn es enthielt ursprünglich Sardinen. Heute kennt man es eher als *Pizza all'Andrea.* Der Name klingt ein wenig wie *Pissaladiera,* der Spezialität aus Nizza. Es hat mehr Ähnlichkeit mit einer *Pizza* als mit einer *Focaccia,* denn es wird mit Tomaten zubereitet.

Betrachten Sie dieses Rezept als eine Variante der *Pissaladiera* (Seite 177), doch statt den Teig 2 cm dick auszurollen und in eine Backform mit einem hohen Rand einzupassen, rollen Sie ihn auf eine Dicke von 5 mm aus und legen ihn in eine eingeölte Pizzaform.

Statt 500 g nur 250 g Zwiebeln verwenden, diese 30 Minuten schmoren, dann 50 g geschälte, fein gehackte Tomaten unterrühren und alles zusammen noch einmal 30 Minuten köcheln lassen.

Diese Sauce auf dem Teig verstreichen, Anchovis, Oliven und in Scheiben geschnittenen Knoblauch darauf verteilen und im vorgeheizten Ofen bei 200 °C etwa 30 Minuten backen.

COCA
Rezept Seite 182

PIZZA ALL' ANDREA
Rezept Seite 183

Der Duft von Socca

Er heißt zwar Blumenmarkt, doch wenn man den Cours Saleya in Nizza betritt, ist es nicht der Duft frischer Blumen, der einen ans östliche Ende zieht. Der Duft, der einem in die Nase steigt, kommt von einem Stand, an dem seit den 1920er-Jahren *Socca* verkauft wird.

Die *Socca* ist ein Fladen aus Kichererbsenmehl, der in einem einige Straßen entfernten Holzofen gebacken und noch warm auf einem riesigen Tablett mit dem Fahrrad zum Blumenmarkt transportiert wird. Eine Dame, die (in Erinnerung an die erste Standinhaberin) mit Theresa angesprochen werden möchte, schneidet die *Socca* auf und packt ein paar Stücke in eine Pergamenttüte. So können die Kunden ihre *Socca* verspeisen, während sie über den Markt schlendern.

So gut Theresas *Socca* auch schmeckt, man findet in Nizza durchaus noch bessere Interpretationen dieses Gerichts, etwa bei *Chez Pipo* in der Rue Bavastro. Man erkennt das Lokal sofort an dem Schild mit der Aufschrift: »Aquí, si mangia la socca.«

Das ist kein Französisch, sondern eine Art Italienisch und soll wohl bedeuten »Hier isst man *Socca*.« Eigentlich ist es auch kein Italienisch, sondern der Dialekt, der hier gesprochen wird. In der Herrentoilette hängt ein in diesem Nissart-Dialekt verfasstes Gedicht mit dem Titel »La Plus Buona Socca De Nissa«. Darin findet sich folgender Vers: »La socca ben daurada, En lu plateu redound, Croustilhanta, pebrada, Va toui lu pastissoun«, den man etwa so übersetzen könnte: »Eine schöne knusprige, pikante goldgelbe *Socca* in ihrer runden Form ist besser als jedes süße Gebäck.«

Bedenkt man, dass sich die Stadt über Jahrtausende gegen die Angriffe ihrer ligurischen Nachbarn wehren musste, entbehrt es nicht einer gewissen Ironie, dass der Nissart dem Italienischen so ähnlich ist.

Obwohl sich Giuseppe Garibaldi, der in Nizza geboren wurde, vehement dafür einsetzte, votierten die Bürger der Stadt 1860 in einem Referendum gegen den Anschluss an Italien. Garibaldi erklärte damals: »Zu leugnen, dass Nizza eine typisch italienische Stadt ist, ist gerade so, als wolle man den hellen Schein der Sonne leugnen.«

Lohnenswert ist ein Besuch in dem fantastischen Bistro *Lu Fran Calin* in der Altstadt. Der Speisekarte ist zu entnehmen, dass es Mitglied einer Gesellschaft ist, die sich die Pflege der traditionellen Küche von Nizza auf die Fahnen geschrieben hat.

Unter den in einer Art französisiertem Italienisch beschriebenen *plats typiques de la région* finden sich unter anderem *les lasagnes au four à l'ancienne, le tian de courgette, les pènne sauce tomate-basilic, les raviolis Niçois* und *les aubergines à la parmigiana*.

»Die Kunst, das Leben zu genießen, Sinnlichkeit und Authentizität sind die Eigenschaften, die man spontan mit Nizza verbindet«, ist auf der Karte zu lesen. Garibaldi würde dem vielleicht noch hinzufügen: »Und eine ordentliche Portion italienische Mentalität.«

NIZZA (PROVENCE):
Es war eine Frau namens Theresa, die 1925 damit begann, *Socca* (Fladen aus Kichererbsenmehl) auf dem Blumenmarkt zu verkaufen. Seither nennen sich alle Frauen, die an ihrem Stand arbeiten, Theresa.

NIZZA (PROVENCE):
Die ultimative *Socca* stammt aus dem Holzofen des *Chez Pipo*.

Socca / Farinata *(Kichererbsen-Pfannkuchen)*

NIZZA/GENUA
Für 6–8 Personen

Eines der Meisterstücke der ligurischen Küche ist die *Farinata,* ein Pfannkuchen aus wenigen einfachen Zutaten: Kichererbsenmehl, Öl und Wasser. Diese gleichermaßen bodenständige wie beliebte »Hausmannskost« hat sich bis an die Küste der Provence ausgebreitet. Dort kennt man sie als *Socca,* was vermutlich von dem katalanischen Verb *soccarar* (ansengen oder anbrennen lassen) stammt – auch wenn die Katalanen sie nur selten zubereiten. In Nizza ist dieses Gericht so beliebt, dass man es zum Frühstück, zum Morgentee, zum Nachmittagstee und als To-go-Snack isst.

In Ligurien wird die *Farinata* in extrem heißen Holzöfen auf riesigen Kupfertabletts gebacken, die für normale Backöfen nicht geeignet sind. Sie können aber auch jedes andere Backblech aus Edelstahl oder Aluminium nutzen, oder auch eine normale Ofenform.

Der fertige Pfannkuchen sollte sehr dünn sein, außen eine goldene Kruste haben und innen schön saftig bleiben. Das Typische an der *Farinata* ist nicht nur ihr köstlicher Geschmack, sondern ihr herrliches Aroma, das man morgens auf dem Markt schon von Weitem riechen kann, wenn es sich ganz wunderbar mit den Düften frischer Früchte und Gemüse vermischt.

Als Faustregel gilt: Drei Teile Wasser kommen auf einen Teil Kichererbsenmehl. Falls Sie sich wundern sollten, warum das Gericht so lang ruhen muss – es liegt daran, dass die *Farinata* oder *Socca* so eine seidigere Konsistenz bekommt und ihr Geschmack sich voll entfalten kann.

300 g Kichererbsenmehl

Meersalz und frisch gemahlener schwarzer Pfeffer

125 ml Olivenöl

900 ml Wasser in eine große Schüssel füllen. Das Mehl in kleinen Mengen einrühren, damit sich keine Klümpchen bilden können. Sollte dies dennoch geschehen, alles durch ein Sieb abgießen – das Ergebnis soll schön cremig und geschmeidig sein.

Die Schüssel mit Frischhaltefolie abdecken und den Teig mindestens 2 Stunden ruhen lassen.

Den Backofen auf Maximaltemperatur vorheizen – mindestens 220 °C.

Sollte sich oben auf dem Teig Schaum gebildet haben, diesen bitte abschöpfen. Mit 2–3 Prisen Salz abschmecken, dann mit dem Olivenöl zusammen cremig rühren.

Das Backblech leicht einölen und den Teig maximal 1 cm hoch einfüllen. Sollte Teig übrig bleiben, kann man ihn bis zu 2 Wochen im Kühlschrank aufbewahren.

25 Minuten backen, bis die *Farinata* fest und goldbraun ist.

Aus dem Backofen herausnehmen, mit Pfeffer bestreuen, in keilförmige Stücke schneiden und heiß servieren.

Panisse *(Kichererbsen-Polenta)*

NIZZA

Für 4 Personen

Die *Panisse* ist mit der Polenta oder dem Porridge vergleichbar, nur dass sie nicht mit Mais oder Haferflocken, sondern mit Kichererbsenmehl zubereitet wird. Früher galt sie als das Leibgericht der Bauern, die diese als Vesper mit auf die Felder nahmen, zusammen mit anderen gut zu transportierenden Speisen.

***Panisse* aß man immer über zwei Tage – am ersten beträufelt mit Olivenöl und Zitronensaft und am zweiten in kleinen, in Öl und Zwiebeln gebratenen Scheiben.**

Heute hat man das traditionelle Gericht regelrecht wiederentdeckt, als kleinen Snack unterwegs auf der Straße oder als Teil eines *aperitivo*.

Der französische Filmregisseur Marcel Pagnol lieh sich den Namen der Polenta sogar für einen der Charaktere seiner Filme, Honoré Panisse, aus. Die kalifornische Köchin Alice Waters nannte ihr Restaurant in San Francisco *Chez Panisse*.

300 g Kichererbsenmehl
1 l lauwarmes Wasser
2 EL Olivenöl, etwas mehr für das Dressing
Saft von 2 Zitronen
Meersalz und frisch gemahlener Pfeffer
Pflanzenöl, zum Braten

Das Kichererbsenmehl in eine große Schüssel geben, dann langsam das lauwarme Wasser dazugießen und gut unterrühren. Das Olivenöl zufügen und so lang weiterrühren, bis keine Klümpchen mehr vorhanden sind. Dann die Mischung etwa 3 Minuten ruhen lassen.

Den Teig bei geringer Hitze in eine große Kasserolle gießen und 1 Stunde köcheln lassen. Regelmäßig mit dem Holzkochlöffel umrühren. Die Mischung ist dann fertig gekocht, wenn sie nicht mehr an den Topfinnenseiten kleben bleibt.

Die *Panisse* kann jetzt heiß serviert werden, mit einem Dressing aus Olivenöl, Zitronensaft und Pfeffer.

Oder Sie verteilen die Mischung auf einer glatten, kühlen Fläche und lassen sie abkühlen. Anschließend in 2 cm breite und 8 cm lange Streifen schneiden und in heißem Pflanzenöl bei hoher Temperatur etwa 3 Minuten goldgelb braten. Auf Küchenpapier abtropfen lassen, mit etwas Salz bestreuen und mit einigen Spritzern Zitronensaft beträufeln, dann heiß servieren.

Sie können die Streifen auch in die 4 verschiedenen, bunten Saucen von Seite 50–51 tunken.

Siebtes Kapitel

ZUPPE / POTAGES / SOPES

Suppen & Eintöpfe

MARSEILLE (PROVENCE): Voll Stolz verkündet ein Schild an der Wand, dass das Restaurant *Le Rhul* Gründungsmitglied einer Gesellschaft ist, die sich für die Reinerhaltung der *Bouillabaisse* engagiert.

Die Griechen, der Topf und die Zivilisation

Im Mittelpunkt dieses Kapitels steht das Gericht, das man in Ligurien zuppa *nennt – ein Wort, das man nicht einfach nur mit »Suppe« übersetzen sollte.*

Eine *zuppa* ist sämiger und enthält weitaus mehr feste Bestandteile als das, was man sich landläufig unter einer Suppe vorstellt.

Nach den Tieren, die man einfach aufs Feuer legte und briet, bis sie genießbar waren, war die Suppe das zweite Gericht, welches der Mensch erfand. Eine entscheidende Voraussetzung dafür war die Erfindung des Topfes, bei dem es sich ursprünglich um einen ausgehöhlten Stein handelte, bis ein genialer Kopf herausfand, dass man aus pulverisierten Steinen Schüsseln formen und diese – neben dem Braten für das Abendessen – im Feuer brennen konnte.

Da sie nun Töpfe hatten, fingen die Menschen an, die zerkleinerten Tiere und die Gemüse, die im Wasser kochten, mit Blättern und Fetten anzureichern, um den Geschmack zu verbessern.

Töpfe und Schüsseln aus Ton verkauften die Griechen in den *Emporien,* die sie überall im Mittelmeerraum errichteten. Man kann also mit Fug und Recht behaupten, dass mit der Suppe die Zivilisation in Europa Einzug hielt. Erweiterte sich durch diese Erfindung – und insbesondere durch die des dreibeinigen griechischen *kakavi* (Seite 15 f.) – die Auswahl an Speisen doch beträchtlich. Während die Speisen auf dem Feuer vor sich hin kochten, hatten die Menschen Zeit, sich wichtigeren Dingen, wie der Religion, Politik und Kunst, zu widmen.

Sie hatten auch Zeit, sich alle möglichen Namen für ihre Suppen auszudenken. Bei der Namensfindung für eine Suppe stand häufig das Gefäß Pate, in dem sie gekocht wurde. So tragen beispielsweise die in Ligurien so beliebten Fischsuppen Namen wie *cacciuco, brodetto, ciambotta, burrida* (oder *buridda*) und *cioppino* (oder *ciuppin*), während uns im Landesinneren eher Namen wie *minestrone, brodo, brodetto, mesciua* oder *vellutata* begegnen. Unter den provenzalischen Suppen finden sich Namen wie *bisque, bourride, bouillon, bouillabaisse, potage, consommé, oille, ragout* oder *chaudière.* In Katalonien heißen sie unter anderem *caldereta, escudella, estofat, ollada, ajoblanco, gazpatxo, platillo* oder *salmorejo.*

Doch die unangefochtene Königin unter den Suppen – die freilich nicht nur eine Suppe, sondern auch ein Eintopf ist – ist und bleibt die *Bouillabaisse* (Seite 196 f.). Dem würden, wenn auch nur zähneknirschend, selbst die Ligurer und die Katalanen beipflichten.

Bouillabaisse

(Fischsuppe mit gedünstetem Fisch)

MARSEIILE / CAMOGLI
Für 8 Personen

Eine echte *Bouillabaisse* setzt sich aus zwei Gerichten zusammen: einer reichhaltigen Fischsuppe mit intensivem Geschmack (auf der kleine »*Rouille*-Schiffchen« treiben) und Meeresfrüchte, die in dieser Suppe pochiert wurden. In den Restaurants in Marseille serviert man diese während eines ausgiebigen Mittagessens in der Regel in zwei Gängen. Wenn Sie es etwas leichter mögen, können Sie sie natürlich auch an zwei aufeinanderfolgenden Tagen essen.

Wir präsentieren Ihnen hier beide Rezepte, die die *Bouillabaisse* ausmachen. Dafür beginnen wir mit jenem passierten Püree, das die Franzosen bescheiden eine *Bouillon* nennen und die Ligurer stolz *Ciuppin* (im örtlichen Dialekt für »kleine Suppe«).

Für die Bouillon

2,5 kg weißfleischiger Fisch, wie Seeteufel oder Knurrhahn (bitten Sie Ihren Fischhändler, die Schuppen zu entfernen und die Filets herauszuschneiden, die Fischköpfe und -gräten aber aufzubewahren)
½ TL Safranfäden
3 Knoblauchzehen, fein gehackt
2 kleine Thymianstängel, die Blätter abgezupft und gehackt
Olivenöl, zum Beträufeln und Anbraten
frisch gemahlener schwarzer Pfeffer
1 weiße Zwiebel, fein gehackt
1 Fenchelknolle, fein geschnitten
1 Karotte, fein geschnitten
1 Selleriestange, fein geschnitten
3 Lorbeerblätter
3 große reife Tomaten, enthäutet, die Samen entfernt und gehackt
1 EL Tomatenmark (konzentriert)
50 ml Weißwein
2 Knoblauchzehen, halbiert
2 Baguettes, in dünne Scheiben geschnitten und leicht angeröstet
Rouille (Seite 48, Nummer 2), als Beilage
Gruyère, gerieben, zum Servieren

Für den Fischeintopf

Olivenöl
10 mittelgroße Kartoffeln, geschält und in Scheiben geschnitten
2 weiße Zwiebeln, in dünne Scheiben geschnitten
4 Knoblauchzehen, fein gehackt
4 Tomaten, enthäutet, die Samen entfernt und gehackt
1 EL Tomatenmark (konzentriert)
2 EL Kräuter der Provence (Seite 21)
1 Bouquet garni aus frischen Thymian-, Rosmarin-, Salbei- und Oreganostängeln
1 großer Tintenfisch oder 3 kleine Tintenfische, geputzt und klein geschnitten
1,5 kg ganzer festfleischiger Weißfisch, wie Snapper, Brasse, Seebarsch, Seehecht oder Petersfisch, gesäubert und entschuppt
1,5 kg ganzer feinfleischiger Fisch, wie Wittling, Flunder, Scholle, Schellfisch oder Rotbarbe, gesäubert und entschuppt
15 Miesmuscheln, mit der Bürste gesäubert und die Bärte entfernt
1 TL Safranfäden
Meersalz und frisch gemahlener schwarzer Pfeffer
2 l Bouillon (siehe oben)

Wir beginnen mit der Zubereitung der *Bouillon*. Dafür die Fischköpfe und -gräten gründlich abwaschen, dann zerkleinern und beiseitestellen. Die Fischfilets in Stücke schneiden und in einer Schüssel mit dem Safran, dem Knoblauch, dem Thymian, einigen Spritzern Olivenöl und einigen Prisen schwarzem Pfeffer vermengen. Diese Mischung 15 Minuten in der Marinade ruhen lassen.

3 Esslöffel Olivenöl in eine tiefe Kasserolle mit schwerem Boden geben, bei niedriger Hitze die Zwiebel, den Fenchel, die Möhre, den Sellerie und die Lorbeerblätter hinzufügen. 8 Minuten sanft anbraten. Dann bei mittlerer Hitze die Fischgräten und -köpfe hinzufügen und 5 Minuten mitbraten. Die Fischfiletstücke mit der Marinade hinzufügen und 3 Minuten anbraten. Die Tomaten und das Tomatenmark unterrühren und 2 Minuten weiterbraten. Den Wein dazugießen und noch einmal 3 Minuten kochen, damit der Alkohol verdunsten kann.

Anschließend mit etwa 2 l Wasser auffüllen, bis die Mischung bedeckt ist. Erneut zum Kochen bringen, dann bei niedriger Temperatur etwa 1 Stunde köcheln lassen. Sollte sich Schaum an der Oberfläche bilden, diesen bitte abschöpfen.

Die Lorbeerblätter entfernen. Die restlichen festeren Bestandteile mit dem Mixer (oder durch eine »Flotte Lotte«) pürieren. Dann alles durch ein feinmaschiges Sieb streichen, um mögliche verbliebene Knochen und Gräten zu entfernen. Nun haben Sie eine *Bouillon,* in der Sie den weiteren Fisch für eine *Bouillabaisse* pochieren oder die Sie als Suppe servieren können. Das mit Knoblauch eingeriebene Brot mit *Rouille* bestreichen und mit geriebenem Gruyère bestreuen, dann auf die Suppe legen.

Um die *Bouillabaisse* zuzubereiten, eine großzügige Menge Olivenöl in einen großen, tiefen Topf mit einem dicken Boden geben. Die Kartoffeln, die Zwiebeln, den Knoblauch, die Tomaten, das Tomatenmark, die Kräuter der Provence, das Bouquet garni und den Tintenfisch hinzufügen. Alles mit den Händen vermengen, dabei darauf achten, dass die Kartoffeln gut mit den Tomaten und dem Öl bedeckt sind und eine einheitliche Farbe haben.

Den Topf bei mittlerer Hitze aufsetzen, nach 2 Minuten umrühren und den festfleischigen Fisch im Ganzen obenauflegen. Die *Bouillon* angießen. Der Fisch sollte komplett mit Flüssigkeit bedeckt sein (notfalls mit Wasser auffüllen). Aufkochen lassen, dann bei mittlerer Hitze 5 Minuten kochen. Nun den feinfleischigen Fisch und die Muscheln dazugeben.

Den Safran anrösten (dafür die Safranfäden in ein Stück Alufolie wickeln. Das kleine Päckchen in einer trockenen, sehr heißen Pfanne etwa 1 Minute von beiden Seiten erhitzen). Dann den Safran zusammen mit etwas Salz und Pfeffer über den Fisch streuen. Am Topf leicht rütteln, damit sich die Zutaten setzen können. Dann die Mischung erneut zum Kochen bringen. Danach die Temperatur reduzieren und etwa 20 Minuten köcheln lassen.

Mit einem Schaumlöffel den Fisch und die Meeresfrüchten vorsichtig aus der Suppe herausheben. Der Fisch sollte dabei möglichst nicht auseinanderfallen. Das Bouquet garni entfernen. Den Fisch, die Kartoffeln und die Muscheln auf einer großen Servierplatte anrichten.

Einige Esslöffel Suppe über den Meeresfrüchte verteilen, damit sie schön feucht bleiben. Die *Rouille* auf kleinen, ovalen getoasteten Brotstücken verstreichen. Die Suppe auf acht Suppenschalen aufteilen und 2–3 »*Rouille*-Schiffchen« in jede Schale gleiten lassen.

Geben Sie Ihren Gästen große Teller und viel Besteck, mit dem sie sich selbst am Fisch, den Kartoffeln und den Muscheln bedienen können. Stellen Sie zusätzlich ein Schälchen *Rouille* und ein Schälchen geriebenen Gruyère auf den Tisch und jede Menge Extra-Toasts zum Dippen.

BOUILLABAISSE
Rezept Seite 196

Ursprünglich waren es die Griechen, die im Jahr 600 v. Chr. das Rezept für einen Fischeintopf mit Safran, den sie Kakavia *nannten, mit nach Marseille brachten. 2 000 Jahre später wurden die Zutaten für das Rezept mit Tomaten und Kartoffeln ergänzt.*

Die Bouillabaisse, *ein Stück Identität*

Wenn Sie einmal in Marseille sind, gehen Sie die Rue Canebière hinauf und biegen dann rechts in die Rue Longue des Capucins ein. Dort, in Haus Nummer 10, befindet sich ein Geschäft namens Saladin Epices Du Monde. Neben riesigen Schüsseln mit Oliven in den verschiedensten Farben und Kisten mit getrockneten Pilzen finden Sie hier auch – in 80 kleinen Jutesäcken auf langen Tischen aufgereiht – sämtliche Gewürze und Aromen, die man für die mediterrane Küche benötigt.

Auf den Etiketten ist etwa zu lesen: *Épices paella, Preparation pesto, Mélange pour mozzarella alla Caprese, Court bouillon poisson, Nyora Espagnol concasse, Mélange poisson grillade, Sel de Camargue* oder *Preparation bruschetta à la tomate.*

Ein Säckchen mit einer Würzmischung für die *Bouillabaisse* sucht man allerdings vergebens. Kein Händler käme auf die Idee, so etwas in Marseille anzubieten. Ist die *Bouillabaisse* (Seite 196 f.) doch Teil der Identität dieser Stadt, und es gibt genaue Regeln für die richtige Zubereitung. Wer wissen möchte, wie eine nach allen Regeln der Kunst zubereitete *Bouillabaisse* schmeckt, muss nur einmal das Restaurant *Le Rhul* besuchen, in dem man seit 1948 eine *Bouillabaisse* (in zwei Gängen, versteht sich) par excellence serviert.

Par excellence deshalb, weil das *Le Rhul* Gründungsmitglied der Charte de la Bouillabaisse war, einer Vereinigung von neun Gastronomen, die diese Regeln festgesetzt haben. Die Charta beginnt mit den Worten: *La Bouillabaisse, plat Marseillais par excellence, comporte des ingrédients bien précis qu'il importe d'utiliser, si l'on veut respecter la tradition et ne pas tromper le client.* (»Die *Bouillabaisse*, das Marseiller Gericht par excellence, besteht aus genau definierten Zutaten, die sie, will man die Tradition respektieren und den Gast nicht täuschen, zwingend enthalten muss.«)

Abgesehen von den Tomaten, den Kartoffeln und den Chilischoten, wäre die in der Charta beschriebene Fischsuppe den Griechen absolut vertraut gewesen. Sie gründeten um 600 v. Chr. die Stadt Massilia und nahmen Handelsbeziehungen mit den Römern auf. Diese bewahrten die Stadt lang davor, dem Römischen Reich einverleibt zu werden. Erst im Jahr 49 v. Chr. wurde sie von Julius Caesar annektiert, da ihm die Bürger von Marseille die Unterstützung in seinem Krieg gegen Pompeius versagten. Wenn Sie sehen möchten, wie die Landschaft aussah, als die Griechen hier landeten, fahren Sie in das benachbarte Dorf Cassis und besteigen dort eines der Motorboote, die regelmäßig Rundfahrten um die Calanques, die fjordartigen Buchten mit den steil aufragenden Kalksteinfelsen, anbieten.

Danach sollten Sie unbedingt das Restaurant *Le Grand Bleu* besuchen und eins der exzellenten, aus fangfrischen Fischen zubereiteten Gerichte genießen. Natürlich wird man Ihnen dort auf Wunsch auch eine *Bouillabaisse* servieren. Bedenken Sie aber, dass Sie nicht mehr in Marseille sind und man sich außerhalb der Stadt nicht mehr so streng an die Regeln hält.

MARSEILLE (PROVENCE):
Wenn der Gast im Restaurant *Le Rhul* von seiner *Bouillabaisse* aufschaut, fällt sein Blick auf das Château d'If. Dies ist die Festung auf der gleichnamigen Felseninsel, in der der Mann mit der eisernen Maske gefangen gehalten worden sein soll.

MARSEILLE (PROVENCE): Vor 2600 Jahren waren es griechische Galeeren, die in Le Vieux Port anlandeten.

MA 262557
MA 262557

SÈTE
Für 8 Personen

Bourride

(Suppe aus weißem Fisch mit Orangen-Aïoli)

Die Bezeichnung »Suppe« wird der *Bourride* (in den Dialekten der Provence auch als *Borrida* oder *Bourrido* bekannt) eigentlich nicht gerecht. Sie ist zwar nur eine entfernte Verwandte der *Bouillabaisse* (Seite 196 f.), schmeckt aber mindestens genauso gut. In Sète (am Ende des Canal du Rhône, der früher einmal Paris mit dem Mittelmeer verband) isst man den weißen Fisch zerkleinert mit einer dicken weißen Sauce, köstlich gewürzt mit Orangenschalen und einer eihaltigen Aïoli. Die »Sètois« sagen, eine gute *Bourride* kann man nur mit einem Roséwein genießen – ein Weißwein sei »zu schwach auf der Brust« und ein Roter zu reichhaltig.

- 2 kg weißfleischige Fischfilets, wie Petersfisch oder Seeteufel (Gräten und Köpfe für die Brühe aufbewahren)
- 3 EL mildes Olivenöl
- 1 Lauchstange, nur den hellen Teil, fein geschnitten
- 1 weiße Zwiebel, fein gehackt
- 1 Möhre, grob zerkleinert
- 1 Fenchelknolle, grob zerkleinert
- Schale 1 kleinen Orange
- 320 ml trockener Weißwein
- 2 l Fischbrühe (Seite 20)
- 600 g Kartoffeln, geschält und in Scheiben geschnitten
- 2 Prisen Safranfäden
- 1 Schale Aïoli (Seite 53)
- 2 Baguettes, in dünne Scheiben geschnitten und leicht angetoastet
- 1 Knoblauchzehe, halbiert (um den Toast damit einzureiben)
- *Rouille* (Seite 48), zum Servieren (nach Belieben)

Die Fischfilets in große Stücke schneiden und beiseitelegen.

Das Olivenöl in einer tiefen Kasserolle bei mittlerer Temperatur erwärmen. Den Lauch, die Zwiebel, die Möhre, den Fenchel und die Orangenschale zufügen und etwa 10 Minuten braten. Regelmäßig umrühren.

Die Temperatur erhöhen und den Wein, die Brühe, die Kartoffeln und den Safran unterrühren. Weitere 12 Minuten kochen. Die Temperatur wieder reduzieren, die Fischstücke dazugeben und alles 12 Minuten köcheln lassen.

Den Fisch vorsichtig mit dem Schaumlöffel herausheben und beiseitelegen.

Den Topf vom Herd nehmen und die *Aïoli* mit einem Holzkochlöffel unter die Suppe rühren. Bei niedriger Hitze den Topf wieder auf den Herd stellen und etwa 3 Minuten umrühren, bis die Mischung sämig und cremig ist. Jetzt bitte nicht mehr zum Kochen bringen.

Die Suppe auf Schalen verteilen. Die Fischstücke darauflegen und zusammen mit getoasteten, mit Knoblauch eingeriebenen Baguette-Scheiben servieren.

Um etwas mehr Farbe auf den Tisch zu bringen, können Sie auch gerne ein Schälchen *Rouille* dazureichen.

Romescada / Sarsuela / Suquet de peix

(Drei katalanische Fischsuppen)

TARRAGONA / COSTA BRAVA / BARCELONA

Für 8 Personen

Diese drei katalanischen Suppenklassiker haben viele Gemeinsamkeiten, sodass wir die Rezepte zusammen anbieten können – auch wenn wir damit eventuell riskieren, einigen der dort ansässigen Regionalpatrioten zu nahe zu treten. Wir stellen also die, wenn auch etwas gewagte, These auf, dass die *Sarsuela* wie eine *Romescada* mit Mandeln ist und die *Suquet* wie eine *Romescada* mit Kartoffeln.

Der Name *Romescada* stammt vermutlich noch aus der Entstehungszeit von Tarragona, das etwa 200 v. Chr. von den Römern gegründet wurde. Höchstwahrscheinlich gleicht diese Suppe aber in nichts mehr einem der Fischeintöpfe der Römer. Denn eine der Hauptzutaten der *Romesco-Sauce* ist der scharfe Nyora-Pfeffer, der Spanien (über Amerika) erst im 16. Jahrhundert erreicht hat. Da der Nyora-Pfeffer außerhalb Spaniens nur schwer zu finden ist, haben wir ihn durch eine Mischung aus frischen Paprikaschoten und Chili ersetzt.

Von der *Sarsuela* haben wir zum ersten Mal in einem Buch von Pablo Picasso über seine katalanischen Lieblingsspeisen gelesen. Als wir erfuhren, dass sie auch zu den Leibspeisen Salvador Dalís gehörte, mussten wir sie einfach versuchen. *Sarsuela* ist die katalanische Schreibweise für das spanische Wort *zarzuela.* Diese geht vermutlich auf das Substantiv *zarza* zurück, das so viel wie Brombeere oder Nessel bedeutet. Allerdings wird dieser Eintopf ohne Brombeeren zubereitet. *Zarzuela* ist der Name eines opernartigen Tanztheaters, das seit dem 17. Jahrhundert in Madrid sehr beliebt ist. Diese Opern wurden zuerst in einem königlichen Jagdschlösschen mit dem Namen Palacio de la Zarzuela (»Brombeerschlösschen«) aufgeführt. Vielleicht ließ König Philipp IV. ja seine Gäste dazu mit einem Fischgericht verwöhnen.

300 g Venusmuscheln *(Vongole)*, gesäubert
1 Glas Weißwein

Für das Sofregit
60 ml Olivenöl
1 Zwiebel, dünn geschnitten
2 Knoblauchzehen, fein gehackt
1 große grüne Chili, die Kerne entfernt und gehackt

200 g reife rote Tomaten, enthäutet, die Samen entfernt und gehackt
2 l Fischbrühe (Seite 20)
2 EL Olivenöl
600 g weißfleischige Fischfilets, wie Petersfisch oder Seeteufel, in Stücke geschnitten

600 g feste weißfleischige Fischfilets, wie Knurrhahn, Flussbarsch oder Redfish, in Stücke geschnitten
600 g Scampi oder Krebse
Romesco-Sauce (Seite 44), zum Servieren
Meersalz
knuspriges Brot, zum Servieren

Die Venusmuscheln zusammen mit dem Wein in eine Kasserolle geben und abgedeckt auf den heißen Herd stellen. Etwa 5 Minuten kochen, bis sich die Muschelschalen geöffnet haben. Dann den Topf vom Herd nehmen.

Jetzt das *Sofregit* zubereiten: Das Olivenöl bei mittlerer Hitze in einen hohen Topf geben. Die Zwiebel dazugeben und unter häufigem Umrühren etwa 8 Minuten anschwitzen. Den Knoblauch und die Chili hinzufügen und 2 Minuten weiterbraten. Regelmäßig umrühren. Die Tomaten sorgfältig untermischen, die Hitze auf die niedrigste Stufe herunterstellen und 15 Minuten köcheln lassen. Dabei regelmäßig umrühren. Die Fischbrühe zusammen mit der Kochflüssigkeit der Muscheln dem *Sofregit* hinzufügen. 10 Minuten weiterköcheln lassen.

In der Zwischenzeit das Olivenöl bei mittlerer Hitze in eine beschichtete Pfanne geben. Nach und nach die Fischstücke und die Scampi jeweils 2 Minuten von jeder Seite scharf anbraten. Herausnehmen und beiseitestellen.

2 EL *Romesco-Sauce* in die köchelnde Brühe einrühren. Nach 1 Minute die Scampi und die scharf angebratenen Fischstücke zugeben und 1 Minute später dann auch die Venusmuscheln (mit Schalen) hinzufügen.

5 Minuten bei mittlerer Hitze köcheln. Eventuell mit etwas Salz abschmecken. Dann mit knusprigem Brot zum Dippen servieren und ein Schälchen *Romesco-Sauce* dazureichen.

Variationen: Um diese Suppe in eine *Sarsuela* zu verwandeln, einige Streifen Calamari und geschnittenen Schinken oder Prosciutto zufügen. Diesen zu Beginn der Vorbereitungen für das *Sofregit* zusammen mit der Zwiebel anbraten. Anstelle der *Romesco-Sauce* 100 g im Mörser zerstoßene Mandeln zufügen. Einige Varianten enthalten zudem ½ TL gemahlenen Zimt und 3 EL trockenen Sherry, die hinzugefügt werden, wenn Sie die Brühe zu dem *Sofregit* zugeben. Für eine andere spektakuläre Zubereitung wird die Mischung am Tisch mit Rum flambiert (wie ein Weihnachtspudding) und wird dann serviert, wenn die Flammen erloschen sind.

Um das Rezept in eine *Suquet de Peix* zu verwandeln, fügen Sie gleich nach der Brühe 500 g geschälte und geschnittene Kartoffeln hinzu. Anstatt der *Romesco-Sauce* 2 Esslöffel *Picada* (Seite 60) und 2 Prisen Safranfäden unterrühren. So verwandeln wir es wieder ein bisschen in die Art eines Gerichts, wie es die Griechen bereits gegessen haben könnten.

ROMESCADA
Rezept Seite 206

ESCUDELLA
Rezept Seite 210

Escudella i carn d'olla

(Hähnchen- und Schweinsfuß-Eintopf mit Pasta und Fleischbällchen)

BARCELONA
Für 8 Personen

Dies ist ein traditioneller, sehr langsam kochender Eintopf, ideal für die Zeit um die Wintersonnenwende. In Europa wird er häufig am Weihnachtstag und dann in zwei Gängen serviert. Dieses Rezept wurde zum ersten Mal in einem spanischen Kochbuch aus dem 14. Jahrhundert beschrieben. Die Zutaten können je nach Jahreszeit variieren – Gemüse, Hülsenfrüchte und verschiedene Fleischsorten sollten immer dabei sein. Am wichtigsten ist ein Schweinsfuß, der dem Gericht durch die Gelatine eine angenehme Konsistenz verleiht.

Escudella bedeutet »Schüssel«, und wie üblich hat jede katalanische Familie hierfür ein eigenes Rezept. Einige füllen die Muschelnudeln sogar mit Hackfleisch. Unsere Variante enthält große Fleischbällchen, sogenannten *Pilota*. Dieses Gericht ist recht aufwendig und braucht viel Zeit, aber die gemeinsame Erfahrung ist es auf jeden Fall wert.

Für die Pilota *(Fleischbällchen)*
2 Scheiben Weißbrot, die Kruste abgeschnitten
Milch, zum Einweichen des Brotes
1 Ei
2 Knoblauchzehen, fein gehackt
2 EL fein geschnittene glatte Petersilie
Meersalz und frisch gemahlener schwarzer Pfeffer
250 g Rinderhack
250 g Schweinehack
1 EL italienische Pinienkerne
3 kleine Oreganostängel, die Blätter abgezupft und gehackt
Mehl, zum Bestäuben
1 Schweinsfuß, von Ihrem Schlachter in 2 Teile geschnitten
300 g Schmorfleisch vom Rind, am Knochen (Schaft oder Ossobuco wären ideal)
2 Hähnchenkeulen
1 Blutwurst oder 1 italienische Fenchelwurst, die Haut entfernt und gewürfelt
200 g Schinkenspeck, gewürfelt
1 weiße Zwiebel, in dünne Scheiben geschnitten
5 Knoblauchzehen, fein gehackt
2 EL Olivenöl
1 Weißkohl, geviertelt und klein geschnitten
4 Möhren, geschält und gewürfelt
1 Steckrübe, geschält und gewürfelt
2 Selleriestangen
400 g getrocknete Kichererbsen, über Nacht in Wasser eingeweicht
Meersalz und frisch gemahlener schwarzer Pfeffer
300 g Conchiglioni (Muschelnudeln)
Olivenöl, zum Beträufeln

Für die Fleischbällchen das Brot einige Minuten in Milch einweichen. Anschließend die Flüssigkeit herausdrücken und beiseitestellen. Das Ei zusammen mit dem Knoblauch und der Petersilie in eine große Schüssel geben, mit Salz und Pfeffer würzen und vermischen. Das Rinder- und das Schweinehackfleisch hinzufügen und alles gründlich miteinander vermengen. Die Pinienkerne, den Oregano und das eingeweichte Brot hinzufügen und gut vermischen. Mit den Händen golfballgroße Bällchen aus der Mischung formen, diese mit Mehl bestäuben und beiseitelegen.

Den Schweinsfuß, das Rindfleisch und die Hähnchenkeulen gründlich abspülen. Zusammen mit der Blutwurst und dem Schinkenspeck mit 4 l kaltem Wasser in einen großen Suppentopf geben und zum Kochen bringen. Anschließend bei niedriger Temperatur 30 Minuten köcheln lassen, dabei regelmäßig den Schaum abschöpfen.

In der Zwischenzeit in einer Bratpfanne bei mittlerer Hitze etwa 8 Minuten die Zwiebel und den Knoblauch im Olivenöl anschwitzen. Diese Mischung zusammen mit dem Kohl, den Möhren, der Steckrübe und dem Sellerie in den Suppentopf geben.

Die eingeweichten Kichererbsen abgießen und in den Topf geben. Mit Salz und Pfeffer abschmecken, alles gut vermengen und 2 Stunden weiterköcheln lassen. Wenn die Mischung zu trocken wirkt, ein wenig heißes Wasser unterrühren.

Jetzt die Fleischbällchen zufügen und 20 Minuten weiterköcheln lassen. Zu diesem Zeitpunkt sollten die Kichererbsen weich sein und das Fleisch vom Knochen abfallen. Das Fleisch und das Gemüse mit einem Schaumlöffel aus der Suppe heben. Das restliche Fleisch und das Mark vom Knochen kratzen und den Knochen entsorgen.

Drei Viertel des Suds durch ein Sieb in eine Schüssel abseihen und abkühlen lassen, sodass Sie das Fett von der Oberfläche abschöpfen können. Das Fleisch und das Gemüse in den abgekühlten Suppentopf zurückgeben, so bleiben sie schön saftig.

Den aufgefangenen Sud in eine große Kasserolle gießen und zum Kochen bringen. Die Muschelnudeln hineingeben und, wie auf der Packung empfohlen, kochen. Diese Nudelsuppe als Vorspeise servieren.

Für den zweiten Gang das Fleisch und das Gemüse auf eine große Servierplatte legen und mit der restlichen Brühe anfeuchten. Dann in der Mitte des Tisches servieren, sodass sich Ihre Gäste selbst bedienen können. Stellen Sie ein wirklich gutes Olivenöl und etwas Meersalz zum Nachwürzen auf den Tisch.

Als Beilage können Sie dazu gekochte Kartoffeln mit ein wenig Olivenöl beträufelt und einen Salat aus grünen Bohnen, Tomaten und Zwiebeln, garniert mit aromatischem, fein gehacktem Basilikum, servieren.

Caldereta de llagosta *(Langustensuppe)*

BARCELONA
Für 4 Personen

Dieses Gericht für besondere Anlässe, das in einigen der besten Restaurants Barcelonas serviert wird, stammt von der Insel Menorca, die mindestens so stolz auf ihr katalanisches Erbe ist wie auf ihre stacheligen Hummer.

Normalerweise bereitet man eine *Caldereta* mit Rindfleisch zu, die Inselbewohner Menorcas taten das gern zu Beginn eines Tages. Wir haben uns für die Verwendung von Hummer entschieden. Wenn Sie keinen frischen Hummer besorgen können, ersetzen Sie ihn einfach mit Fischfilets Ihrer Lieblingssorte.

Auf Menorca ist man der Meinung, dass die *Caldereta* am besten schmeckt, wenn sie mindestens 5 Stunden ruhen und ziehen konnte, bevor man sie lauwarm serviert.

5 EL Olivenöl
3 weiße Zwiebeln, fein geschnitten
3 Knoblauchzehen, fein gehackt
1 große grüne Chili, entkernt und in feine Scheiben geschnitten
5 Tomaten, enthäutet, die Samen entfernt und in Würfel geschnitten
2 Hummer, jeweils etwa 1 kg schwer
100 ml Weißwein
Meersalz und frisch gemahlener schwarzer Pfeffer
1 l Fischbrühe (Seite 20)
2 Scheiben Ciabatta, in etwas Öl geröstet
60 g Mandeln, geröstet
3 Stängel glatte Petersilie, die Blätter abgezupft und gehackt
2 Baguettes, in dünne Scheiben geschnitten und leicht angeröstet

1 Schuss Olivenöl in eine große, tiefe Kasserolle (idealerweise aus Terracotta) geben und bei mittlerer Temperatur erhitzen. Die Zwiebeln 5 Minuten darin anschwitzen. ½ Knoblauchzehe und die Chili dazugeben. Weitere 3 Minuten anschwitzen, dann die Tomaten hinzufügen, 10 Minuten köcheln lassen.

Das so entstandene *Sofregit* köcheln lassen, während Sie die Köpfe der Hummer abschneiden und das Fleisch aus den Schwänzen herausholen. Dieses in Medaillons schneiden und beiseitelegen.

Die Hummerköpfe halbieren und aushöhlen, das Innere der Hummerköpfe aufbewahren. Die Hummerkopfschalen ein weiteres Mal durchschneiden und dem köchelnden *Sofregit* hinzufügen.

Den Wein dazugießen und alles 3 Minuten aufkochen, damit der Alkohol verdunsten kann. Mit Salz und Pfeffer abschmecken. Die Brühe dazugeben und ordentlich an der Kasserolle rütteln, dann die Temperatur reduzieren und alles 5 Minuten weiterköcheln lassen.

In der Zwischenzeit den restlichen Knoblauch mit dem Inneren der Hummerköpfe in den Mixer geben. Das in der Pfanne angeröstete Brot, die gerösteten Mandeln, die Hälfte der Petersilie und 1 Schuss Olivenöl dazugeben. Stoßartig pürieren, bis sich eine geschmeidige Paste bildet, die zusammen mit den Hummermedaillons in den Kochtopf gegeben wird. Vorsichtig umrühren. 3 Minuten bei mittlerer Hitze kochen, dann den Topf vom Herd nehmen, die Schalen entfernen und die Suppe 3 Minuten ziehen lassen.

Die restliche Petersilie darübergeben und zusammen mit den gerösteten Baguettescheiben servieren.

AMEGLIA (LIGURIEN):
Die Gemeinde Ameglia blickt über die Marmorberge von Carrara und hinunter auf das kleine Fischerdörfchen Bocca di Magra, in dem Lucio Gallettos Familie in direkter Lage am Strand 1950 ihre Trattoria eröffnete.

Cigrons amb xoriço

(Eintopf aus Kichererbsen und Würstchen)

GIRONA

Für 4 Personen

Die Römer liebten Kichererbsen und pflanzten sie an, wohin sie ihr Reich ausdehnten. Der größte Redner der Antike, Marcus Tullius Cicero, trug die Kichererbse sogar in seinem Namen. Eine Erklärung lautet, dass sein Vater eine Warze von der Größe einer *cicer,* einer Kichererbse, auf der Nase hatte. Eine andere, dass Marcus Tullius seinen Mund mit *cicera* füllte, um eine klare Aussprache zu trainieren. Wahrscheinlicher ist die dritte Erklärung, nach der seine Großeltern mit *cicera* handelten. Als er in die Politik ging, drängte man Cicero, seinen Namen zu ändern. Doch er war der Meinung, dass seine Leistungen das geringe Ansehen der Kichererbse auf ein edles Niveau anheben würden.

Wenn Sie die Klugheit Ciceros feiern möchten, indem Sie speisen, wie er gespeist hätte, dann verzichten Sie auf die Paprika und die Tomaten.

- 3 Tassen Kichererbsen, getrocknet oder aus der Dose
- 2 Lorbeerblätter
- 2–3 EL Olivenöl
- 250 g frische Chorizo oder italienische Würstchen
- 1 weiße Zwiebel, fein gehackt
- 200 g Speck, gewürfelt
- 1 rote Paprika, fein geschnitten
- 2 Knoblauchzehen, zerdrückt
- 800 g frische reife Tomaten, geschält, die Samen entfernt und gewürfelt
- 3 kleine Thymianstängel
- Meersalz und frisch gemahlener schwarzer Pfeffer
- 1 TL scharfe Chiliflocken oder 2 frische, scharfe rote Chilis, fein gehackt

Zum Servieren

- Brot, in Scheiben geschnitten und angeröstet
- 1 Knoblauchzehe, halbiert

Wenn Sie getrocknete Kichererbsen verwenden, diese über Nacht in etwa 2 l kaltem, leicht gesalzenem Wasser einweichen. Das Wasser abgießen und die Kichererbsen in einen großen Suppentopf geben. Mit kaltem Wasser bedecken und bei mittlerer Hitze erwärmen. Die Lorbeerblätter zufügen und einmal aufkochen, dann die Temperatur reduzieren und 1 Stunde köcheln lassen, bis die Kichererbsen weich sind. Über einer Schüssel abgießen, dabei 500 ml Kochwasser auffangen.

Wenn Sie Kichererbsen aus der Dose verwenden, diese mit den Lorbeerblättern zum Kochen bringen und 5 Minuten köcheln lassen. Anschließend abgießen, dabei ebenfalls 500 ml Kochwasser auffangen.

In einer großen Kasserolle mit 1 Schuss Olivenöl die Würstchen bei mittlerer Hitze ringsherum anbräunen. Herausnehmen und in Scheiben schneiden. In derselben Pfanne mit etwas Olivenöl bei mittlerer Hitze die Zwiebel und den Speck etwa 8 Minuten anbraten, bis die Zwiebel weich ist.

Die Paprika dazugeben, etwa 8 Minuten weiterbraten, immer wieder umrühren, bis alles schön weich ist. Den Knoblauch dazugeben und einige Minuten umrühren. Die Tomaten, die Wurstscheiben und den Thymian hinzufügen. Mit Salz und Pfeffer würzen.

Bei mittlerer Hitze 10 Minuten köcheln lassen, dabei regelmäßig umrühren. Die Kichererbsen, die Chilis und das Kochwasser dazugeben. Unter Rühren zum Kochen bringen.

Bei sehr niedriger Temperatur 15 Minuten weiterköcheln, bis die Kichererbsen sehr weich sind. Den Thymian entfernen und noch einmal abschmecken. Das geröstete Brot mit Knoblauch einreiben und servieren.

BARCELONA (KATALONIEN): Mittelmeerfische und Meeresfrüchte aller Art werden auf dem *Mercat de Sant Josep* angeboten.

Achtes Kapitel

SEMPLICI PIACERI / PLAISIRS SIMPLES / PLAERS SIMPLES

Einfache Genüsse

EMPURIÉS (KATALONIEN): Ein seltenes Bild an der sonst so überlaufenen Costa Brava: Die Szene ist beinahe so idyllisch wie vor 2600 Jahren, als die Griechen in Spanien landeten.

Alt, neu, reich, arm

Einfache Genüsse – in Anbetracht der Tatsache, dass sich in diesem Kapitel auch Rezepte mit Hummer und Wachteln finden, mag diese Überschrift ironisch anmuten.

Was Sie hier finden, ist ein Sammelsurium an Gerichten, die wir aus bestimmten Gründen für wichtig hielten, die sich aber keiner der vorhergehenden Kategorien zuordnen ließen.

Während manche Rezepte, die wir Ihnen in den vorangegangenen Kapiteln vorgestellt haben, relativ komplex und für eine größere Personenzahl berechnet sind, sind die Gerichte in diesem Kapitel, auch wenn sie mitunter »extravagante« Zutaten enthalten, eher unkompliziert und können auch bei einem intimen Dinner zu zweit serviert werden.

Auf die Vorliebe der Katalanen (die höchstwahrscheinlich auf die Römer zurückgeht), Früchte des Meeres mit Früchten der Erde zu kombinieren, sind wir bereits an früherer Stelle eingegangen. Unvergesslich ist uns eine vorzügliche Version dieser *Mar i muntanya* genannten Gerichte, die man uns im Hotel *Aigua Blava* an der Costa Brava servierte. Der elegant mit einer weißen Jacke bekleidete Oberkellner Pepe Rojas und sein reizender Assistent tranchierten für uns das Hähnchen und den Hummer nach allen Regeln der Kunst, richteten diese auf unseren Tellern an und überzogen die Teile dann noch mit einer samtigen Sauce.

Nicht fehlen durfte hier auch der gebackene Fisch aus Collioure (Seite 231). Uns hat die Vorstellung einfach zu gut gefallen, wie sich Picasso mit umgebundener Serviette vor den Augen einer freudestrahlenden Pauline Pous mit großem Appetit daran gütlich tat.

Der *Brandacujun,* ein Kartoffelauflauf mit Baccalà und Oliven (Seite 238), ist eine Spezialität der westlich von Genua gelegenen Riviera di Ponente. Man findet sie häufig auf der Karte des Restaurants *Il Mulino* in Varazze (ganz in der Nähe des weltbesten Basilikums – siehe Seite 34).

Bei den Wachteln mit Feigen (Seite 243) handelt es sich um die Adaption eines alten provenzalischen Eintopfgerichts aus Hähnchen und Feigen. Dieses haben wir mit der alten Getreidesorte Emmer kombiniert, die sich 3000 Jahre in Ligurien großer Beliebtheit erfreute.

Llenties estofades, ein Linseneintopf mit Chorizo (Seite 244), ist genau die Art von Gericht, das Mutter und Tochter Agut-Manubens für die Gäste des *Can Culleretes,* des ältesten Restaurants Kataloniens, kochen würden.

Aus dem Restaurant *Le Grand Bleu* im nahe Marseille gelegenen Cassis stammt das Rezept für die Rote Meerbarbe (Seite 237), einem Fisch, dessen rosafarbenes Fleisch einfach unübertroffen schmeckt.

Aus den Cinque Terre, genauer gesagt aus dem Restaurant *Gambero Rosso* in Vernazza, schließlich kommt der *Tegame* mit Kartoffeln und Sardinen (Seite 228). Er verdankt seinen Namen einem antiken Kochgeschirr ähnlichen Namens, welches die Griechen in ihren Emporien verkauften.

Mar i muntanya

(Geschmortes Huhn mit Garnelen)

COSTA BRAVA
Für 4 Personen

»Meer und Berg« lautet übersetzt der Name dieser Spezialität aus dem Nordosten Kataloniens. Mancher mag sich bei der Kombination von Fleisch und Meeresfrüchten in die Siebzigerjahre zurückversetzt fühlen, als es »in« war, Filetsteaks mit Hummerstückchen zu garnieren. Bei den Katalanen ist es jedoch seit mehr als 1000 Jahren Tradition, die Gaben des Meeres mit denen der Erde zu kombinieren. Oftmals machte man dies einfach in Ermangelung anderer Zutaten. Dabei kommt es vor allem darauf an, die Zutaten so miteinander zu garen, dass keine den Geschmack der anderen überdeckt.

Olivenöl
8 Hähnchenkeulen, entbeint
3 Frühlingszwiebeln, gehackt
2 Knoblauchzehen
4 Tomaten, gerieben (Seite 25)
60 ml Weißwein
Meersalz und frisch gemahlener schwarzer Pfeffer
12 große rohe Garnelen
Picada (Seite 60)

Zum Servieren
weißer Reis, gedämpft
½ TL Safranfäden

1 kräftigen Schuss Olivenöl in einem beschichteten Topf mit schwerem Boden erhitzen und die Hähnchenkeulen auf jeder Seite etwa 3 Minuten bei mittlerer Hitze darin anbräunen. Anschließend herausnehmen und beiseitestellen.

Die Frühlingszwiebeln in den Topf geben und 6 Minuten unter häufigem Rühren anschwitzen. Den Knoblauch dazugeben, 1 Minute anbraten und danach die Tomaten hinzufügen. Alles gut verrühren und 5 Minuten kochen lassen, bis die Flüssigkeit, die die Tomaten abgeben, verdunstet ist und die Zwiebeln sehr weich sind. Mit dem Wein ablöschen und 3 Minuten kochen lassen, bis der Alkohol verdunstet ist.

Die Hähnchenkeulen wieder in den Topf legen, mit Salz und Pfeffer würzen und 500 ml Wasser angießen. Aufkochen lassen, die Wärmezufuhr danach verringern und das Fleisch 40 Minuten bei geöffnetem Topf köcheln lassen.

Die Garnelen dazugeben, gut umrühren und das Ganze weitere 10 Minuten kochen. Zum Schluss 2 Esslöffel *Picada* einrühren und das Gericht noch 10 Minuten kochen.

In einer großen Schüssel anrichten und servieren. Reichen Sie dazu eine Schüssel mit gedämpftem weißem Reis, unter den Sie den Safran (den Sie zuvor 5 Minuten in 2 Esslöffeln warmem Wasser eingeweicht haben) rühren. Die restliche *Picada* ebenfalls in eine Schüssel füllen und dazureichen.

Homard à la Provençal

(Gebackener Hummer)

NIZZA

Für 4 Personen

Außerhalb der Provence wird das Gericht gelegentlich auch als *Lobster à l'Armoricaine* oder *Lobster à l'Americaine* angeboten. Das *Armoricaine* bzw. *Americaine* ist jedoch nicht von Armorica, dem alten Namen der Bretagne, abgeleitet, noch hat es etwas mit Amerika zu tun (sieht man einmal davon ab, dass die Amerikaner gern Hummer essen). Bis zum späten 19. Jahrhundert wurde das Gericht wegen der Tomatensauce – einer sogenannten *Sauce vierge* (wörtlich Jungfrauensauce), in der der Hummer gegart wird – nur »Hummer provenzalisch« genannt.

Ist Ihnen Hummer zu teuer, ersetzen Sie ihn einfach durch Garnelen, Scampi oder andere große Krustentiere und reduzieren die Backzeit um die Hälfte.

Für die Sauce vierge
4 große Tomaten, enthäutet, die Samen entfernt und in Würfel geschnitten
6 Basilikumblätter, in feine Streifen geschnitten
80 ml Olivenöl
4 Knoblauchzehen, fein gehackt
1 große unbehandelte Zitrone, ausgepresst und die Schale in Streifen geschnitten
Meersalz und frisch gemahlener schwarzer Pfeffer

4 Hummer, halbiert
125 g Butter in kleinen Stücken
125 ml Weißwein
je 1 kleiner Stängel Thymian, Rosmarin und Oregano, die Blätter abgezupft und gehackt

Zum Servieren
weißer Reis, gedämpft

Zunächst die *Sauce vierge* herstellen. Dazu die Tomatenwürfel in einer Schüssel mit dem Basilikum, dem Olivenöl, der Hälfte des Knoblauchs und dem Zitronensaft mischen und mit etwas Salz und Pfeffer würzen.

Den Backofen auf 200 °C vorheizen.

Die Hummerhälften mit der Schnittfläche nach oben in eine ofenfeste Form schichten, die Butter, den restlichen Knoblauch und die *Sauce vierge* darauf verteilen und die Zitronenschale zwischen die Hälften stecken. Die Hummer anschließend 12 Minuten in den Backofen schieben.

Die Form danach aus dem Ofen herausnehmen und auf die Herdplatte stellen, die Zitronenschale entfernen und bei mittlerer Hitze den Wein angießen. An der Form rütteln und den Alkohol 3 Minuten verdunsten lassen.

Die Kräuter einrühren und erneut an der Form rütteln. Je 2 Hummerhälften auf jedem Teller anrichten, mit etwas Flüssigkeit aus der Form überziehen und mit weißem Reis servieren.

TELLARO (LIGURIEN):
Die besondere Spezialität dieser, am sogenannten Golf der Dichter gelegenen, Gemeinde sind mit Meerbarbe gefüllte Ravioli. Seinen Namen verdankt dieser Küstenabschnitt der Tatsache, dass Lord Byron und Shelley ganz in der Nähe ihre Ferien verbrachten.

Tian de sardines / Tegame di sardine *(Kartoffelgratin mit Sardinen)*

NIZZA / CINQUE TERRE
Für 4 Personen

Tian ist das auch in Nizza gebräuchliche ligurische Wort für das italienische *tegame*, das eine längliche Pfanne mit zwei Griffen bezeichnet. *Tegame* ist vom griechischen Wort *teganon* abgeleitet. Das lässt vermuten, dass dieses Kochgeschirr zu den Dingen gehörte, die die Griechen bei ihrer Landung an der Mittelmeerküste mit sich führten.

Der *Tian* ist eine Art Gemüsegratin, das manchmal noch mit Fisch angereichert wird. Wir haben hier Sardinen verwendet, die Sie jedoch ohne Weiteres durch Sardellen ersetzen können. Bei den Rezepten auf Seite 231 und 237 handelt es sich um Variationen des *Tian*, wie man sie weiter westlich im nahe Marseille gelegenen Cassis und in Collioure an der Grenze zu Spanien zubereitet.

- 4 mittelgroße Kartoffeln
- 1 Knoblauchzehe
- Olivenöl
- 3 Tomaten, enthäutet, die Samen entfernt und in Würfel geschnitten
- 2 kleine Rosmarinzweige, die Blätter abgezupft und gehackt
- 600 g frische Sardinen, filetiert und auseinandergeklappt
- 1 EL fein gehackte glatte Petersilie
- 1 EL fein gehackter frischer Oregano
- Meersalz
- 2 EL italienische Pinienkerne
- 3 EL Paniermehl
- 80 g kleine schwarze Oliven

Den Backofen auf 180 °C vorheizen. Die Kartoffeln schälen, waschen und in dünne Scheiben schneiden. Die Knoblauchzehe halbieren und eine hohe Auflaufform damit ausreiben. Etwas Olivenöl hineingießen und die Form schwenken, um es gleichmäßig zu verteilen.

Die Hälfte der Tomatenwürfel in der Form verteilen, etwa ein Drittel des Rosmarins darüberstreuen und die Kartoffelscheiben darauf verteilen. Mit etwas Öl beträufeln und 30 Minuten in den Backofen schieben.

Die Sardinen gründlich waschen, die Köpfe und die Gräten entfernen und die Fische auf den Kartoffeln verteilen.

Mit Petersilie und Oregano bestreuen und mit etwas Salz würzen. Die restlichen Tomaten darauf verteilen, mit etwas Öl beträufeln und den übrigen Rosmarin, die Pinienkerne und das Paniermehl darüberstreuen. Die Form wieder in den Ofen schieben und den *Tian* weitere 15 Minuten backen. Unmittelbar vor dem Servieren mit den Oliven bestreuen und warm servieren.

Variationen: Die Kartoffeln durch Zucchini- oder Auberginenscheiben ersetzen. Den *Tian* zum Schluss noch mit geriebenem Parmesan bestreuen.

Vereinfacht man das Rezept, wird aus dem *Tegame* eine ligurische *zuppetta* (Süppchen) namens *Bagnun*. Dazu die Kartoffeln, die Oliven, die Pinienkerne, den Rosmarin und das Paniermehl weglassen und stattdessen 1 Esslöffel fein gehackte Möhre hinzufügen. Aus Zwiebel, Möhre, Knoblauch, Tomaten und 1 Schuss Weißwein ein *Sofregit* (Seite 49) herstellen und 10 Minuten kochen lassen. Anschließend 6 Sardinenfilets, den Oregano und die Petersilie hinzufügen und weitere 10 Minuten kochen lassen. Mit geröstetem Brot servieren.

In Nizza überzieht man den *Tian* mit einer Mischung aus Milch, Eiern und 1 Prise geriebener Muskatnuss, die man miteinander verquirlt hat. Anschließend wird der Auflauf 20 Minuten im Ofen überbacken.

Poisson au four façon Pauline

(Gebackener Fisch mit Tomaten, Kartoffeln und Oliven)

COLLIOURE
Für 4 Personen

Wörtlich übersetzt, bedeutet der Name »gebackener Fisch nach Art von Pauline«. Gegessen haben wir dieses einfache, aber eindrucksvolle Gericht im Restaurant *Les Templiers* in Collioure. Wie uns der Kellner erklärte, ist es nach Pauline Pous benannt, die in den 1920er-Jahren hier Küchenchefin war und dieses Gericht vermutlich auch Picasso und vielen anderen Künstlern serviert hat. Das Gemüse ist immer das gleiche, welcher Fisch darauf gegart wird, hängt vom jeweiligen Tagesfang ab. Es muss jedoch in jedem Fall ein Plattfisch sein, da dieser gleichmäßiger gart.

Achtung: Der gebackene Fisch darf beim Filetieren nicht gewendet werden, sonst, so glauben zumindest die Einheimischen, kentert irgendwo im Mittelmeer ein Fischerboot. Und dafür wollen Sie doch nicht verantwortlich sein, oder? Deshalb die Filets einfach von oben abheben.

Olivenöl
3 Kartoffeln, geschält und in dünne Scheiben geschnitten
6 Knoblauchzehen
4 Lorbeerblätter
1 Fenchelknolle, in dünne Scheiben geschnitten
Meersalz und frisch gemahlener schwarzer Pfeffer
je 2 kleine Stängel Thymian, Oregano und Rosmarin
4 Tomaten, in dünne Scheiben geschnitten
2 Zucchini, in dünne Scheiben geschnitten
1 Handvoll schwarze Oliven, entkernt
1 großer Plattfisch, wie Seezunge, Flunder, Heilbutt oder Steinbutt, ausgenommen und geschuppt
Endiviensalat, zum Servieren

Den Backofen auf 200 °C vorheizen.

Etwas Olivenöl in eine große Auflaufform gießen und den Boden mit einer Schicht Kartoffelscheiben auslegen. Die Knoblauchzehen, die Lorbeerblätter und den Fenchel dazwischen verteilen und mit etwas Salz und Pfeffer würzen. Die Form anschließend 20 Minuten in den Backofen schieben.

Die Kräuterstängel auf die Kartoffeln legen und nacheinander die Tomaten- und die Zucchinischeiben darauf verteilen. Die Oliven darüberstreuen, das Ganze mit etwas Olivenöl beträufeln und für weitere 15 Minuten in den Ofen schieben.

Dann den Fisch auf das Gemüse legen, die Form mit Alufolie abdecken und den Fisch 15 Minuten im Ofen backen.

Das Gericht in der Form servieren und einen Endiviensalat dazu reichen. Den Fisch am Tisch vorsichtig auf eine große Platte heben, filetieren und den Gästen vorlegen. Jeder Gast sollte zudem einen großen Löffel bekommen, um sich selbst aus der Form von dem Gemüse bedienen zu können.

COLLIOURE (OKZITANIEN): Bis heute wird in den Seitenstraßen das uralte Handwerk des Bootsbaus betrieben – die Boote sind inzwischen nur etwas kleiner.

Bildkunst gegen Kochkunst

In der Bar des Hotels *Les Templiers* im südwestfranzösischen Collioure hingen früher einmal verschiedene kleine Picasso-Gemälde. Ebenso wie eine Reihe anderer Maler aus der Künstlerkolonie, die sich im Laufe der ersten drei Jahrzehnte des 20. Jahrhunderts in der Gegend gegründet hatte, hatte der Künstler damit in jungen Jahren seine Mahlzeiten »bezahlt«. War es doch in europäischen Restaurants schon seit Langem Tradition, Werke der visuellen Kunst gegen Werke der Kochkunst zu tauschen.

Als jedoch ein niederträchtiger Gast einen der Picassos stahl, schloss René Pous, der Inhaber des *Les Templiers,* die anderen Gemälde weg. Stattdessen hängte er ein Foto auf, das ihn mit dem Meister zeigt. Darunter steht die Widmung: *Pour mon ami, René Pous. Pablo Picasso.* Zahlreiche andere Gemälde zieren noch immer die Wände der Bar sowie die des angrenzenden Hotels und des Restaurants. Sie alle zeugen von der Schaffensfreude einer Künstlerkolonie, der unter anderem Künstler wie André Derain, Georges Braque, Henri Matisse, aber auch der schottische Designer Charles Rennie Mackintosh angehörten.

Berühmt ist das hübsche Örtchen Collioure jedoch nicht nur wegen der Kunst, sondern auch für seine Sardellen. Sollen die Sardellen, die hier gefangen werden, doch die besten in Frankreich sein und werden nach ganz Europa exportiert.

Doch eigentlich dürften wir Collioure gar nicht als Frankreichs Sardellenhauptstadt bezeichnen, denn die Einheimischen sehen sich nicht als Franzosen. Für die Pariser Bürokraten ist Collioure eine Gemeinde in der Region Languedoc-Roussillon. Doch für die Aktivisten der Unabhängigkeitsbewegung in Barcelona ist es eine Stadt im Norden Kataloniens, die nicht Collioure, sondern Cotlliure heißt. Überall hängen die rot-gelben katalanischen Fahnen. Auf den Schildern der Geschäfte ist zu lesen: *Espadrilles, Tissus Catalans, Gourmet Catalan, Specialités catalanes* und *Nos tapas du moment*. In der Buchhandlung im 1345 von den Templern erbauten Château Royal sind wir auf ein prächtiges Kochbuch mit dem Titel *Cuisinière Catalane* gestoßen. Darin finden sich Rezepte wie *Trinxat au chou vert, Fideus aux gambas, Mar i muntanya, Escalivade, Sarzuela, Ouillade, Bunyettes* oder *La fameuse sauce romesco.*

Auf den Weinkarten in den Restaurants gibt es immer auch eine Rubrik mit *vins de pays Catalans*. Darunter sind natürlich vor allem Banyul-Weine zu verstehen, jene roten Süßweine, denen man nachsagt, sie seien die einzigen Dessertweine, die den Vergleich mit Schokolade nicht scheuen müssten.

Collioure hat also viele Gemeinsamkeiten mit Nizza: Beides sind Grenzstädte, die permanent zwischen zwei Kulturen hin- und herpendeln, die sich – wie dieses Buch hoffentlich zeigen konnte – im Grunde gar nicht so sehr voneinander unterscheiden.

COLLIOURE (OKZITANIEN): Im 20. Jahrhundert war es Usus, dass Künstler wie Picasso die Mahlzeiten und Getränke, die sie in der Bar des *Les Templiers* konsumierten, mit Gemälden »bezahlten«.

Rougets de Cassis *(Gebackene Meerbarben)*

MARSEILLE
Für 4 Personen

Die Rote Meerbarbe mit dem süßlichen rosafarbenen Fleisch, die überall an der Küste anzutreffen ist, ist unser Favorit unter den Mittelmeerfischen. In Frankreich nennt man sie *rouget,* bei den Katalanen heißt sie *moll* und in Ligurien *triglia,* und ihr griechischer Name ist *barbunya*. In der östlich von Genua gelegenen Gemeinde Tellaro füllt man Ravioli mit ihrem Fleisch. Westlich von Genua brät man sie in Öl und serviert sie als *Rougets à la niçoise* auf einem Bett aus Tomaten. In Tarragona wird sie ebenfalls gebraten und mit einer *Romesco-Sauce* serviert.

Dies ist unsere Interpretation eines Gerichts, das wir in einem hervorragenden Restaurant namens *Le Grand Bleu* im nahe Marseille gelegenen Cassis kennengelernt haben. Auf eine Tafel, auf der *Arrivage permanent de poissons frais* (Laufend fangfrischer Fisch) zu lesen war, hatte man das Wort »rougets« gekritzelt. Diese Gelegenheit haben wir uns natürlich nicht entgehen lassen.

125 ml Olivenöl, plus etwas mehr zum Beträufeln
1 Knoblauchzehe, fein gehackt
8 Basilikumblätter, gehackt
1 kg mittelgroße Rote Meerbarben, geschuppt und filetiert
4 große Kartoffeln, geschält
2 große weiße Zwiebeln, geschält und in feine Ringe geschnitten
Meersalz und frisch gemahlener schwarzer Pfeffer
1 große Tomate, enthäutet, die Samen entfernt und in Scheiben geschnitten
60 ml Weißwein
1 EL kleine eingesalzene Kapern, abgespült und gehackt

Für die Brühe
Köpfe und Gräten der Roten Meerbarben
1 kleine Zwiebel, geschält und in Spalten geschnitten
2 Selleriestangen, grob gehackt
1 Möhre, grob gehackt

Für die Brühe die Fischköpfe und die Gräten gründlich waschen. Mit dem Gemüse in einen großen Topf mit schwerem Boden geben, mit Wasser bedecken und bei mittlerer Hitze zum Kochen bringen. Die Wärmezufuhr danach verringern und das Ganze 30 Minuten köcheln lassen. Die Brühe anschließend durch ein feines Sieb in eine Schüssel abseihen. Die Fischköpfe und die Gräten wegwerfen.

Den Backofen auf 180 °C vorheizen und eine große Auflaufform mit Öl einfetten.

In einer großen Schüssel die Hälfte des Knoblauchs mit der Hälfte des Basilikums und dem Olivenöl verrühren. Die Fischfilets darin wenden, bis sie vollständig von dem Öl überzogen sind. Dann marinieren, während Sie die Kartoffeln vorbereiten.

Die Kartoffeln in etwa 5 mm dicke Scheiben schneiden und 8 Minuten in Salzwasser kochen. Mit einem Schaumlöffel aus dem Topf heben, abtropfen lassen und die Auflaufform damit auslegen.

Die Zwiebelringe darauf verteilen, mit Salz und Pfeffer würzen und mit dem restlichen Basilikum bestreuen. Die Tomatenscheiben darauf verteilen, mit etwas Olivenöl beträufeln und mit dem übrigen Knoblauch bestreuen. Die Fischfilets darauflegen und mit der Marinade, die sich in der Schüssel gesammelt hat, beträufeln.

Den Wein und 125 ml Brühe angießen (die restliche Brühe einfrieren und für ein anderes Gericht verwenden).

Die Kapern darüberstreuen und die Form 30 Minuten in den Backofen schieben, bis der Fisch weich ist.

Das Gericht in der Form servieren, sodass sich jeder selbst davon nehmen kann.

Brandacujun *(Kartoffelauflauf mit Baccalà)*

VARAZZE
Für 8 Personen

Den Baccalà haben wir bereits in früheren Kapiteln kennengelernt – im dritten Kapitel in einer *Brandade* auf *Crostini* und im vierten Kapitel in den drei Wintersalaten. Aber nun ist es an der Zeit, ihn einmal in seinem vollen Glanz erstrahlen zu lassen. Mit dem Baccalà kommen die Wikinger ins Spiel, die lange von den Griechen, Römern und Arabern beherrscht wurden. Vor rund 1000 Jahren fingen sie im Nordatlantik große Mengen an Kabeljau und fanden eine Möglichkeit, den Fisch haltbar zu machen, so konnten sie ihn im gesamten Mittelmeerraum verkaufen.

Als es den Menschen in Ligurien, in der Provence und in Katalonien im Winter an frischem Fisch mangelte, begannen sie, den getrockneten Fisch auf ihre Art zu verfeinern. Auf diese Weise entstand eine Vielzahl leckerer und nahrhafter Hausmannsgerichte.

Der Dialektname *Brandacujun* ist vom provenzalischen *brandare* – schütteln – und dem alten ligurischen Wort *cujun* – Idiot – abgeleitet. Jeder Dummkopf kann dieses Gericht kochen, will uns dieser Name wohl sagen.

In Nizza kennt man das Gericht unter dem Namen *Estocaficada*. Darin steckt das Wort *stoccafisso* – Stockfisch –, denn wie Stöcke sahen die in langen Streifen getrockneten Fische nicht nur aus, sie waren auch ebenso hart.

- 1 kg Baccalà (Klippfisch), in Stücke geschnitten
- 700 g Kartoffeln, geschält und in Würfel geschnitten
- 3 Lorbeerblätter
- 1 Knoblauchzehe
- 5 Stängel glatte Petersilie, die Blätter abgezupft
- 300 ml Olivenöl
- 2 EL kleine schwarze Oliven (nach Möglichkeit Taggiasca-Oliven), entkernt
- 1 EL italienische Pinienkerne
- frisch gemahlener weißer Pfeffer

Den Baccalà 48 Stunden einweichen und das Wasser viermal täglich wechseln (Seite 19). Den Fisch anschließend mit den Kartoffeln und den Lorbeerblättern in einen großen Topf geben, mit Wasser bedecken, zum Kochen bringen und 30 Minuten kochen.

Das Wasser danach abgießen und die Mischung abkühlen lassen. Die Baccalà-Stücke herausnehmen, auf ein hölzernes Küchenbrett legen und mit den Fingern und einer Gabel die Haut und die Gräten entfernen. Den Fisch in mundgerechte Stücke zerteilen und wieder zu den Kartoffeln geben. Die Lorbeerblätter wegwerfen.

Den Knoblauch mit der Petersilie sehr fein hacken und in einer Schüssel mit dem Olivenöl verrühren. Die Mischung über die Kartoffeln und den Fisch gießen und gut umrühren. Die Oliven und die Pinienkerne dazugeben, mit 1 kräftigen Prise Pfeffer würzen und das Ganze sorgfältig mit einem Holzkochlöffel verrühren.

Den Topf einige Male kräftig schütteln – *brandare!* – und das Gericht warm servieren. Eventuelle Reste im Kühlschrank aufbewahren (am nächsten Tag schmeckt das Gericht noch genauso gut).

Variationen: Die Katalanen bereiten die *Baccalá* etwas anders zu. Sie entgräten den Fisch, wenden ihn in Mehl, braten ihn in Öl an und backen ihn dann mit Tomaten. Das Ganze heißt dann *Bacallá a la llauna*.

Oder sie bereiten ihn mit gehackten Backpflaumen und Spinat als *Bacallá a la manresana* zu. Eine süßsaure Variante ist die *Baccalá amb mel*, für die der Fisch in einem Teig ausgebacken und danach mit einer Honig-Essig-Mischung beträufelt wird.

CASSIS (PROVENCE):
In den Restaurants rund um den Hafen serviert man neben fangfrischen heimischen Fischen und Meeresfrüchten auch eine Fischsuppe, die jedoch einfacher ist als die *Bouillabaisse* aus dem benachbarten Marseille.

HOTEL LIAUTAUD
LE FRANCE

Caille et figues *(Wachteln mit Feigen)*

PROVENCE
Für 4 Personen
(wenn die Wachteln klein sind)

Hähnchen mit Feigen und Honig zählt im Landesinneren der Provence zu den Klassikern. Wir haben das Hähnchen hier durch Wachteln ersetzt und auf den Honig verzichtet, denn nach dem Kochen sind die Feigen bereits süß genug. Einen »ligurischen Touch« bekommt das Gericht durch den Emmer, den wir statt des Reises verwendet haben, mit dem man es in Frankreich traditionell serviert.

Emmer, ein wunderbar saftiges Getreide mit nussigem Geschmack, wird in zwei Formen angeboten: als Vollkornemmer und als Perlemmer. Vollkornemmer muss vor dem Kochen über Nacht eingeweicht werden. Der Perlemmer kann so, wie er ist, sofort gekocht werden. Die Römer sagten ihm potenzsteigernde Wirkung nach (der Emmer war also gewissermaßen das Viagra der Antike).

Für den Emmer
- 1 kleine Wachtel, in Stücke gehackt
- 1 weiße Zwiebel, geviertelt
- 1 kleine Möhre, grob gehackt
- 2 Lorbeerblätter
- ½ TL Meersalz
- 500 g Emmer

- 8 Wachteln
- Meersalz und frisch gemahlener schwarzer Pfeffer
- 2 kleine Rosmarinzweige, die Blätter abgezupft und gehackt
- 2 kleine Salbeistängel, die Blätter abgezupft und gehackt
- 125 ml Olivenöl
- 1 weiße Zwiebel, in feine Ringe geschnitten
- 1 Knoblauchzehe, fein gehackt
- 60 ml Weißwein
- 8 große Feigen
- 1 TL Balsamico-Essig
- 1 EL Olivenöl

Für den Emmer zunächst eine Wachtelbrühe herstellen. Dazu die Wachtelstücke mit dem Gemüse, den Lorbeerblättern und dem Salz in einen großen Topf geben, mit Wasser bedecken und zum Kochen bringen. Die Wärmezufuhr danach verringern und das Ganze 25 Minuten köcheln lassen. Die Wachtelstücke mit einem Schaumlöffel herausheben, abkühlen lassen, die Knochen auslösen und das Fleisch wieder in die Brühe geben. Den Emmer dazugeben und 25 Minuten kochen. Den Emmer anschließend abgießen und beiseitestellen.

Während der Emmer kocht, den Backofen auf 160 °C vorheizen.

Die Wachteln mit der Küchenschere oder einem großen, schweren Messer halbieren und mit Salz, Pfeffer und der Hälfte der Kräuter bestreuen.

Das Olivenöl bei mittlerer Hitze in einer Pfanne mit schwerem Boden erhitzen und die Zwiebelringe 5 Minuten darin anschwitzen. Den Knoblauch hinzufügen und 3 Minuten anschwitzen. Die Wachteln mit der Hautseite nach unten in die Pfanne legen und 4 Minuten anbräunen.

Mit dem Weißwein ablöschen, die Wachteln wenden und den Alkohol 3 Minuten verdunsten lassen.

Die Wachteln in eine Auflaufform schichten, mit den restlichen Kräutern bestreuen, mit Alufolie abdecken und 20 Minuten im Backofen fertig garen.

Die Feigen halbieren. Den Balsamico-Essig mit dem Olivenöl verrühren und die Feigen damit überziehen. Die Backofentemperatur auf 200 °C erhöhen, die Feigen mit der Schnittfläche nach oben in die Auflaufform legen und 5 Minuten ohne Folie backen.

Den Emmer auf vier Teller verteilen und mit etwas Öl beträufeln. Die Wachteln und die Feigen darauf anrichten, das Ganze mit der Garflüssigkeit aus der Form überziehen und servieren.

Llenties estofades

(Linseneintopf mit Chorizo)

GIRONA
Für 4 Personen

In der spanischen und der katalanischen Küche gewann das Schweinefleisch im 16. Jahrhundert mit der Vertreibung der Juden und Mauren durch die spanische Monarchie an Bedeutung. Verzweifelt suchten die Menschen nach Wegen, um gegenüber der Inquisition zu beweisen, dass sie glaubenstreue Christen waren. Deshalb fingen sie an, Schweineteile in ihren Häusern aufzuhängen und jedes zweite Gericht mit Schweinefleisch zuzubereiten. Wir haben für diesen Eintopf Schweinsfüße, geräucherten Schweinebauch und Chorizo, die aus anderen Teilen des Schweins hergestellt wird, verwendet.

Die Linsen wurden – wie könnte es anders sein – ebenfalls von den Griechen in Katalonien eingeführt. Diese überaus gesunden Hülsenfrüchte haben den Vorzug, dass sie den Geschmack der anderen Zutaten, mit denen sie gekocht werden, nicht überdecken. Im einstmals griechischen Anatolien (der heutigen Türkei) ist man auf 9000 Jahre alte Überreste von Linsengerichten gestoßen. Möglicherweise waren sie mit Knoblauch gewürzt, mit Chilischoten aber ganz sicher nicht.

Olivenöl, zum Braten
2 Schweinsfüße
150 g Pancetta (oder durchwachsener Räucherspeck), fein gewürfelt
4 kleine Chorizos
2 Zwiebeln, fein gehackt
2 grüne Paprikaschoten, in Würfel geschnitten
2 Möhren, fein gehackt
3 Knoblauchzehen, fein gehackt
3 große grüne Chilischoten
2 Prisen gemahlener Kreuzkümmel
200 g reife Tomaten, enthäutet, die Samen entfernt und in Würfel geschnitten
500 g kleine braune Linsen
2 l Hühnerbrühe (Seite 20)
Meersalz

Etwas Olivenöl bei mittlerer Hitze in einer hohen Pfanne erhitzen und die Schweinsfüße mit der Pancetta 3 Minuten unter gelegentlichem Wenden darin anbraten.

Die Chorizos in etwa 5 mm dicke Scheiben schneiden, in die Pfanne zugeben, gut umrühren und unter gelegentlichem Rühren etwa 5 Minuten braten.

Die Zwiebeln, die Paprika und die Möhren dazugeben und 5 Minuten anschwitzen. Den Knoblauch und die ganzen Chilischoten hinzufügen und 3 Minuten anschwitzen.

Den Kreuzkümmel und die Tomaten einrühren, den Deckel auflegen und das Ganze 30 Minuten bei geringer Hitze köcheln lassen. Dabei regelmäßig an der Pfanne rütteln.

Die Linsen einrühren, die Brühe angießen und zum Kochen bringen. Die Wärmezufuhr danach verringern und den Eintopf 30 Minuten köcheln lassen.

Dann den Eintopf noch einmal abschmecken und gegebenenfalls noch etwas Salz hinzufügen. Die Schweinsfüße aus dem Topf nehmen, die Knochen entfernen und das Fleisch klein schneiden.

Den Eintopf auf vier Teller verteilen, das Fleisch darauf anrichten und servieren.

GENUA (LIGURIEN): Aufwendige Desserts serviert man in Ligurien nur zu besonderen Anlässen. Gegen ein paar *Biscotti* zum *caffè* hat man aber nichts einzuwenden.

Neuntes Kapitel

DOLCI / DESSERTS / POSTRES

Desserts & Gebäck

NIZZA (PROVENCE):
Der Cours Saleya in der Altstadt von Nizza wurde 1861 in einen Obst- und Blumenmarkt umgewandelt. Im 16. Jahrhundert residierten dort besonders wohlhabende Italiener.

Sankt Josef und die Süßigkeiten

Dass die Katalanen eine besondere Vorliebe für Süßes haben, ist weithin bekannt. Deshalb kommen die meisten Rezepte in diesem Kapitel auch aus dieser Region.

Es waren die Araber, die seit dem 11. Jahrhundert damit begannen, in Spanien Zuckerrohr (aus Indien) anzubauen, während man im übrigen Europa zum Süßen von Speisen noch vorwiegend auf den teuren Honig angewiesen war.

Die erste Patisserie Europas wurde 1382 in Barcelona eröffnet. Im frühen 16. Jahrhundert erschien in einem Verlag in Barcelona eine Art Kochbuch mit dem Titel *Llibre de Totes Maneres de Confits* (Buch für alle Arten von Süßspeisen).

Heute reiht sich in den Gassen von Barcelona, Tarragona und Girona eine Konditorei – hier *Xurreria* oder auch *Brioixeria* genannt – an die andere, und die Einheimischen, die dort herauskommen, halten ein goldgelbes Gebäck in der Hand, aus dem Vanillecreme quillt.

In Ligurien steht man eher auf Pikantes. Deshalb beschließt man die Mahlzeiten dort in der Regel einfach nur mit Obst oder Käse. Süßspeisen gibt es nur zu besonderen Gelegenheiten, etwa an kirchlichen Feiertagen. So ist es etwa zur Weihnachtszeit Brauch, eine *Spungata* (Seite 259), eine Aprikosen-Tarte, mitzubringen, wenn man am Nachmittag zum Kaffee eingeladen ist. Bei Hochzeiten serviert man traditionell eine *Sacripantina,* eine kuppelförmige, mit reichlich Marsala getränkte Torte.

Auch die Provenzalen bevorzugen eher handfeste Speisen, aber wenn sie ein Dessert auftischen, dann lassen sie sich nicht lumpen. So besteht etwa das traditionelle Weihnachtsdessert *Les Treize Desserts* aus sage und schreibe 13 unterschiedlichen Desserts. Dabei steht die Anzahl der Nachspeisen für Jesus und die zwölf Apostel. Für die Zusammenstellung gibt es zwar keine strikten Regeln, normalerweise gehören dazu aber die sogenannten *Quattre Médiants,* die vier Bettler, die aus getrockneten Feigen, Rosinen, Datteln und Walnüssen bestehen und die vier Ordensgemeinschaften der Augustiner, der Franziskaner, der Dominikaner und der Karmeliter symbolisieren. Darüber hinaus umfasst die Zusammenstellung zumeist Früchte wie Orangen, Äpfel und Birnen sowie Obst-Tartes, *Beignets* (Fettgebäck) und eine *Fougasse* (einen flachen, mit Orangenblütenwasser aromatisierten Kuchen).

Leckermäuler kommen am 19. März, dem Sankt-Josefs-Tag, auf ihre Kosten. Da dieser Tag stets in die Fastenzeit fällt, in der man als gläubiger Christ kein Fleisch essen darf, begeht man ihn in Katalonien traditionell mit Süßspeisen wie *Bunyols* (Seite 260), *Crèma Catalana* (Seite 266) und *Xuixo* (Seite 272). In Girona findet alljährlich die sogenannte Marxa del Xuxo statt, eine Art Stadtwanderung, bei der die ganze Familie mitläuft und an deren Ende von der örtlichen Bäckergilde zubereitete *Xuixos* an die Teilnehmerinnen und Teilnehmer verteilt werden.

Le riz aux cérises *(Milchreis mit Kirschen)*

COLLIOURE
Für 4 Personen

Das im Südwesten Frankreichs nahe der spanischen Grenze gelegene Städtchen Céret ist der erste Ort, der im Frühling mit Kirschen aufwarten kann. Traditionell werden die schönsten Früchte der ersten Ernte als persönliches Geschenk an den französischen Staatspräsidenten in den Élysée-Palast nach Paris geschickt. Die Kirschen aus Céret sind so köstlich, dass sie keiner aufwendigen Zubereitung bedürfen. Deshalb ist auch die lokale Dessertspezialität ein relativ einfaches Gericht, das lediglich aus Reis (der natürlich aus der benachbarten Camargue kommt) besteht, der mit etwas Zucker und Zimt in Milch gekocht wird.

Da Sie Kirschen dieser Qualität aller Wahrscheinlichkeit nur selten finden werden, haben wir das Rezept ein wenig abgewandelt und die Kuhmilch durch Mandelmilch ersetzt (so erhält das Gericht einen katalanischen Touch). Außerdem haben wir es mit Eiern und Mascarpone angereichert. Wenn Sie das Glück haben, frische Kirschen zu bekommen, sollten Sie diesen unbedingt den Vorzug vor Kirschen aus dem Glas geben.

- 1 l Mandelmilch
- 1 Vanilleschote, der Länge nach aufgeschnitten und das Mark herausgekratzt
- 1 Zimtstange
- 1 TL abgeriebene Orangenschale
- 165 g Arborio- oder Carnaroli-Reis
- 100 g Zucker
- 4 Eigelb
- 165 g Mascarpone
- 200 g frische Kirschen, entkernt oder Kirschen aus dem Glas
- 100 g Mandeln, geröstet und gehackt

Die Mandelmilch mit der Vanilleschote und dem Vanillemark, der Zimtstange, der Orangenschale und dem Reis in einen Topf geben, gut umrühren und das Ganze unter gelegentlichem Rühren 20 Minuten köcheln lassen.

Sobald der Reis weich ist, die Vanilleschote und die Zimtstange herausnehmen. Den Zucker und die Eigelbe einrühren und den Reis noch etwa 8 Minuten bei geringer Hitze weiterköcheln lassen, bis er eingedickt ist.

Den Mascarpone unterziehen, die Kirschen vorsichtig unterheben und den Reis auf vier Dessertschalen verteilen. Mit den gehackten Mandeln bestreuen und servieren.

Fichi secchi *(Sonnengetrocknete Feigen)*

CARRARA
Für 6 Personen

Dies ist ein außerordentlich einfaches Rezept, doch für seine Zubereitung sollten Sie 96 Stunden einplanen. Es waren die Römer, die die Feige nach Spanien und Frankreich brachten, wo sich die Frucht 2000 Jahre außerordentlicher Beliebtheit erfreute. Am besten sind die Früchte im Spätsommer, man sollte sie dann unbedingt frisch genießen. Damit man auch noch in der kalten Jahreszeit etwas davon hat, kann man sie trocknen. Dadurch bekommen sie nicht nur einen intensiveren Geschmack, sondern lassen sich auch leichter in anderen Rezepten, wie etwa dem auf der folgenden Seite, verarbeiten.

12 reife Feigen
Sonnenschein
Wasser
Lorbeerblätter

Die Feigen sollten möglichst alle den gleichen Reifegrad haben, sich weich anfühlen und eher violett als grün sein.

Die Früchte mit den Stielen nach oben in einen flachen Korb setzen (dabei darauf achten, dass sie einander nicht berühren) und 2 Tage in der Sonne stehen lassen. Den Korb über Nacht in die Küche stellen und mit einem Geschirrtuch abdecken.

Am zweiten Tag, wenn die Sonne untergeht, in einem Topf Wasser aufkochen lassen. Die Herdplatte danach ausschalten und die Feigen 2 Minuten in das heiße Wasser legen.

Anschließend wieder in den Korb legen und weitere 2 Tage in der Sonne stehen lassen.

Den Korb danach wieder in die Küche stellen, die Lorbeerblätter zwischen die Feigen stecken und die Früchte bis zum Verzehr zudecken.

Die getrockneten Feigen nach einer schweren Mahlzeit zusammen mit Walnüssen und Mandeln servieren.

Biscotti

GENUA
Ergibt etwa 40 Stück

Seit 1666 wird auf dem Canal Royal der südfranzösischen Stadt Sète alljährlich im August ein traditionelles Schifferstechen ausgetragen, bei dem zwei gegnerische Mannschaften versuchen, einander mit Lanzen von Booten ins Wasser zu stoßen. Eine Reminiszenz an dieses traditionelle Fest sind die sogenannten *Navettes,* ein Gebäck in Schiffchenform, das das ganze Jahr über in den Bäckereien und Konditoreien der Stadt angeboten wird.

Unser Versuch, diese Schiffchenform auf ein traditionelles ligurisches Gebäck zu übertragen, ist leider gescheitert. Wie auf dem Foto zu erkennen, sehen unsere Schiffchen eher aus wie Surfbretter. Deshalb haben wir beschlossen, sie einfach wie in Ligurien *Biscotti* zu nennen und das Backen der *Navettes* den Bäckern in Südfrankreich zu überlassen.

180 g zimmerwarme Butter
480 g extrafeiner Zucker
1 TL abgeriebene Orangenschale
6 Eier
600 g Mehl
3 TL Backpulver
60 g gemahlene Mandeln
1 Prise Meersalz
180 g sonnengetrocknete Feigen (Seite 253)
200 g Mandeln

Den Teig am besten bereits am Vortag herstellen und über Nacht im Kühlschrank ruhen lassen. Dafür die Butter mit dem Zucker und der Orangenschale in der Küchenmaschine cremig aufschlagen und danach die Eier unterrühren. Das Mehl in einer Schüssel mit dem Backpulver, den gemahlenen Mandeln und dem Salz mischen. Die Buttermischung dazugeben und das Ganze mit den Händen zu einem Teig verkneten. Die Feigen und die Mandeln fein hacken und unter den Teig kneten. Nun die Schüssel mit Frischhaltefolie abdecken und über Nacht in den Kühlschrank stellen.

Den Teig am folgenden Tag in 5 gleich große Portionen aufteilen, diese zu Rollen formen, etwas flach drücken und wieder mindestens 20 Minuten im Kühlschrank ruhen lassen. Inzwischen den Backofen auf 160 °C vorheizen.

Die Teigrollen auf einem mit Öl eingefetteten Backblech verteilen und etwa 15 Minuten goldbraun backen. Anschließend aus dem Ofen nehmen und etwas abkühlen lassen. Die Backofentemperatur auf 100 °C reduzieren.

Die Teigrollen schräg in etwa 1 cm dicke Scheiben schneiden. Ein bis zwei Backbleche mit Öl einfetten und mit Backpapier auslegen. Die *Biscotti* darauf verteilen und etwa 10 Minuten im Backofen trocknen lassen, bis sie schön fest sind.

Um die Garprobe zu machen, 1 *Biscotto* vom Blech nehmen und 2 Minuten abkühlen lassen. Lässt er sich auseinanderbrechen, ist das Gebäck fertig und Sie können die Bleche aus dem Ofen nehmen.

In einem luftdicht verschlossenen Behälter bleiben die *Biscotti* bis zu 2 Wochen frisch.

LE COMPTOIR DE
CHOCOLATERIE MATHILDE
Maison de Qualité
COMESTIBLES
CHOCOLATS
MAISON
THÉS
CAFÉS
Biscuits
LIQUEURS
APÉRITIFS
Spécialité
PÂTE
À TARTINER
de Mathilde
CHOCOLATS
MAISON
CONFISERIES
GUIMAUVES
BISCUITS
Douceurs pour les petits et les grands
VENTE AU DÉTAIL
GROS et
SEMI GROS
EXIGEZ
la
Marque
LE COMPTOIR DE
MATHILDE
MÉFIEZ VOUS
DES
CONTREFAÇONS!
ON PORTE EN VILLE
Comptoir de
MATHILDE NICE

NIZZA (PROVENCE):
Es sieht zwar aus, als sei es schon 200 Jahre alt, tatsächlich existiert dieses außergewöhnliche Schokoladengeschäft mit dem Namen »Le Comptoir de Mathilde« erst seit dem Jahr 2001 und verfügt in Frankreich inzwischen über ein ganzes Filialnetz.

Spungata *(Ligurische Aprikosen-Tarte)*

CARRARA

Für 6 Personen

Im Osten Liguriens ist es im Winter Brauch, dass man als Gast eine *Spungata* mitbringt, wenn man bei Freunden zum Nachmittagstee oder -kaffee eingeladen ist. Das Gebäck soll für das kommende Jahr Glück bringen. In der Gegend, in der Lucio aufgewachsen ist, ist dies bereits seit 1000 Jahren Tradition – möglicherweise sogar noch länger. Darauf lassen zumindest antike römische Rezepte mit ähnlich klingenden Namen schließen, auch die Zutaten gab es vor 2000 Jahren bereits.

Heute kauft man die – wunderhübsch verpackte – *Spungata* in der Regel fertig. Wir haben den Verdacht, dass sie ihr Dasein dann bis zur nächsten Einladung im Küchenschrank fristet.

Mit diesem Rezept wird das hoffentlich nicht passieren. Dafür wird vermutlich schon der herrliche Duft sorgen, der Ihre Küche beim Backen erfüllt.

- 120 g getrocknete Aprikosen
- gemahlener Zimt
- 1 Ei
- 100 g Zucker
- 250 g Mehl
- Meersalz
- 150 g zimmerwarme Butter
- 1 EL gehackte italienische Pinienkerne
- 20 g blanchierte Mandeln, fein gehackt
- 30 g kandierte Früchte, gehackt

In einem Topf die Aprikosen 20 Minuten kochen, dem Kochwasser 1 kräftige Prise Zimt zufügen. Die Früchte mit einem Schaumlöffel aus dem Topf heben, zu einem groben Brei zerdrücken und beiseitestellen.

Das Ei gut mit dem Zucker verrühren.

Das Mehl mit 1 Prise Salz auf der sauberen Arbeitsfläche aufhäufen, in die Mitte eine Mulde drücken und die Eimischung dort hineingießen. Die Butter in Flöckchen am Rand verteilen und die Zutaten mit den Händen zu einem festen Teig verarbeiten. Ist der Teig zu trocken, 1 Esslöffel Wasser hinzufügen. Den Teig anschließend 30 Minuten ruhen lassen.

Den Backofen auf 180 °C vorheizen. Die Aprikosen in einer Schüssel mit den Pinienkernen, den Mandeln und den kandierten Früchten vermischen.

Den Teig in 2 Portionen – eine etwas größere und eine etwas kleinere – teilen und diese zu Kugeln formen. Die größere Kugel mit dem Nudelholz zu einer Scheibe ausrollen (sie sollte so groß sein, dass Sie damit den Boden und die Wände einer Tarteform mit 30 cm Durchmesser auskleiden können). Die zweite Teigkugel zu einer etwas kleineren Scheibe ausrollen.

Den Boden gleichmäßig mit der Aprikosenmischung bestreichen. Die zweite Teigscheibe auflegen und am Rand gut andrücken. Eventuell überstehenden Teig abschneiden und die Tarte 30 Minuten backen.

Die *Spungata* vor dem Servieren mindestens 30 Minuten abkühlen lassen. Am besten schmeckt sie lauwarm mit Schlagsahne oder Eiscreme.

Bunyols / Beignets

GIRONA / NIZZA
Ergibt etwa 30 Stück

Ob sie nun *Bunyols, Beignets* oder wie in Ligurien *Zeppoli* genannt werden, gegessen werden diese in Fett ausgebackenen Krapfen traditionell um die Osterzeit. In Nizza, wo man sie mit Orangenblütenwasser verfeinert, isst man sie am Mardi Gras, dem Dienstag vor Beginn der Fastenzeit. In Katalonien füllte man sich mit sogenannten *Bunyols de vent* (Windkrapfen) während der Fastenzeit den Magen. Eine pikante, mit *Baccalà* zubereitete Version der *Bunyols* serviert man auch gern außerhalb der Osterzeit.

Diese süße Variante wird traditionell mit Fenchel und Pastis hergestellt. Den Anisschnaps können Sie nach Belieben auch durch einen Likör, etwa einen Orangenlikör, ersetzen.

2 EL Fenchelsamen
70 g extrafeiner Zucker, plus etwas mehr zum Bestreuen
1 TL abgeriebene Zitronenschale
70 g Butter, in Würfel geschnitten
390 ml Milch
10 g Trockenhefe
3 Eier
100 ml Anisschnaps oder -likör, wie Pastis, Sambuca oder Ouzo
600 g Mehl
5 g Backpulver
1 Prise Meersalz
Sonnenblumen- oder Pflanzenöl, zum Ausbacken

Die Fenchelsamen bei mittlerer Hitze 2 Minuten ohne Zugabe von Fett in der Pfanne rösten, danach in einer Gewürzmühle fein mahlen.

Den Zucker in einer kleinen Stielkasserolle mit der Zitronenschale, der Butter und 90 ml Milch unter Rühren zum Kochen bringen. Sobald die Butter geschmolzen ist, die Mischung in eine Schüssel gießen, die restliche Milch und danach die Hefe einrühren. Das Ganze etwa 5 Minuten ruhen lassen, bis die Hefe zu schäumen beginnt. Die Eier und den Anisschnaps mit dem Schneebesen einrühren.

In einer Rührschüssel mit dem Handmixer das Mehl mit dem Backpulver, dem Salz, 1 Teelöffel der gemahlenen Fenchelsamen und der Eiermischung verrühren. Diese Mischung anschließend etwa 2 Minuten mit den Knethaken zu einem klebrigen Teig verarbeiten.

Eine große Schüssel mit Öl einfetten. Den Teig hineinfüllen, mit Frischhaltefolie abdecken und etwa 30 Minuten gehen lassen, bis sich sein Volumen verdoppelt hat.

Eine Fritteuse oder einen Wok etwa 6 cm hoch mit Öl füllen und das Öl 3 Minuten bei mittlerer Hitze heiß werden lassen. Die Wärmezufuhr danach etwas verringern.

Ein Drittel des Teigs in einen Spritzbeutel (ohne Tülle) füllen. Über der Fritteuse jeweils eine etwa golfballgroße Menge Teig herauspressen, mit der Küchenschere abschneiden und vorsichtig in das heiße Öl gleiten lassen.

Die Krapfen etwa 3 Minuten goldbraun ausbacken und dabei fortwährend im Öl wenden, damit sie gleichmäßig gebräunt werden. Beim Backen verdoppeln die *Bunyols* ihr Volumen. Das Öl nicht zu stark erhitzen, da das Gebäck zwar sonst außen braun ist, innen aber noch roh bleibt.

Die *Bunyols* kurz auf Küchenpapier abtropfen lassen, mit dem restlichen Fenchel und etwas Zucker bestreuen und warm servieren.

Xurros

BARCELONA
Für 8 Personen

Streng genommen sind *Xurros,* ein längliches Fettgebäck, welches mit einer Schokoladensauce serviert wird, keine katalanische Erfindung. Vermutlich hatten die Portugiesen, die im 16. Jahrhundert etwas Ähnliches in China kennengelernt hatten, dieses Gebäck mit nach Europa gebracht, wo es sich schon bald in ganz Spanien verbreitete.

Da man in Barcelona erst spät zu Abend isst, holen sich die Bewohner am frühen Nachmittag an einem der Stände zur Stärkung gern ein paar dieser *Xurros*. Damit Ihre *Xurros* genauso aussehen wie in Barcelona, benötigen Sie einen Spritzbeutel mit kannelierter (mit Rillen versehener) Tülle.

Für die Schokoladensauce
300 ml Milch
150 g Zartbitterschokolade
18 g Maisstärke
15 g Zucker
½ TL abgeriebene Orangenschale

Für den Teig
60 g Butter
1 EL extrafeiner Zucker
1 Prise Meersalz
300 g Mehl
abgeriebene Schale von ½ unbehandelten Orange
1 Eigelb

Pflanzenöl, zum Ausbacken

Zum Bestreuen
110 g Zucker
1 TL Zimt

Die Saucenzutaten in einen Topf geben und bei geringer Hitze zum Kochen bringen, dabei fortwährend mit dem Schneebesen umrühren. Sobald die Sauce kocht, den Topf vom Herd nehmen. Die Sauce anschließend warm halten und unmittelbar vor dem Servieren noch einmal erhitzen.

In einer kleinen Stielkasserolle die Butter mit 400 ml Wasser aufkochen lassen. Den Zucker, das Salz, das Mehl und die Orangenschale dazugeben und bei geringer Hitze so lang rühren, bis ein Teig entstanden ist.

Den Teig bei geringer Hitze unter permanentem Rühren noch etwa 5 Minuten kochen lassen, bis der Topfboden damit überzogen ist. Der Teig sollte trocken und nicht zu weich sein.

Den Teig in die Küchenmaschine füllen und das Eigelb unterrühren. Diese Mischung anschließend in einen Spritzbeutel mit kannelierter Tülle (2 cm Durchmesser) füllen.

Einen großen Topf etwa 8 cm hoch mit Öl füllen und das Öl 2 Minuten bei mittlerer Hitze heiß werden lassen. Das Öl sollte eine Temperatur von etwa 170 °C haben. Um zu prüfen, ob es die richtige Temperatur hat, ein kleines Stückchen Teig hineingeben. Beginnt der Teig zu brutzeln und nimmt eine goldgelbe Farbe an, hat es die richtige Temperatur. Wird der Teig braun, ist das Öl zu heiß. In diesem Fall den Topf etwa 1 Minute von der Herdplatte ziehen.

Über dem Topf jeweils etwa 10 cm lange Streifen aus dem Spritzbeutel herauspressen, mit einer Küchenschere abschneiden und vorsichtig in das heiße Öl gleiten lassen. Dabei darauf achten, dass der Topf nicht zu voll wird. Die *Xurros* 2 Minuten goldbraun ausbacken und dabei laufend mit einer Gabel wenden. Mit einem Schaumlöffel herausheben und auf einem mit Küchenpapier ausgelegten Teller abtropfen lassen.

Den Zucker mit dem Zimt mischen, die *Xurros* darin wälzen und heiß mit der warmen Schokoladensauce servieren.

Girona – ein Eldorado für Leckermäuler

In Girona gibt es zahllose Gässchen und Innenhöfe. Durch die meisten von ihnen ist Arya Stark in *Game of Thrones* gelaufen. Uns interessiert allerdings nur die Gasse, die vom Carrer de la Cort Reial abzweigt, denn dort befindet sich die Konditorei *Montse l'Artesana*, ein wahres Eldorado katalanischer Leckereien. Eine rothaarige junge Frau steht hinter der gläsernen Ladentheke und gibt ihrem Chef lautstark Anweisungen. Dieser stammt aus Madrid, und man begegnet ihm deshalb hier in Katalonien mit einer gewissen Skepsis – er ist den ganzen Tag damit beschäftigt, *Bunyols* (Seite 260) und *Xurros* (Seite 263) auszubacken.

Girona ist 40 Kilometer von der Küste entfernt und ist somit in diesem Buch eigentlich fehl am Platz. Die Stadt wurde nicht einmal von den Griechen gegründet, sondern war zunächst eine römische Festung, wurde später von den Westgoten beherrscht und schließlich von den Mauren erobert. Die Mauren waren es auch, die die Mandeln, Haselnüsse, Orangen und den Rohrzucker nach Girona brachten.

Dass wir diese Stadt hier dennoch aufgenommen haben, hat zwei Gründe. Zum einen ist ihre Küche authentischer als die in Barcelona. Dort ist man inzwischen in einem Maße vom Tourismus abhängig, dass man nur noch darauf bedacht ist, jede Klischeevorstellung zu bedienen, die der Besucher von Spanien haben könnte. Der Tourismus spielt zwar auch in Girona eine Rolle, jedoch setzt man dort die eigene Kultur nicht aufs Spiel, um Besucher anzuziehen. Zum Zweiten ist die Stadt ein idealer Ausgangspunkt, um die Costa Brava zu erkunden.

Ihr erster Ausflug sollte Sie nach Empúries, zu den Ruinen der ersten griechischen Siedlung auf spanischem Boden, führen. Dort errichteten griechische Kaufleute im Jahr 575 v. Chr. ein Emporion, ein Handelszentrum, in dem sie ihre Töpferwaren verkauften. Die Geschäfte liefen so gut, dass sich diese Siedlung, die man auch Emporion nannte, zur größten griechischen Kolonie in Spanien entwickelte.

400 Jahre später errichteten die Römer auf dem Hügel eine eigene Stadt. Emporion blieb jedoch bis 49 v. Chr. weiterhin unabhängig. Erst als die Stadt im Krieg zwischen Julius Caesar und Pompeius für die falsche Seite Partei ergriff, wurde sie von Caesar annektiert.

Am Strand, vor den steinernen Bottichen, in denen die Griechen einst ihre Fischsauce herstellten, kann man heute in der Snackbar *Terrassa del Moll Grec* (Terrasse des griechischen Hafens) ein vorzügliches Tomatenbrot (Seite 70) und Sardinen genießen.

Zum Abendessen würden wir Ihnen das weiter unten an der Küste gelegene Hotel *Aigua Blava* empfehlen, wo Sie unbedingt die katalanische Spezialität *Mar i muntanya* (Seite 222) probieren sollten, die hier aus einem halben Hähnchen und einem halben Hummer sowie einer *Picada* aus Mandeln, Haselnüssen, Safran und Knoblauch besteht. Für das Dessert sollten Sie jedoch auf jeden Fall nach Girona zurückkehren.

EMPÚRIES (KATALONIEN):
Hinter den Bäumen liegt der Strand, an dem vor 2600 Jahren die ersten griechischen Kaufleute landeten. Heute befindet sich dort ein Café, in dem man Sardinen, Sardellen und Tomatenbrot (das die Griechen selbstverständlich noch nicht kannten) genießen kann.

Crèma catalana

TARRAGONA
Für 6 Personen

Wir wollen die Verdienste der Katalanen keineswegs schmälern, doch die Idee, eine Vanillecreme mit Zucker zu bestreuen und diesen zu karamellisieren, stammt von den Franzosen. Findet sich das Rezept für ihre berühmte *Crème brûlée* doch bereits in einem Kochbuch aus dem Jahr 1691. In England nennt man dieses Dessert seit dem 19. Jahrhundert »Trinity pudding«, denn es war eine Spezialität des Küchenchefs des Trinity College in Cambridge. Um die Verwirrung komplett zu machen, bezeichnen die Franzosen die Creme, die sich unter der Zuckerkruste verbirgt, als *Crème anglaise* (Englische Creme), was jedoch nicht heißt, dass es sich dabei um eine englische Erfindung handelt.

Die Katalanen haben die Creme, die ursprünglich nur mit Vanille aromatisiert wurde, noch mit Orangenschale verfeinert. Die Creme, die in Katalonien *Crema cremada* heißt, gehört zu den fleischlosen Gerichten, die am Sankt-Josefs-Tag (19. März) gegessen werden dürfen.

Am besten schmeckt die *Crèma catalana,* wenn man sie sofort nach dem Karamellisieren des Zuckers serviert. Der Kontrast zwischen der heißen, knusprigen Zuckerkruste und der kalten, weichen Creme ist dann einfach unübertroffen. Früher karamellisierte man den Zucker mit einem heißen Bügeleisen. Wenn Sie Ihr Bügeleisen weiterhin zum Bügeln verwenden wollen, sollten Sie das allerdings lieber nicht ausprobieren.

700 g flüssige Sahne
125 ml Milch
1 Zimtstange
1 Vanilleschote, der Länge nach aufgeschnitten und das Mark herausgekratzt
3 TL abgeriebene Zitronenschale
3 TL abgeriebene Orangenschale
8 Eigelb
125 g extrafeiner Zucker

Für den Karamell
75 g extrafeiner Zucker

Den Backofen auf 140 °C vorheizen und zwei ofenfeste Formen (à 450 ml Fassungsvermögen) in eine mit einem Geschirrtuch ausgelegte Auflaufform stellen.

Die Sahne mit der Milch, der Zimtstange, der Vanilleschote und dem Vanillemark, der Zitronen- und Orangenschale in einem Topf zum Kochen bringen. Den Topf danach sofort vom Herd nehmen und die Mischung 10 Minuten ziehen lassen. Anschließend durch ein Haarsieb in einen sauberen Topf streichen.

In einer großen hitzebeständigen Schüssel die Eigelbe mit dem Zucker cremig aufschlagen. Die Sahnemischung erneut zum Kochen bringen und nach und nach über die Eigelbe gießen, dabei laufend mit dem Schneebesen rühren. Diese Mischung danach durch ein feinmaschiges Sieb in einen Krug passieren.

Die Formen zu zwei Dritteln mit der Mischung füllen, die Auflaufform auf den Backofenrost stellen und die Formen bis knapp unter dem Rand mit Creme auffüllen. So viel heißes Wasser in die Auflaufform gießen, dass es bis zur halben Höhe der Formen reicht. Die Creme etwa 30 Minuten im Backofen garen, bis sie gestockt und in der Mitte noch leicht schwabbelig ist.

Die Formen aus dem Wasserbad nehmen, die Creme 20 Minuten abkühlen lassen und danach für einige Stunden in den Kühlschrank stellen.

Die Cremes gleichmäßig mit dem Zucker bestreuen, unter dem heißen Backofengrill oder mit einem Crème-brûlée-Brenner goldbraun karamellisieren und sofort servieren.

Tipp: Anstelle von zwei großen können Sie auch sechs kleine Portionsformen nehmen. Die Garzeit im Ofen verkürzt sich dann auf etwa 12 Minuten.

Tourte de blette *(Mangoldkuchen)*

NIZZA

Für 12 Personen

Dieser Kuchen ist eine interessante Kombination aus süß und pikant, für den man die großen Mangoldblätter verwendet, die häufig mit Spinat verwechselt werden. Es handelt sich hierbei um ein sehr altes Rezept. Fand sich ein ähnlicher Kuchen doch bereits in einem Kochbuch mit dem Titel *Le Ménagier de Paris* aus dem Jahr 1393. Traditionell schneidet man das Gebäck in Rechtecke und serviert es als nachmittäglichen Imbiss. Wir fanden, dass man es nach einer leichten Mahlzeit auch sehr gut mit Schlagsahne als Dessert servieren kann.

100 g Rosinen
2 EL Brandy

Für den Teig
500 g Mehl
3 TL Backpulver
1 Prise Meersalz
120 g extrafeiner Zucker
50 g gemahlene Mandeln
2 Eier
80 ml Olivenöl
1 TL abgeriebene Zitronenschale

500 g Mangold
Meersalz
3 Äpfel
30 ml Olivenöl
3 EL extrafeiner Zucker
2 Eier
40 g Parmesan, gerieben
120 g italienische Pinienkerne, geröstet
Sprühöl, zum Kochen
1 TL Puderzucker

In einer kleinen Schüssel die Rosinen im Brandy einweichen.

Für den Teig das Mehl in einer Schüssel mit dem Backpulver, Salz, Zucker und den Mandeln mischen und in die Mitte eine Mulde drücken. In einer zweiten Schüssel die Eier mit dem Öl, der Zitronenschale und 75 ml Wasser kräftig verrühren. Diese Mischung in die Mulde gießen und alles zu einem leicht krümeligen Teig vermengen. Ist der Teig zu trocken, noch etwas Wasser hinzufügen. Den Teig zu einer Kugel formen, in Frischhaltefolie einwickeln und 1 Stunde ruhen lassen.

Inzwischen die Blätter von den Mangoldstielen abtrennen. In einem großen Topf Wasser zum Kochen bringen, 1 kleine Handvoll Salz hinzufügen und die Mangoldblätter 5 Minuten darin blanchieren. Anschließend abgießen, unter fließendem kaltem Wasser abschrecken und vollständig abkühlen lassen. Die Blätter danach in ein sauberes Geschirrtuch einschlagen, gut auswringen und in Streifen schneiden.

Die Äpfel schälen, die Kerngehäuse entfernen und das Fruchtfleisch in Würfel schneiden. Das Öl in einem Topf erhitzen und die Apfelwürfel etwa 5 Minuten bei mittlerer Hitze darin weich garen. Den Zucker und danach die Rosinen mit dem Brandy einrühren und das Ganze 5 Minuten kochen lassen.

In einer Schüssel die Eier gut mit dem Parmesan verrühren. Den Mangold, die Apfelmischung und die Pinienkerne dazugeben und alles gut verrühren.

Den Backofen auf 170 °C vorheizen und eine 20 x 30 cm große und mindestens 3 cm hohe Auflaufform mit dem Sprühöl aussprühen.

Die Hälfte des Teigs zwischen zwei Bogen Backpapier ausrollen, Boden und Wände der Form damit auskleiden und die Füllung hineingießen.

Die zweite Teighälfte ebenfalls zwischen zwei Bogen Backpapier ausrollen, auf die Füllung legen und an den Rändern gut festdrücken.

Mit der Küchenschere kleine Schlitze in den Teigdeckel stechen.

Den Kuchen 50 Minuten goldbraun backen, anschließend abkühlen lassen, mit dem Puderzucker bestäuben, in Quadrate oder Rechtecke schneiden und warm oder kalt – je nach Belieben mit Schlagsahne – zum Nachmittagstee oder -kaffee servieren.

CAMOGLI (LIGURIEN):
Als leichtes Mittagessen serviert man hier gerne Linguine mit *Pesto*. Zum Abendessen würden wir Ihnen eine der lokalen Tintenfischspezialitäten empfehlen.

Xuixo *(Hefegebäck mit Cremefüllung)*

GIRONA
Ergibt 15 Stück

Erfunden wurden die *Xuixos* im mondänen Girona. Heute sind sie ein beliebtes Streetfood in Barcelona, wo man die Menschen dabei beobachten kann, wie sie mit ihren dick mit Papier umwickelten *Xuixos* durch die Straßen laufen, sorgsam darauf bedacht, sich ihre Kleidung nicht mit der Creme zu bekleckern.

Der Erfinder soll ein Clown namens El Tarlà gewesen sein, der Name des Gebäcks soll vermutlich das Geräusch eines Niesens imitieren. Als El Tarlà der Tochter eines Chefpatissiers heimlich einen Besuch abstattete und der Vater früher als erwartet nach Hause kam, versteckte er sich in einem Mehlsack. Leider musste er niesen und wurde so entdeckt. Um den Vater zu besänftigen, gab er ihm das Rezept für ein neues Gebäck.

Für die Creme
500 ml Milch
½ TL abgeriebene Zitronenschale
¼ TL abgeriebene Orangenschale
1 Vanilleschote, der Länge nach aufgeschnitten und das Mark herausgekratzt
5 Eigelb
90 g extrafeiner Zucker
30 g Maisstärke
20 g Butter

Für den Teig
150 ml Milch
15 g Butter
35 g extrafeiner Zucker
3 g Trockenhefe
1 Ei
4 g Backpulver
270 g Mehl
Sprühöl, zum Kochen
Mehl, zum Bestäuben
Pflanzenöl, zum Ausbacken

Für die Creme die Milch mit den Zitrusschalen, der Vanilleschote und dem -mark in einer kleinen Stielkasserolle kurz aufkochen lassen. Den Topf danach sofort vom Herd nehmen und die Mischung 10 Minuten ziehen lassen. Die Eigelbe und den Zucker mit dem Handmixer cremig aufschlagen und die Stärke unterrühren. Die Milch nochmals aufkochen lassen und durch ein Haarsieb über die Eigelbe streichen. Gut umrühren, dann die Mischung in einen sauberen Topf gießen und bei mittlerer Hitze aufkochen und eindicken lassen. Dabei fortwährend mit einem Holzkochlöffel umrühren. Die Butter einrühren und die Creme etwa 1 Stunde kaltstellen. Für den Teig die Milch mit der Butter und dem Zucker in einer kleinen Stielkasserolle aufkochen und danach auf Raumtemperatur abkühlen lassen. Die Hefe hinzufügen und das Ganze etwa 5 Minuten ruhen lassen. Sobald die Hefe zu schäumen beginnt, das Ei einrühren.

Das mit dem Backpulver gemischte Mehl in die Rührschüssel der Küchenmaschine geben, die Hefemischung hinzufügen und das Ganze etwa 3 Minuten mit den Knethaken zu einem homogenen Teig verrühren. Eine große Schüssel mit dem Sprühöl aussprühen, den Teig hineinlegen, mit Frischhaltefolie abdecken und 30 Minuten gehen lassen, bis er sein Volumen verdoppelt hat. Den Teig dann 20 Minuten im Kühlschrank ruhen lassen.

Den Teig auf einer mit Mehl bestäubten Arbeitsfläche zu einem etwa 5 mm dicken Rechteck ausrollen und dieses mit dem Messer in 8 cm große Quadrate zerteilen. Die Quadrate auf ein mit Mehl bestäubtes Tablett legen und nochmals 10 Minuten gehen lassen.

Einen Topf 5 cm hoch mit Öl füllen und das Öl bei mittlerer Hitze auf 180 °C erhitzen. Um zu prüfen, ob es die richtige Temperatur hat, ein Stückchen Teig hineingeben. Es sollte nach etwa 2 Minuten zu brutzeln beginnen und goldgelb sind. Die Teigquadrate portionsweise 3–4 Minuten auf jeder Seite im heißen Öl ausbacken, bis sie goldbraun und schön aufgegangen sind. Mit einem Schaumlöffel herausheben und auf Küchenpapier abtropfen lassen. Die Creme in einen Spritzbeutel füllen und auf einer Seite in die Mitte des leicht abgekühlten Gebäcks spritzen. Die *Xuixos* sofort servieren.

Mel i mató

(Frischkäse mit Walnüssen und Honig)

BARCELONA
Für 4 Personen

Dieses Dessert hat man uns im *Los Caracoles* (Die Schnecken), einem großartigen Restaurant in Barcelona, serviert. Es bestand aus selbst gemachtem, mit knusprigen gerösteten Walnusskernen garniertem Frischkäse, dazu bekommt man ein halbes Glas Honig zum Darüberträufeln. Wir wollten wissen, ob es schwierig ist, Frischkäse selbst herzustellen, und stellten fest, dass es kinderleicht ist. Man braucht nur ein wenig Geduld, denn die Molke muss mindestens 48 Stunden abtropfen. Erst dann ist der Käse so fest, dass man ihn formen und schneiden kann.

In der Regel verwendet man zum Fermentieren Lab, ein Enzym aus dem Kuhmagen. Wir haben hier Zitronensaft und Buttermilch verwendet. Deshalb ist unser Frischkäse auch für Vegetarier geeignet.

2 l Milch (nach Möglichkeit nicht homogenisierte Biomilch)
500 ml Buttermilch
2 TL Zitronensaft
ein sehr guter Honig, zum Beträufeln
50 g Walnusskerne, geröstet, zum Bestreuen

Die Milch in einem großen Topf mit der Buttermilch und dem Zitronensaft verrühren und bei geringer Hitze langsam zum Köcheln bringen. Dabei gelegentlich umrühren, damit sie nicht anbrennt.

Die Milch 30 Minuten köcheln, aber nicht zum Kochen kommen lassen. Sobald sie gerinnt, den Topf vom Herd nehmen und die Mischung bei Raumtemperatur abkühlen lassen. Dabei keinesfalls umrühren.

Ein Sieb mit einem Stück Gaze oder einem Siebtuch auslegen und über einer Schüssel einhängen. Die erkaltete Milch in das Sieb gießen und die Molke abtropfen lassen.

Die Schüssel mit dem Sieb anschließend über Nacht in den Kühlschrank stellen. Die Konsistenz des Frischkäses hängt von der Abtropfzeit ab. Je länger man die Molke abtropfen lässt, desto fester und trockener wird der Käse.

Den Frischkäse im Kühlschrank aufbewahren und innerhalb 1 Woche verbrauchen.

Vor dem Servieren den Käse mit dem Honig beträufeln und mit den gerösteten Walnusskernen bestreuen.

Auf den Spuren der Griechen, der Römer – und der Autoren

Zwei römische Amphitheater stehen am Anfang und am Ende unserer Reise – das eine in der Ruinenstadt Luni im Osten Liguriens, das andere in der pulsierenden Großstadt Tarragona im Süden Kataloniens. Lucio, der in der Nähe von Luni aufgewachsen ist, fuhr noch mit dem Fahrrad über die Ruinen. Deshalb sollte unsere Reise auch dort beginnen …

1 BOCCA DI MAGRA

Bocca di Magra, was so viel bedeutet wie »Mündung der Magra«, ist ein Fischerdorf an der ligurisch-toskanischen Grenze. An der Stelle, an der der Fluss ins Meer fließt, errichtete Lucios Familie in den 1950er-Jahren eine Hütte, die sich mit der Zeit zu einem großen Restaurant entwickelte, das heute den Namen *Capannina Ciccio* (www.ristoranteciccio.it) trägt. Dort kann man bei vorzüglichen Meeresfrüchten seine Ausflüge planen. Um die Umgebung richtig erkunden zu können, empfiehlt es sich, ein Auto zu mieten. Auf Ihrem Programm sollten die Ausgrabungsstätten von Luni mit dem Amphitheater, die Marmorsteinbrüche von Carrara und die malerischen Örtchen Montemarcello und Tellaro stehen.

2 CINQUE TERRE

Die fünf Dörfer der Cinque Terre erkundet man am besten zu Fuß. Lassen Sie das Auto am Bahnhof von La Spezia stehen und fahren Sie mit der Bahn bis Riomaggiore. Von dort gehen Sie nach Manarola und Corniglia und dann weiter nach Vernazza, wo Sie Ihr Mittagessen im Restaurant *Gambero Rosso* (www.ristorantegamberorosso.net) einnehmen sollten, das direkt an dem kleinen Hafen liegt. Anschließend fahren Sie mit dem Zug weiter nach Monterosso, dort lädt ein herrlicher Strand zum Schwimmen ein. Im Sommer kann man von hier aus mit der Fähre nach Riomaggiore zurückfahren, von dort können Sie wieder den Zug zurück nach La Spezia nehmen.

3 CAMOGLI

Die Städte an der Riviera zwischen den Cinque Terre und Genua sind zwar alle sehenswert (Portofino ist allerdings sehr teuer), besonders interessant ist jedoch Camogli mit seinen vielen Trompe-l'œil-Fassaden. Im Restaurant *Pasta Fresca Fiorella* sollten Sie unbedingt die Trofie probieren. Zum Abendessen empfehlen wir Ihnen das *Recco*. Das Lokal ist zwar bei Weitem nicht so schön, die Köchin Manuelina (www.manuelina.it) bietet dort aber ausgezeichneten *Cappon magro* und mit Käse gefüllte *Focaccia* an.

4 GENUA

In den schmalen Gassen der Stadt gibt es zahllose Läden, in denen man *Focaccia* und *Farinata* kaufen kann. Besonders zu empfehlen ist *Da Franz & Co.* in der Via Struppa 81. Frisch zubereitetes *Pesto* bekommt man im Restaurant *Il Genovese* (www.ilgenovese.com). Roberto Panizza, der Inhaber, war Mitbegründer der Associazione Culturale dei Palatafini, die alle zwei Jahre einen *Pesto*-Wettbewerb veranstaltet. Lohnenswert ist auch ein Ausflug in die westlich von Genua gelegene Küstenstadt Varazze, wo Sie unbedingt den *Brandacujun* im Restaurant *Il Mulino* (www.ilmulinovarazze.it) probieren sollten.

5 NIZZA

Von Genua kann man mit der Bahn nach Nizza fahren. Dort sollten Sie unbedingt den Blumenmarkt besuchen, der täglich, außer montags, auf dem Cours Saleya stattfindet und eine reiche Auswahl an provenzalischem Gemüse bietet. Als kleines Mittagessen empfehlen wir Ihnen die *Socca* von *Chez Pipo* (www.chezpipo.fr) und als Abendessen die *Petits farcis* und die *Daube de bœuf* im Restaurant *Lu Fran Calin* in der Rue Francis Gallo 5 in der Altstadt.

Im etwa 40 Autominuten westlich gelegenen St-Paul-de-Vence lohnt das Restaurant

La Colombe d'Or (www.la-colombe-dor.com) einen Besuch, und das nicht nur wegen des Essens, sondern auch wegen der Bilder, mit denen Künstler wie Picasso, Matisse oder Chagall hier ihre Mahlzeiten »bezahlten«.

6 CASSIS

Cassis ist die letzte Haltestelle vor Marseille, und es lohnt sich, hier auszusteigen, um im Restaurant *Le Grand Bleu* (www.visit-cassis-360.com/le_grand_bleu.html) zu Mittag zu essen und danach mit dem Motorboot eine Rundfahrt um die spektakulären Kalksteinfelsen der Calanques zu machen.

7 MARSEILLE

Hier sollten Sie sich am alten Hafen die Stelle ansehen, an der die Griechen einstmals landeten. Lohnenswert ist auch ein Besuch im nahe gelegenen Historischen Museum. Nach dem Kulturgenuss sollten Sie noch einen Abstecher in die Gewürzhandlung Saladin und in das auf Fischgerichte spezialisierte Selbstbedienungsrestaurant *Toinou Les Fruits de Mer* am Cours St Louis 3 (www.toinou.com) machen. Wenn Sie nur schnell eine anständige Fischsuppe essen möchten, würden wir Ihnen die *Brasserie du Port* am Quai des Belges 25 empfehlen. Wer jedoch eine richtige *Bouillabaisse* genießen möchte, der sollte mit dem Taxi oder dem Bus zum Restaurant *Le Rhul* (www.hotel-restaurant-le-rhul.com/) fahren.

8 SÈTE

Eine sehr gute *Macaronade* und andere außergewöhnliche lokale Fischspezialitäten bekommt man im *La Méditerranéenne* (http://la-mediterraneenne-sete.com). Weit besser ist jedoch das Restaurant des *Grand Hôtel* (www.legrandhotelsete.com/en/restaurant), das eine vorzügliche *Bourride* anbietet.

9 COLLIOURE

Im Restaurant *Les Templiers* (http://hotel-templiers.com) speisten schon Künstler wie Picasso und Matisse, und das können wir auch Ihnen nur wärmstens empfehlen. An den Farben, den Schildern und den Geschäften ist unschwer zu erkennen, dass Katalonien nicht weit ist.

10 GIRONA

Von Collioure aus ist man mit dem Zug in zwei Stunden in Girona. Sehen Sie sich dort einmal die Kathedrale und die Straßen an, in denen die Serie *Game of Thrones* gedreht wurde, und stärken Sie sich zwischendurch mit ein paar *Bunyols* aus der *Xurreria Montse l'Artesana* (http://montse-lartesana.blogspot.com.au). Um die Costa Brava zu erkunden, mieten Sie am besten ein Auto (und richten Sie es so ein, dass Sie es in Barcelona zurückgeben). Dalí-Fans sollten nicht versäumen, einen Abstecher nach Cadaqués zu machen und von dort aus weiter zur Ruinenstadt Empúries und nach Aigua Blava fahren. Im dortigen Hotel (www.hotelaiguablava.com/en) sollten Sie sich die Spezialität *Mar i muntanya* nicht entgehen lassen.

11 BARCELONA

Eine traditionelle katalanische Küche bietet das Restaurant *Can Culleretes* (www.culleretes.com). Unbedingt sehenswert ist der Mercat de Sant Josep an den Ramblas. Dort sollten Sie den zentral gelegenen *Quiosc Modern* ansteuern, um die vorzüglichen *Tapas* zu probieren. Ausgezeichnete *Tapas* gibt es auch im *El Xampanyet,* Carrer de Montcada 22, und im *La Cova Fumada,* Carrer del Baluard 56. Wer eher Lust auf etwas Süßes hat, dem empfehlen wir eine der drei Escribà-Konditoreien (www.escriba.es). In der Filiale an der Rambla de les Flors 83 bekommt man eine herrliche *Crèma catalana*.

12 TARRAGONA

Wer einmal eine wirklich hervorragende *Fideua* oder *Paella* genießen möchte, für den ist das Restaurant *Cal Joan* (www.tarragonaturisme.cat/en/restaurant/cal-joan) die richtige Adresse.

Und danach sollten Sie sich das Amphitheater mit dem römischen Kräuter- und Obstgarten ansehen.

BOCCA DI MAGRA (LIGURIEN): Dieser Knabe, der, wie früher Lucio, aufs Meer blickt, sitzt vor der *Capannina Ciccio*, dem Restaurant, das Lucios Familie hier am Strand gegründet hat.

Nachwort von Lucio

Da war ich nun also, um endlich, mit Anfang 60, die Küche meiner Nachbarn zu entdecken und herauszufinden, was sie mit meiner ligurischen Küche gemeinsam hat. Dazu musste ich erst einmal in meine Kindheit zurückgehen, die ich in dem kleinen Fischerdorf Bocca di Magra verbracht hatte.

Man könnte sagen, ich wurde in eine Gastronomenfamilie hineingeboren, doch eigentlich hat diese Familie lediglich zum eigenen Vergnügen im Sommer in einer Hütte am Strand den fangfrischen Fisch für Freunde und Stammgäste zubereitet. Im Winter wurde das Lokal geschlossen, meine Eltern, meine Tante und mein Onkel kehrten auf ihren weiter landeinwärts gelegenen Bauernhof zurück.

Ich schätze mich glücklich, in diesen unterschiedlichen Welten groß geworden zu sein. Seit jeher war ich gegenüber jeder regionalen Küche aufgeschlossen, doch erst als Erwachsener lernte ich auf meinen Reisen vor allem jene Küchen schätzen, die eine reiche Kultur und Tradition besitzen und nicht nur ein Genuss für den Gaumen sind, sondern auch der Seele guttun.

In Bocca di Magra spielte ich mit einigen Kindern auf den felsigen Hügeln über dem Meer, während unsere Eltern im Restaurant arbeiteten. Noch heute kann ich den Duft der ligurischen Wildkräuter – des Rosmarins, des Thymians, des Oreganos – riechen, die wir für das Restaurant pflückten. Im Wald sammelten wir Pinienkerne, aus denen unsere Mütter *Pesto* machten. Das intensive Aroma der Kräuter und der Pinienkerne entdeckte ich in dem Olivenöl wieder, mit dem das Brot für unseren Nachmittagsimbiss beträufelt wurde.

Manchmal begleitete ich meine Mutter morgens zum Hafen, dort warteten wir auf die Rückkehr der Fischer. Als Erste kehrten die Boote mit den Sardellen zurück, die zum großen Teil direkt im Hafen verkauft wurden und die eingesalzen oder frisch in einem *Tian* gegessen wurden. Als Nächste kamen die Boote mit den Tintenfischen, die meine Mutter besonders sehnsüchtig erwartete. Die Fische, die nicht verkauft worden waren, packten die Frauen der Fischer in Körbe und fuhren damit mit dem Fahrrad ins Landesinnere, um sie im ganzen Tal und auf den Hügeln frei Haus zu verkaufen.

Zurück im Restaurant, bereitete meine Mutter das Mittagessen zu. Sie schnitt Fleisch-, Fisch- oder Salamireste klein, mischte sie mit Kapern, Gemüse, Salat, Anchovis und Eiern und machte das Ganze mit Olivenöl und Essig, manchmal auch mit *Pesto,* an. Dazu gab es frisches Brot.

Dass unsere französischen Nachbarn das, was ich da aß, als *Salade niçoise* bezeichnen würden, wusste ich damals noch nicht. Das Gericht fiel mir erst wieder ein, als wir unsere Reise entlang dieses herrlichen Küstenstreifens mit seinen Olivenbäumen, Weinbergen, Pinienwäldern, den farbenfrohen Dörfern und Fischerbooten antraten.

Die Provence und Katalonien hatte ich schon früher bereist, mich damals aber mehr für die Architektur, die Kunst und die Landschaft interessiert. Erst jetzt wurde mir bewusst, dass es etwas gibt, was diese drei Regionen miteinander verbindet, und das sind ein paar ganz bestimmte Zutaten – das Olivenöl, der Knoblauch, Kräuter, Sardellen –, aber auch der Gebrauch des Mörsers.

Mein Koautor David startete seine Erkundungsreise, die ihn ins südlich von Barcelona gelegene Tarragona führen sollte, auf der italienischen Seite. Der Ausgangspunkt meiner Reise, die mich zu meinem Geburtsort im Osten Liguriens führen sollte, war Barcelona. Von den Momenten und Stationen dieser Reise, die mir besonders im Gedächtnis geblieben sind, möchte ich im Folgenden berichten.

KATALONIEN

Schon bei meiner Ankunft in Barcelona spürte ich, dass dies eine Stadt für Menschen ist, die anderen Menschen zugetan sind, die ihr Leben gern mit anderen teilen. Wir hatten das Glück, von unserem Zimmer auf die Ramblas blicken zu können. Es war faszinierend, die vielen Menschen zu beobachten, die dort unterwegs waren und sich an den Straßenständen etwas zu essen kauften. Man bekommt dort Schinken, Salami und Würste aller Art, aber ebenso eine einfache *Pa amb tomaquet,* ein mit Tomate eingeriebenes, mit Olivenöl beträufeltes und mit Salz bestreutes Brot, oder eine *Coca,* eine Art mit Gemüse belegte *Focaccia.*

Was Barcelona an kulinarischen Genüssen zu bieten hat, zeigt ein Besuch auf dem Mercat de Sant Josep, einem wahren Eldorado der katalanischen Gastronomie. Es wimmelt dort nur so vor Menschen, die einkaufen, essen, Freunde treffen, bei einem Glas Wein miteinander plaudern, fotografieren und das Leben genießen. Ich entdeckte einen Stand, an dem es die ersten frischen Dicken Bohnen gab – die schönsten, die ich je gesehen hatte. Wir kauften ein Kilo, suchten einen Tisch im Freien und bestellten uns etwas Manchego, Jamón und zwei Gläser Weißwein. Dann lösten wir die herrlichen Bohnen aus ihren Schalen und verzehrten sie genussvoll mit dem Käse und dem Schinken.

An diesem Tag bestand unser Mittagessen aus einer Fischsuppe, einer Art *Sarsuela,* die mich an die Fischsuppen meiner Kindheit erinnerte. Nach der Siesta gingen wir auf einen *aperitivo* und ein paar Snacks in eine *Pintxos*-Bar. Unser Abendessen, das aus einer *Paella,* einer *Crèma catalana* und ein paar *Xurros* bestand, nahmen wir in dem in Hafennähe gelegenen Viertel La Barceloneta ein.

Die katalanische Küche ist deftig und abwechslungsreich. Gewürzt wird in der Regel mit verschiedenen Würzsaucen wie *Sofregit, Picada, Allioli* und *Romesco-Sauce.* Man macht reichlich Gebrauch von Zwiebeln, Knoblauch, Paprikaschoten, Tomaten und scharfen Gewürzen wie Paprika und Cayennepfeffer und kombiniert gern Meeresfrüchte mit Fleisch. Zu diesen *Mar i muntanya* genannten Kombinationen bemerkte ein berühmter katalanischer Schriftsteller einmal: »Die Küche einer Region, das ist ihre Landschaft auf einem Teller.«

PROVENCE

Die »echte« *Bouillabaisse,* wie man sie in Marseille bekommt, wird in zwei Gängen serviert. Zunächst isst man die Frischbrühe und dazu *Crostini* mit *Rouille.* Danach gibt es den pochierten Fisch, zu dem man einen provenzalischen Roséwein genießt. Sollte Ihnen das zu üppig sein – in vielen Restaurants kann man auch nur die Bouillon der *Bouillabaisse* bestellen, die natürlich auch mit *Crostini* und *Rouille* serviert wird.

Betritt man den Fischmarkt im alten Hafen von Marseille, in dem die Fischer ihre fangfrischen Fische direkt an die Kunden verkaufen, fühlt man sich fast in ein Fischerdorf versetzt.

Die ligurische Küche ist ausgewogen, keine Zutat überdeckt die andere – es ist eine grüne, einfache und aromatische Küche, die es versteht, die verschiedenen Aromen auf raffinierte Weise miteinander zu kombinieren.

Unsere großartigste Entdeckung war ein einfaches Lokal namens *Toinou Les Fruits de Mer*. Direkt vor dessen Tür gibt es einen Fischmarkt mit den herrlichsten Fischen und Meeresfrüchten. Dort sucht man sich aus, was man möchte, lässt es sich dann in der Küche nach Wunsch zubereiten, setzt sich an einen Tisch und bestellt eine Flasche Wein.

Zwischen Marseille und Nizza liegt das Örtchen St-Paul-de-Vence, das häufig als das schönste Dorf der Welt bezeichnet wird. Hier leben zahlreiche Künstler und Maler, die schon seit Jahrzehnten Stammgäste des Restaurants *La Colombe d'Or* sind. Dichter, Schriftsteller, Schauspieler, aber auch Künstler wie Picasso, Miró, Renoir, Matisse, Giacometti und Chagall verbrachten hier den Sommer, nahmen gemeinsam ihre Mahlzeiten ein und tauschten Gedanken aus. An den Wänden dieses außergewöhnlichen Lokals kann man die schönsten Werke der besten Künstler des frühen 19. Jahrhunderts bewundern. Ich wünschte, mein Restaurant in Sydney, an dessen Wänden die größten australischen Künstler versammelt sind, hätte eine ähnlich inspirierende Wirkung.

Auf einem provenzalischen Tisch sieht es, so war mein Eindruck, nicht viel anders aus als auf einem ligurischen. Auch hier findet man Brot, Olivenöl, Oliven, Knoblauch, Kräuter, frische Meeresfrüchte und – der Sonne sei Dank – eine herrliche Auswahl an Gemüse (nicht umsonst nennt man sie *La cuisine du soleil*). Was man in Ligurien jedoch eher selten findet, sind Mayonnaise und Senf.

LIGURIEN

Genua, die Hauptstadt Liguriens, liegt in der Mitte des Bogens, der die Region in zwei Rivieren – die Riviera di Levante (aufgehende Sonne) und die Riviera di Ponente (untergehende Sonne) teilt. Hier ist die echte mediterrane Küche zu Hause – einfache, von Bauern, Seeleuten und Fischern erfundene Speisen. Eine Küche, in der Wildkräuter, das Basilikum, saisonales Gemüse, Pilze und der heimische Fisch die Hauptrollen spielen. Zusammengehalten wird das alles vom Olivenöl, dem Gold Liguriens. Was für die Katalanen die Mandeln sind, sind in der ligurischen Küche die Walnüsse und die Pinienkerne. Ravioli – die der Legende nach in Ligurien erfunden wurden, um Reste darin zu »verstecken« – esse ich am liebsten mit einer *Salsa di noci* (Walnusssauce). Und Pinienkerne (niemals geröstet) dürfen natürlich im *Pesto* nicht fehlen, das man nicht nur mit Pasta serviert, sondern auch zum Verfeinern der *Minestrone* verwendet.

Es war ein großes Vergnügen, die Küchen zweier Nachbarregionen zu entdecken, die so verlockend und doch so verschieden von der Küche meiner Heimat sind. Eines haben sie allerdings alle gemeinsam: die Treue zu ihrer Kultur, ihrer Geschichte und ihrer Tradition.

Sollten Sie alle Rezepte dieses Buches nachkochen, werden Sie vielleicht noch eine Gemeinsamkeit erkennen: Die beste Küche ist die, die man mit anderen genießt.

– Lucio Galletto

Register

A

Acciugata con pinzimonio (Kalte Sardellensauce mit rohem Gemüse) 56
Agliata 53
Aïoli 50, 53
  Aïoli monstre 53
  Suppe aus weißem Fisch mit Orangen-Aïoli 205, 280
Alle Wege führen nach Tarragona 155
Allioli 50, 53, 280
Alt, neu, reich, arm 221
Anchovis *siehe* Sardellen
Anchoyade 57
Antipasti 67
Araber 10, 16, 19, 20, 147, 249
Arborio-Reis 22
Artichauts à la barigoule (Gefüllte Artischocken) 109
Artichauts aux petits pois (Artischocken mit Erbsen) 108
Artischocken 19
  Artischocken, gefüllt mit Kräutern und Knoblauch *(Artichauts à la barigoule)* 109
  Artischocken mit Erbsen (*Artichauts aux petits pois*) 108
  Artischocken mit Schinken & Pinienkernen *(Carxofes amb pernil)* 113
  Frittierte Artischocken *(Carciofi fritti)* 106
Auberginen 16, 19, 52, 73, 74, 142, 182, 186, 228
  Auberginenkaviar *(Caviare d'aubergines)* 42
  Crostini mit Aubergine 82

B

Baby-Venusmuscheln 157
Baccalà (Klippfisch) 19, 83, 136
  Kartoffelauflauf mit Klippfisch 221, 238
  Klippfisch mit Kartoffelpüree 19
  Salat mit Endivie und Klippfisch 137
  Tomatensalat mit Klippfisch 136
  Salat mit Klippfisch, Orangen und schwarzen Oliven 136
Bagna cauda 57
Barbajuan / Gattafin (Gebratene Ravioli mit Mangold- oder Kürbisfüllung) 169
Barbaren 16, 130
Barcelona 99, 182, 218, 263, 277, 280
Basilikum 19, 21, 22, 25
  Das weltbeste Basilikum 34
  Pesto alla genovese 19, 30, 34
  Pistou 36
Beignets 249, 260
Beurre d'anchois (Sardellenbutter) 56
Beurre Montpellier 43
Bianchi di Spagna 19
Bildkunst gegen Kochkunst 233
Biscotti 254
Bocca di Magra 276
Bohnen 19 f.
  Bohnen aus der Dose 20
  Bohnen in Tomaten-*Sofregit* mit grober Schweinsbratwurst *(Botifarra amb mongetes)* 20
  Borlotti-Bohnen 36
  Cannellini-Bohnen 19, 36
  Dicke Bohnen 15, 19, 82, 160
  Limabohnen 19, 160
  Salsa marò 82
  Trofie al pesto 33
Botifarra amb mongetes (Bohnen in Tomaten-*Sofregit* mit grober Schweinsbratwurst) 20
Bouillabaisse (Fischsuppe mit gedünstetem Fisch) 22, 194 ff., 196 f., 200, 277, 280
Bouillon 48, 195 ff., 280
Bouquet garni (Kräutersträußchen) 21, 166 f., 196 ff.
Bourride (Suppe aus weißem Fisch mit Orangen-Aïoli) 195, 205, 277
Brandacujun (Kartoffelauflauf mit Klippfisch) 221, 238
Brandade, Crostini 83
Brandade de Morue (Klippfisch mit Kartoffelpüree) 19
Broqueta de llagostins (Garnelenspieß) 102
Brot 20, 173
Brühen 20, 22, 48, 91, 148 f., 152 f., 160, 205 ff., 213, 237, 243, 280
  Brühe aus Meeresfrüchten 152 f.
  Fischbrühe (Grundrezept) 20
  Hühnerbrühe 20
  Köstliche Fischbrühen 148, 149, 152 f.
Bruschetta 82, 85, 200
Bunyols 249, 260, 264, 277
Butter, Reich der 9
Butterbohnen 19 f.
Butternut-Kürbis 169
Byron 227

C

Caille et figues (Wachteln mit Feigen) 221, 242 f.
Calamari, gefüllte 91
Caldereta de llagosta (Langustensuppe) 213
Camogli 10, 14, 34, 114, 158, 270, 276
Cannellini-Bohnen 19
Cappon magro (Meeresfrüchte von der Riviera – spektakulär!) 123, 128 f.
Carciofi fritti (Frittierte Artischocken) 106
Carpaccio alla capponada (Fisch-Carpaccio mit Sardellensalat) 114
Carrara 10, 130, 131, 253, 259, 276
Carxofes amb pernil (Artischocken mit Schinken und Pinienkernen) 113
Cassis 64, 200, 221, 228, 237, 240, 277
Catalunya *siehe* Katalonien 280

Caviare d'aubergines (Auberginen-
kaviar) 42
Champignon-Garnelen-Happen
(Xampinyons i gambes) 94
Chili 20, 21 f., 25, 94 f., 99, 142, 200, 206,
213, 244
Ciabatta 20, 44, 54, 70, 128
Cicero 216
Cigrons amb xoriço (Eintopf aus
Kichererbsen und Würstchen) 216
Cinque Terre 10, 169, 221, 276
Coca (Katalanische Pizza) *74*, 182 f., 280
Collioure 231 ff., 277
Costa Brava 94, 102, 113, 134
Crèma catalana 249, 266, 277, 280
Crema di noci (Walnusssauce) 54, 281
Crostini 82 f., 90
mit Aubergine 82
mit Auberginenkaviar 42
mit *Brandade* 83
mit Garnelen und Jakobsmuscheln 83
mit Hühnerleber 83
mit Prosciutto & Manchego 90
mit *Romesco-Sauce* 29
mit *Salsa marò* 82
mit Thunfischtatar 83
Crostini-Favoriten, Unsere sechs 82 f.
Cuculli genovesi (Frittierte Kartoffel-
bällchen mit Pinienkernen) 118

D

Daube de bœuf avec raviolis à la niçoise
(Rinderragout mit Ravioli) 166 f.
Das weltbeste Basilikum 34
Der aufregendste Markt Europas 99
Der Duft von *Socca* 186
Die beliebtesten Zutaten 19–25
Die *Bouillabaisse*, ein Stück Identität 200
Die Griechen, der Topf und die
Zivilisation 195
Dips 29 ff.
Acciugata con pinzimonio (Kalte Sardel-
lensauce mit rohem Gemüse) 56

E

Eier 56, 73, 80, 99, 106, 118, 124 f., 147 f.,
166 f., 228, 250, 254, 260, 269
Kartoffelomelett 80
Omelett mit Paprikaschoten 87
Omelett mit *Pistou* 36
Eine Stadt ganz aus Marmor 130
Einfrieren 21, 43, 60, 237
Eintopf aus Kichererbsen und
Würstchen 216
Eintöpfe 195
Hähnchen- und Schweinsfuß-Eintopf
mit Pasta und Fleischbällchen 210 f.
Kichererbseneintopf mit
Würstchen 216
Linseneintopf mit Chorizo 221, 244
Würziger Gemüseeintopf 20, 74
Emmer 130, 221, 243
Emporien 15, 16, 195, 221, 264
Empuriés 220
Endivie 137 f., 231
Escalivada (Gegrilltes Gemüse) 142
Escudella i carn d'olla (Hähnchen- und
Schweinsfuß-Eintopf mit Pasta und
Fleischbällchen) 210 f.
Esqueixada (Salat mit Klippfisch und
Tomaten) 136 f.

F

Farinata (Kichererbsen-Pfannkuchen) 21,
50, 173, 180, 189, 276
Fegato alla genovese (Kalbsleber auf
Genueser Art) 53
Feigen 20, 249, 254
Feigen »am Spieß« 90
Fichi secchi (Sonnengetrocknete
Feigen) 253
Kekse mit Feigen, Mandeln und
Orangen 254
Wachteln mit Feigen *(Caille et
figues)* 243
Fenchel 21, 44, 57, 152 f., 155, 196 f.,
205, 231
Fenchelkrapfen 249, 260, 264
Fenchel-Mandel-Dip 64
Finocchi gratinati (Gratinierter
Fenchel) 105
Salsicce (Fenchelwürstchen) mit grüner
Chilischote auf Spießchen 91
Fideua negra (Schwarze Nudeln mit
Meeresfrüchten) 148 f.
Finocchi gratinati (Gratinierter
Fenchel) 105
Fisch 20 f.
Fisch mit provenzalischer Sauce 52
Fischbrühe (Basisrezept) 20
Tegame mit Kartoffeln und
Sardinen 221, 228
Fisch-Carpaccio mit Sardellen-
salat 114
Kartoffelgratin mit Sardinen 221, 228
Lachs-Carpaccio mit Sardellen-
salat 114
Suppe aus weißem Fisch mit
Orangen-Aïoli 205, 277
Poisson au four façon Pauline
(Gebackener Fisch mit Tomaten,
Kartoffeln und Oliven) 221, 231
siehe auch Baccalà (Klippfisch),
Focaccia mit Meeresfrüchten 20, 173
Fisch-Carpaccio mit Sardellensalat
114
Fischeintopf 9, 15, 199, 206
Fleischeintopf mit Bohnen in Tomaten-
sofregit mit Bratwürstchen 20
Focaccia / Fougasse (Focaccia mit
Zwiebeln und Rosmarin) 174
Focaccia con il formaggio (Focaccia
mit Käse) 178
Fougasse siehe Focaccia 174
Frittata ai peperoni (Omelett mit
Paprikaschoten) 87
Frittierte Artischocken 106
Frittierte Kartoffelbällchen mit
Pinienkernen 118

G

Gambes al pil-pil (Knoblauchgarnelen) 95
Garnelen
Champignon-Garnelen-Happen 94, 96
Garnelen im Teigmantel 95
Garnelen-*Crostini* 83
Garnelen-Sellerie-Salat 133
Garnelenspieß *(Broqueta de llagostins)*
102
Geschmortes Huhn mit Garnelen 222
Knoblauchgarnelen 95
garum (Fischsauce) 15, 22, 177
Gattafin / Barbajuan (Gebratene Ravioli mit
Mangold- oder Kürbisfüllung) 169
Gebackene Meerbarben 221, 237
Gebackener Hummer 225
Frittierte Kartoffelbällchen mit
Pinienkernen 118

Gebratene Kartoffeln mit *Allioli* und *Romesco-Sauce* 79
Kartoffelauflauf mit Klippfisch und Oliven 221, 238
Kartoffelgratin mit Sardinen 221, 228
Kartoffelomelett 80
Gebratene Ravioli mit Mangold- oder Kürbisfüllung 169
Gefüllte Calamari 91
siehe auch Anchovis; *Baccalà*; Fisch; Muscheln; Garnelen
Gefülltes Gemüse 73
Gegrilltes Gemüse 142
Genua 36, 105, 118, 146, 170, 178, 189, 276, 281
Geröstete Spaghetti mit Baby-Venusmuscheln 157
Gewürzsalz 79
Girona 80, 137, 142, 260, 264, 277
Girona – ein Eldorado für Leckermäuler 264
Gratinierter Fenchel *(Finocchi gratinati)* 105
Griechen 9, 10, 15, 16, 22, 25, 195, 200, 264, 277

H

Hähnchen- und Schweinsfuß-Eintopf mit Pasta und Fleischbällchen 210 f.
Haselnusskerne 22, 44, 60, 264
Hefegebäck mit Cremefüllung 249, 272
Homard à la Provençal (Gebackener Hummer) 225
Hors d'œuvres 67
Hühnerfleisch 20, 41
Geschmortes Huhn mit Garnelen 94, 95, 221, 222, 264, 277, 280
Hähnchen- und Schweinsfuß-Eintopf mit Pasta und Fleischbällchen 210 f.
Hühnchenleber-Crostini 83 f.
Hühnerbrühe 20
Paella mit Hähnchen, Kaninchen und Schnecken 160
Hummer, gebacken 225

I

Insalata catalana di gamberi (Salat mit Garnelen und Sellerie) 133

J

Jakobsmuscheln 83

K

kakavi 15, 195
kakavia 15, 22
Kalbsleber auf Genueser Art 53
Kalt, frisch und pikant 123
Kapern 19, 21, 41 f., 43, 52, 56, 65, 83, 114, 125, 128, 237, 279
Tapenade 65
Kartoffeln 19, 33, 36, 48, 125
Cuculli genovesi (Frittierte Kartoffelbällchen mit Pinienkernen) 118
Kartoffelauflauf mit *Baccalà* 238
Kartoffelgratin mit Sardinen 228
Kartoffelomlett 80
Patates braves (Gebratene Kartoffeln mit *Allioli* und *Romesco-Sauce*) 79
Käse 12, 29, 30, 128, 197, 199
Focaccia mit Käse 178
Frischkäse mit Walnüssen und Honig 275
Marinierter Ziegenkäse 142
Katalanische Fischsuppen *(Romescada / Sarsuela / Suquet de peix)* 206 f.
Langustensuppe 213
Katalanische Pizza 182 f., 280
Katalonien 280
Kichererbsen 21, 216
Kichererbsen-Mus *siehe* Kichererbsen-Polenta 190
Kichererbsen-Pfannkuchen 186, 189, 276
Kichererbsen-Polenta 190
Kichererbseneintopf mit Würstchen 216
Kichererbsenmehl 20
Klein, aber fein 69
Klippfisch 53, 83, 136
Knoblauch 21
Knoblauchaïoli 29, 53
Knoblauchgarnelen *(Gambes al pil-pil)* 95
Kräuter 21
Kräuter der Provence 21, 196 f.
Kräuter- und Obstgarten, römischer 277
Küchenausstattung 25
Kürbis 169
Küste, Mittelmeer 10, 16, 19, 22

L

La Boqueria *siehe* Mercat de Sant Josep
La Colombe d'Or 281
Landwirtschaft 155, 173, 174
Langustensuppe 213
Lauch mit *Romesco-Sauce* 44
Lawrence, D. H. 145, 276
Le riz aux cérises (Milchreis mit Kirschen) 250
Leber, Kalb, Genueser Art 53
Ligurien 10, 281
Ligurische Aprikosen-Tarte 249, 259
Limabohnen 19 f.
Linseneintopf mit Chorizo *(Llenties estofades)* 244
Llagostins embolicats en les ametlles (Garnelen im Teigmantel) 95
Llenties estofades (Linseneintopf mit Chorizo) 244
Luni, Ligurien 10, 130, 276, 277

M

Macaronade (Pasta mit einer Sauce aus Meeresfrüchten mit Muscheln und gefüllten Calamari) 147, 162 f., 277
Makkaroni 162
Mandeln 21 f., 281
Mandel- und Chili-Sauce 61, 137
Mandel-, Feigen- und Orangenkekse 254
Mandeln, *Picada* mit 60
Mandelteig, Garnelen in 95
Mangold 22, 169
Mangoldkuchen 269
Mar i muntanya (Geschmortes Huhn mit Garnelen) 94, 95, 221, 222, 264, 277, 280
Marmor 130, 276
Marseille 108, 200, 277, 280
Massalia 89
Médecin, Jacques 123
Meeresfrüchte 20 f., 195, 280
Meeresfrüchte-Salat 134
Mehl, Wasser und Feuer 173
Mel i mató (Frischkäse mit Walnüssen und Honig) 275
Mengenangaben, Hinweis 25

Mercat de Sant Josep 99
Michelangelo 130
Miesmuscheln 22, 91 f., 128, 134, 152, 162, 196
Gefüllte Muscheln 91
gratinierte Muscheln 91
in der Schale 91
nach katalanischer Art 91
Milchreis mit Kirschen und Mandeln 250
Minestrone mit *Pistou* 36
Mittelmeerküste 10, 16, 19, 22, 29
Monaco 169
moretum 29, 54
Mörser und Stößel 29, 56, 60 ff., 82, 94, 124, 142, 142, 177, 207, 280
Muscoli gratinati (gratinierte Muscheln) 91

N

Navettes (schiffchenförmige Kekse) 254
Nicht ganz italienisch 147
Nizza 147, 173, 186, 189, 190, 276 f.
Nudeln 147, 155
Nudeln, schwarz mit Meeresfrüchten 148 f.
Nüsse und Mandeln, Vorbereitung 19

O

Oliven 15, 22, 90
auf Spießchen 90
Kerne entfernen 21
marinierte Oliven 90
Olivenöl, extra vergine 16, 22, 29
Olivenöl, Reich des 9 f.
Omelett mit Paprikaschoten 87
Omelett mit *Pistou* 36
Orangen-*Aïoli* 205

P

Pa amb tomaquet (Tomatenbrot) 20, 70, 74, 280
Paella de marisc (Paella mit Meeresfrüchten) 151 f.
Paella mit Meeresfrüchten 151 f.
Paella valenciana (Paella mit Hähnchen, Kaninchen und Schnecken) 160
Paellas 22, 29, 147, 155, 160
Paella mit Hähnchen, Kaninchen und Schnecken 159
Paella mit Meeresfrüchten 152 f.
Pancetta 244
Panisse (Kichererbsen-Polenta) 166, 190
Paprikapulver 22
Paprikaschoten 20, 21 f.
am Spieß mit Anchovis 91
französische Vorspeise 22
häuten 22
Omelett mit Paprikaschoten 87
Paprika und Sardellen am Spieß 91
Provenzalische Sauce 29, 52
Omelett mit Paprika 87
Pasta 22, 29, 145, 147, 155
Pasta arrosto con le arselle (Geröstete Spaghetti mit Baby-Venusmuscheln) 157
Pasta-Saucen
Auberginenkaviar 42
Pesto alla genovese 20, 30
Provenzalische Sauce 52
Tapenade 65
Walnusssauce 54
Patates braves (Gebratene Kartoffeln mit Allioli und Romesco-Sauce) 79
Pecorino 82, 90, 142
Pestos 29
Petersilie 21
Petits farcis (Gefülltes Gemüse) 73
Picada 60
Picasso, Pablo 206, 221, 233, 235, 277
Pilota (Fleischbällchen) 210
Pimentón (Paprikagewürz) 22
Pinienkerne 30, 41, 54, 83, 99, 110, 113, 118, 128, 137, 157, 182, 210, 228, 238, 259, 269, 279, 281
Pintxos 69, 82, 90, 90, 102, 118
Pintxos für jeden Geschmack 90 f.
Pissaladiera (Zwiebelkuchen mit Anchovis) 177, 182
Pissaladière 173, 177
Pistou 36
Pizza 173
Katalanische Pizza 182 f.
Pizza all'Andrea (Pizza mit Tomaten, Knoblauch und Anchovis) 183
Poisson au four façon Pauline (Gebackener Fisch mit Tomaten, Kartoffeln und Oliven) 221, 231
Provence 9, 11, 15, 19, 21, 62, 243, 280 f.
Provenzalische Sauce 29, 52

R

Ratatouille 9, 19, 74, 99
Ravioli 227, 237, 281
Ravioli di carne al tocco di carne (Rinderragout mit Ravioli) 166 f.
Ravioli, gebraten 169
Reis 22, 147, 155, 160, *siehe auch* Paellas
Remojón (Salat mit Klippfisch, Orangen und schwarzen Oliven) 136
Rigatoni mit einer Sauce aus Meeresfrüchten mit Muscheln und gefüllten Calamari 162 f.
Rinderragout mit Ravioli 166 f.
Römer 10, 15, 16, 19, 25, 44, 130, 147, 264
Romescada (Katalanische Fischsuppe) 206 f.
Romesco-Sauce 29, 44, 155
Root, Waverley 9
Rougets de Cassis (Gebackene Meerbarben) 237
Rouilles 48

S

Sacripantina 249
Safran 22, 25, 48, 60, 148 f., 152 f., 160, 196, 199, 205, 207, 222, 264
Salade niçoise 123, 124 f., 279
Salate 121, 123
Endivien- und Klippfischsalat 137
Fisch-Carpaccio mit Sardellensalat 114
Meeresfrüchte von der Riviera – spektakulär! 123, 128 f.
Meeresfrüchte-Salat 134
Salat mit Garnelen und Sellerie 133
Salat mit Klippfisch, Orangen und schwarzen Oliven 136
Salat mit Klippfisch und Tomaten 136 f.
Salat niçoise 123, 124 f., 279
Salpicon de marisco (Meeresfrüchte-Salat) 134
Xatonada (Baccalà mit krauser Endivie) 137
Salatherstellung 123
Salpicón de marisco (Meeresfrüchte-Salat) 134
Salsa di noci (Walnusssauce) 54, 281
Salsa marò 82, 84
Salsa verde 41, 82, 123, 128 f.

Salsicce mit grüner Chilischote 91
Salz 123
Gewürzsalz 79
Samfaina 9, 19, 74
San Fruttuoso (Ligurien) 122 f., 178
Sankt Josef und die Süßigkeiten 249
Creme mit Karamellkruste 249, 266
Krapfen mit Schokoladensauce 263
Le riz aux cérises (Milchreis mit Kirschen) 250
Sonnengetrocknete Feigen 253
Spungata (Ligurische Aprikosen-Tarte) 249, 259
Tourte de blette (Mangoldkuchen) 269
Sardellen 2, 22, 130, 233, 279
Anchovis auf Spießchen, mit frischen Paprikaschoten 91
Beurre Montpellier 43
Fisch-Carpaccio mit Sardellensalat 114
Kalte Sardellensauce mit rohem Gemüse 56
Pizza mit Tomaten, Knoblauch und Anchovis 183
Sardellen in Gläsern oder Dosen 22
Sardellenbutter 56
Tapenade 65
Weiße Anchovis 22
Zwiebelkuchen mit Anchovis 177
Sardinen 221, 264 f.
Sardenaira 183
Tegame (Kartoffelgratin mit Sardinen) 228
Sarsuela (Katalanische Fischsuppe) 206 f.
Saucen
andicken 20
Auberginenkaviar 42
Mandel-Chili-Sauce *(Xató)* 61, 137
moretum 29, 54
Pesto alla genovese 20, 30
Pistou 36
Provençal 29, 52
Romesco 29, 44, 155
Rouilles 48
Salsa verde 41
Sauce vierge 225
Saussoun 64
Schellfisch 22
Schinken 15, 20, 70, 90, 110, 280
Artischocken mit Schinken und Pinienkernen 113
Schinken am Spieß 90
Schwarze Nudeln mit Meeresfrüchten 148 f.
Sellerie, Salat mit Garnelen und 133
Sète 162, 277
Shelley 227
Socca / Farinata (Kichererbsen-Pfannkuchen) 65, 173, 186 f., 189, 276
Sofregit 49
Sonnengetrocknete Feigen 253
Soupe au Pistau 36
Spaghetti, geröstet mit Baby-Venusmuscheln 157
Spaghettini 148
Speck, Reich des 9
Spinat-Ravioli mit Walnusssauce 54
Spungata (Ligurische Aprikosen-Tarte) 249, 259
Stockfisch 83, 136
siehe auch Baccalà, Klippfisch
Stößel und Mörser *siehe* Mörser
St-Paul-de-Vence 281
Suppe 195
Suquet de peix (Katalanische Fischsuppe) 206 f.

T

Tapas 67, 69, 90, 99, 277
Tapenade 65
Tarragona 136, 137, 141, 148/149, 155, 206, 276, 277
Tegame di sardine (Kartoffelgratin mit Sardinen) 221, 228
Tellaro 10, 133, 145, 237, 276
Thekla, heilige 141
Thunfischtatar-Crostini 83
Tian de sardines (Kartoffelgratin mit Sardinen) 221, 228
Tomaten 25
»gerieben bis auf die Schale« 25
Pizza mit Tomaten, Knoblauch und Anchovis 183
Provenzalische Sauce 29, 52
Romesco-Sauce 29, 44, 155
Salat aus Stockfisch und Tomaten 137
Sofregit 49
Tomaten schälen 25
Tomatenbrot 20, 70, 264, 277, 280
Tomatensauce 162
Töpfe und Schalen 195
Tourte de blette (Mangoldkuchen) 269
Trofie mit Pesto 33 f.
Trompe l'œil 34, 276
Truita de patates (Kartoffelomelett) 80

U

Unsere sechs *Crostini*-Favoriten 82 f.

V

Valencia 9 f., 149 160
Varazze 10, 34, 87, 221, 276
Venusmuscheln *(Vongole)* 22, 99, 128 f., 152 f., 157, 206 f.
Vilanova 61
Vorspeisen 69

W

Wachtelbrühe 243
Wachteln mit Feigen 221, 243
Walnusssauce 54, 281
Wein 25, 110, 113, 130, 152, 162, 166, 173, 196, 205, 213, 222, 225, 233, 237, 243, 280
Wie alles begann 15 f.
Wikinger 16, 19, 238
Wildkräuter 279, 281
Wintersalate, drei verschiedene, mit Klippfisch 136 f.

X

Xampinyons i gambes (Champignon-Garnelen-Happen) 94
Xató (Mandel-Chili-Sauce) 61, 137
Xatonada (Salat mit Endivie und Klippfisch) 123, 137
Xuixo (Hefegebäck mit Cremefüllung) 249, 272
Xurros 263 f., 280

Z

zerkleinern, zerstoßen 29, 34
Ziegenkäse, mariniert 142
Zucchini 19
zuppa 195
Zurück zum Mahlstein 29
Zutaten, Die beliebtesten 19
Zwiebeln 25
Romesco-Sauce 44
Sofregit 49
Zwiebelkuchen mit Sardellen 177

Danksagung

Unser tief empfundener Dank gilt zwei begnadeten Küchenchefs: Nicole Bampton und Janni Kyritsis. Nicole, die Küchenchefin von Lucios Restaurant, hat, insbesondere im Dessertkapitel, für Genauigkeit gesorgt und die Gerichte für die Fotos zubereitet, die genauso wunderbar schmeckten, wie sie aussehen. Janni, der 40 Jahre für verschiedene Drei-Sterne-Restaurants gekocht hat, hat uns nicht nur seine Bibliothek, sondern auch sein Wissen und für einen Tag sogar seine Hände (bei der *Focaccia,* der *Pissaladiera* und der *Coca*) zur Verfügung gestellt.

Zu Dank verpflichtet sind wir ferner:

Unserem genialen Fotografen Bree Hutchins, von dem sowohl die Landschaftsaufnahmen als auch die Rezeptfotos stammen.

Unseren vortrefflichen Reisebegleitern Fiona Williams sowie Victoria und Michael Greene, die uns die Augen für die Schönheiten der Costa Brava geöffnet haben.

Und Michaels Mutter Maria, seinem Vater und seiner Tante Maria Teresa Mitjavila Cors, die uns die katalanische Mentalität nahegebracht haben.

Mario Guelfi von der *Capannina Ciccio* für die Gastfreundschaft und den Helikopter.

Damien Pignolet vom Restaurant *Regatta,* der uns in Sachen *Bouillabaisse* beraten und seine *daubière* zur Verfügung gestellt hat.

Matteo Galletto und Michele Rispoli von der *Osteria Capriccio,* die uns ihre Öfen zur Verfügung gestellt und uns ihr Rezept für die beste *Focaccia* gegeben haben.

Paolo Calcagno, der uns freundlicherweise gestattet hat, auf seiner Basilikumplantage zu fotografien.

Alexia Paoletti, danke für Cassis, *Le Rhul* und *Les Calanques.*

Susan Williams, die eine erste Auswahl der Rezepte getroffen und uns wertvolle Hilfe geleistet hat.

Sally Galletto, die dafür gesorgt hat, dass bei *Lucio* alles nach Plan lief.

Und dem Team von Murdoch Books, das aus all dem ein so schönes Buch gemacht hat: der Verlagsleiterin Sue Hines, Diana Hill, Megan Pigott, Emma Hutchinson, Katri Hilden und Michelle Noerianto.

Diese Bücher haben uns auf unseren Reisen und beim Kochen geleitet – und haben uns wertvolle Denkanstöße gegeben:

Waverley Root, *In Frankreich schlemmen. Ein Führer durch Küche und Keller für Gourmets und Gourmands,* Rüschlikon-Zürich u.a. 1958.
Waverley Root, *Die Küche in Italien*, Reinbek 1978.
Colman Andrews, *Catalan Cuisine,* Überarbeitete Ausgabe London 2005.
Colman Andrews, *Flavours of the Riviera,* London 1996.
Sonia Ezgulian, *Cuisinière Catalane,* Lyon 2010.
Elizabeth David, *A Book of Mediterranean Food*, London 1950, 1. Auflage.
David Abulafia, *Das Mittelmeer, Kultur und Geschichte*, Stuttgart 2003.
Claudia Roden, *Arabische Küche, Mittelmeerküche. Gemüse, Fisch, Süßspeisen,* München 2001.
Paula Wolfert, *Mediterranean Cooking*, Neubearbeitung, New York 1994.
Michelin – *Der grüne Reiseführer. Spanien, Balearen und Kanarische Inseln*, München 2001.
John Dickie, *Delizia! Die Italiener und ihre Küche. Geschichte einer Leidenschaft,* Frankfurt am Main 2009.
Salvatore Marchese, *La Cucina Ligure di Levante*, Rom 2015.
Patience Gray, *Honey from a Weed,* London 2001, Erstveröffentlichung 1986
Gaspare Delle Piane, *Cucina di Strettissimo Magro,* Genua 2011, Erstveröffentlichung 1990.

Erstmals veröffentlicht © 2017 by Murdoch Books,
einem Imprint von Allen & Unwin, Australien
Text © 2017 Lucio Galletto und David Dale
Design © 2017 Murdoch Books
Fotografie © 2017 Bree Hutchins

© 2018 für die deutschsprachige Ausgabe:
Sieveking Verlag, München
www.sieveking-verlag.de

Übersetzung aus dem Englischen: Barbara Holle, München, und
Marianne Harms-Nicolai, Drelsdorf
Lektorat: Christine Stadler, Hamburg
Produktion und Satz: Sieveking Verlag, München

ISBN 978-3-944874-79-1

Printed in China

BACKOFEN-TEMPERATUREN: Die Garzeiten können je nach Backofen etwas variieren. Bei Umluftöfen die im Rezept angegebene Temperatur stets um 20 °C reduzieren.

MENGENANGABEN: Wir haben zum Abmessen 20-ml-Messlöffel (das entspricht 4 Teelöffeln) verwendet. Sollten Sie einen herkömmlichen Esslöffel (15 ml, entspricht 3 Teelöffeln) verwenden, pro angegebenem Esslöffel jeweils noch 1 Teelöffel der betreffenden Zutat hinzufügen.